欧美度假旅游历史

[瑞典] Orvar Löfgren / 著

邬东璠　农丽媚 / 译

ON HOLIDAY:
A History of Vacationing

中国旅游出版社

献给安妮·玛利亚

致　谢

本书出版耗时多年，其间已请大西洋两岸的许多朋友和同事分别阅读，并就本书的多种版本或不同部分做出指教，包括：位于瑞典的比利·恩、乔纳斯·弗里克曼、乌尔夫·汉纳兹、汤姆·奥德尔、卡塔琳娜、萨尔茨曼和伯吉塔·斯文森；位于美国的詹姆斯·克利福德、雪莉·埃灵顿、约翰·吉利斯、理查德·威尔克和艾伦·普雷德（同时协助了本书项目的启动）。感谢大家！同时也要感谢艾伦·克罗泽协助本书英文稿整理，感谢林赛·凯弗和伊娃·斯旺提供了本书的插图。

本书大部分内容写于我在加州大学圣克鲁斯分校做访问研究员的两段时间，其间，我享受到美妙的校园氛围并受到人类学系的热情款待。在此我还要特别感谢科威尔学院为我提供了镇上的最佳住处——教务长的住所，房子立于大学游泳池和图书馆之间，可以俯瞰蒙特雷湾，绝对是撰写度假书籍的理想场所。

本研究是跨学科项目"国家和跨国文化过程"的子课题，由瑞典人文与社会科学研究委员会提供资金支持。

中文版序言

过去几十年来，旅游业逐渐发展为一项庞大的全球产业。熙熙攘攘的人们的足迹遍及世界各地，人们寻觅动人景点，探求全新体验，或者什么也不干，轻松度假。旅游形式多种多样，不一而足。可以是到当地景点的周末出游、热门度假区的包周之旅，也可以是到异国城市的疯狂采购，又或是周游世界的邮轮之旅。对走出故土的渴求，对遇见新事物、感受新体验的期望将游客汇集到一起。旅游业似乎极具现代，始终探寻着未知目的地和度过闲暇时光的不同方式；但它同样背负厚重的历史行囊，先前数代游客的经验造就了今日游客探索景点、欣赏景致以及在网络上上传照片和评论的方式。

本书探索了人们如何变成游客，又如何学会走入新的环境、结识陌生人群并体验全新的场景。探索的方法依托历史视角，许多在今天的游客和旅游组织者眼中不以为然的事情实则历经了漫长的过程，每一代人在创造出新的移动方式时也在秉承旧有的模式。通过独特的游客视角，人们学着发现景点，学着如何打发航班延误时的无聊等待、如何同观光大巴上同行的游客交谈。到达每一处新的旅游目的地，他们携带的不只是沉甸甸的行李，还有无数的预想和期待。是什么造就了五星级的景区、如画的村落、律动的城市、迷人的全景？当游客已经学会应该寻找什么，但现实若与媒体所宣传的形象和内心预期的幻想不符时，他们便会感到失望。

然而，不论旅游体验是好是坏，有一件事是永远一成不变的。那就是，一旦返回家里，人们便又开始盼望下一次的度假或旅行，幻想着要去到哪里，憧憬着会有怎样的新体验。如此说来，旅游这件事情常年都与我们紧紧相随。

奥洛瓦·洛夫格伦
2020 年 2 月

前　言

一、别处之境

即便在寒冬时节，也可一窥夏日模样。一月，踱步在度假地，走过一众异域文化的遗迹，好似来一场考古之旅。信步弃屋，跨越草地，凭窗远眺，这海岸外的冬景里只有我一人。

荒芜的灌木丛里、凋零的冬草间，毫不留情地散落着夏日的残迹：遗失的玩具、棒球、一只马天尼酒瓶盖、一堆季末派对时用过的褪了色的五彩纸屑。透过廊窗望去，烧烤架、曲棍球、凉鞋、草帽等往日供休闲消遣用的物品如今正安闲沉睡；浴室窗台上摆着褪色的塑料筐，里面盛着各种奇怪的软膏、防晒霜、驱虫剂、消毒液。冬日阴冷的光线下，这种惨遭遗弃的假日文化显得分外诡异：曾经停驻在这尽享自由的人们除了留下逐乐的痕迹，再无其他。

虽然我身在瑞典西海岸，但也能如在大西洋另一侧的缅因州或是北卡罗来纳州的人一样探寻度假胜地中的鬼镇。这是些人去楼空的僻静之所，旅游旺季短暂、淡季漫长，当地许多人只能另谋生计，靠做看管员和服务员度日。贫瘠荒凉如此，度假经济对当地的重要性不言而喻：一切道具和物品都在静静等待着享乐之主的归来。

但换个角度来看，这种景致并未完全遭到遗弃，而是融入各种形形色色的白日梦、影像、幻象等心境之中，多到让人吃惊。返回城市家中，度假者一面忙着追忆过去的夏日，一面又忙着规划憧憬下一次的夏日生活。各家日报的旅游版面上写满了对下一个假期的幻想，用一套神乎其神的跟团游套餐邀约来展现了方方面面的承诺：一场"沉沦的艺术"、一段"真实的经历"、一次完美享受的探险和难以忘怀的假日，甚至还有各种假日"潜逃"线路。

在现实景致、心理幻境或媒介报道的共同作用下，我们完成了"度假景观"的创造，既包括个人回忆的画面，也包括各种各样整合到的景观。在旅游业发展的两个多世纪以来，海滩上的风光、牧场边的小屋、悬崖上的落日等诸如此类的景观因游客的不断到来而被赋形勾勒、推陈出新。度假发展早期留下的诸多废墟残迹就充分印证了这些景致曾经的存在，连同我写下这些文字的小镇也不例外。圣克鲁斯听起来就像是加利福尼亚度假旅游的历史遗迹；1866年，人们围聚在岸边，注视着从旧金山开来的轮船上走下名为"游客"的新面孔，他们要游览的圣克鲁斯在当时被称为"太平洋海岸的那不勒斯"。随着这片海滨胜地日臻发展，甚至有营销人士将其比肩为"莎孚"（Sappho，古代希腊女诗人——译者按）钟爱并吟诗传唱的希腊美丽岛。在这里，临近海滩之处还建了一汪泳区，游客尽可以只花上几美元就能到海里或河湾里劈波斩浪。翻越过山脉、穿行于海岸的铁路建设带动了这里的进一步发展，1888年曾有旅客将这一山间火车旅程描述为"穿林入海的飞行之旅"。来自旧金山和内陆的游客则在这里陆续建造专为夏日度假的海滨别墅。早在19世纪70年代，卡皮特拉海岸附近就出现了典型的"英国风格别墅群"。然而到如今，多数的度假别墅已被湮没在城市的扩张中。除了海滩，被标榜为"美国的瑞士——露营胜地！"的红杉林也吸引大量游客慕名而至。到19世纪末20世纪初，几乎每个夏季到访这里的游客均达到10万人次。

沙滩上仅存的一条沿岸木栈道可上溯至1907年，此外这里还设有一家博彩场所，以及一座号称"美洲大陆最棒"的游泳展览馆。这座室内游泳馆占地面积巨大，有盆栽棕榈的阳光房露台，有几百间更衣室，并以无数的男女海神天使石膏塑像为装饰。今天的博彩场所里，到处都是震耳欲聋的街机游戏和激光射击，旧时的泳池改建成了小型高尔夫球场。而马路正对面的大型停车场，曾是史上风靡一时的雷伊公寓酒店所在地。这座西班牙风格的酒店始建于1911年，拥有200栋海滨附属别墅，当时酒店的宣传口号是"欢迎来到美国的里维埃拉！"（Riviera，南欧地中海沿岸著名海滨度假地——译者按）。酒店在20世纪50年代被改建为养老院，1989年地震之后最终被推毁。如今这一片海滨别墅区已成为游客被告知绕行的城市问题区域。伴随着海滩木栈道的开放，铁轨也开始投入运行。随着1931年从旧金山开来的第一趟"阳光之旅专列"抵达，加州的海滩开始迎来了海滩日光浴度假旅游的新纪元。1963年在原"海滨酒店"旧址上建成的"梦想旅馆"，即代表了这一时期典型的加州现代风格度假酒店。"加州梦"成为这一阶段的输出商品，加之沙滩男孩乐队的推动，冲浪先锋们（附近小型冲浪博物馆里有说明）正掀起一股全球浪潮。

圣克鲁斯旅游度假地的发展历史展示了一种本土与跨国异域之间不断输入

与输出的联系,这种变换不仅仅在于游客,还有各种市场策略、影像、符号、幻象以及旅游技术等元素的交织变迁。诚然,这座度假小镇让我想起了度假游客的百态:旧时的购物广场里人们悠闲地找寻画廊书屋,点一份卡布奇诺或寿司,在木栈道旁边的小摊购买汉堡,灯塔旁冲浪者们结伴而行,群山间有远足者和山地自行车手悠闲漫步……因此,圣克鲁斯的度假景观丰富多样、差异万千;与其说受物理空间影响,还不如说文化空间的作用更大,游客的品位兴趣、思绪形态、景观选择都会对度假景观的差异产生极大影响。

度假旅游地脱离了工作烦扰、条文规定的束缚,似乎变成了一片自由之地;但无所拘束的表象背后隐藏的是不成文的规定。度假旅游历史久远,让我们怀着憧憬和希冀,有条不紊地迈入每一处新的度假景观。

二、学做一名游客

1840年,瑞典作家Carl Jonas从巴黎归来之后,在一系列报刊文章中发问:"何为游客?"当时,"游客"还是个新鲜词,从英国一经引入就引起人们好奇和多方面的征询,什么是游客?如何成为游客?也正是这个时期,一种新型的消费模式逐渐出现,伴随着人们各种想离开家乡、逃脱工作、探寻新体验、新休闲、新欢乐的强烈欲望。

150年后,旅游业已经发展成为北半球人们消费生活中的重要组成部分,并且还在迅猛增长。我们在度假旅游上投入大量金钱、时间、精力,且令人难以想象的是,这些活动为全球最大工业综合体的诞生做出了巨大贡献。而最初人们的目的只是寻求摆脱一切,倡导反消费的生活,鼓励呼吸新鲜空气、放松身心、享受清闲。然而随着时间的推移,这些需求逐渐促成了一系列规范化生产场所的产生,不断提供酒店卧床、壮丽景点、交通、美食、纪念品等旅游消费品;大概唯有在海边感受的几日轻盈或者一场荒野远足,才能让我们忘记提供这样大规模的场景得需要多少人力物力的保障。

过去几十年旅游业增速惊人。到20世纪90年代中期,旅游业的从业人数约有2.3亿人,大概占劳动力总数的7%;年均游客接待量超过6亿人次,旅游消费额度达到3.4万亿美元。这种增势长期集中在西方及北半球国家,但至20世纪末,全球各地均有景点大量涌现,游客也来自世界各地。继美国和德国之后,日本成为全球第三大旅游消费客源地;在印度这样的新兴国家,中产阶级快速崛起,催生了以数百万计的出境旅游市场。有旅游机构预测,到2020年,全球78亿人口中将有16亿人实现出国旅行。旅游产业的快速发展不仅带动了新型度假旅游套餐的出现，同时也引发了一系列经济、环境与社会问题。

18世纪晚期以来，旅游产业带头推动了各类新型的生产模式和消费模式。它成为专供享乐的生产基地——一个愉快的周末、一场难忘的活动、一周家庭欢乐游、一次激动人心的探险——这些商品均承载着沉重的象征意义。

商品，是指可以出售的物品。本文认为，这里所讨论的"商品"，也包含了人们精神期待的非物质象征，如难忘的经历、和谐的家庭生活等。

"旅游业"的标签将形形色色身份的"演员"汇集到一起：搭载当地人体验周末游的孟买大巴司机，推荐马拉喀什穿越之旅的官方导游，不断寻求海滨地产的全球度假连锁酒店，在意大利海滩谋生的小贩，在夏威夷兜售飞行体验的直升机飞行员，将资金在目的地间挪进挪出的投资商，从酒店洗衣到盘碗清洁来者不拒的外来务工大军……

旅游研究需要多学科介入，加之参与人数众多，如今已是颇具规模的行业；旅游研究也逐渐发展成一门专业，不过也并非一路叫好。专业的旅游研究人员需要及时阐明旅游对经济社会的重要贡献，以证明这些研究并不是不务正业。诚然，单凭"旅游研究"的某个论证议题，还不足以表现旅游业的重要意义。多年来，有不少学者为了对现代世界的运行有更宏观的把控转而研究旅游领域，也形成了很多有趣的研究。

本书主要是关注度假旅游如何发展成现代生活的重要组成部分，探索度假游客如何开创新的观景方式、开拓新的旅游空间并身临其境地寻求新的体验和认知。本书将度假旅游视为一个文化实验室，在这里人们可以不断挖掘自己的新身份，尝试建立多种新的社会关系，和自然进行互动，还能掌握"幻想"和"神游"这两种重要的文化技能。在这个舞台上，幻想是一项重要的社会实践。

本书使用了"探索"一词，这可能会让人费解。前一个句子里"看"承接了"描述"的含义，同理它的含义与"看"相同。因此，本书描述了游客如何开创了新的观景模式（以新方式观看风景），开拓空间并（前往这些地区）进行活动，（通过前往这些地区）搜寻新的体验和认知。

在一年其余50个星期非度假的日子里，出门度假旅游的梦想牢牢占据着人们的思想。由于人们在度假时一味讲求独特、想摆脱日常，因而更加激化了度假生活与日常生活的矛盾关系。度假生活是人们生活中为数不多可以自我操控的理想乌托邦，但乌托邦式的理念不仅吸纳大量文化能量，也吸收沮丧和失望。

本书尝试对当代现象的追根溯源,从近两个世纪的旅游发展历史中探索现代游客体验和感知的形成。撰写旅游史的方式有多种,其中不乏抬高或贬低历史的叙述存在,譬如"一天5美元,欧洲大陆游";另外单刀直入的叙事方式可能会排除或忽视掉某些旅客经历。本书中我将以历史视角作为分析工具,对比时代、环境皆差异悬殊的度假体验。在学习成为一名游客时,我们太容易草率地背上早些时期就已打包好的行李,而像观景、海边野炊、制作假日专辑的技能我们又是如何获得的呢?

这就是为什么每出现一种新的旅游形式,稍稍留意周边环境就会有所得,如里维埃拉第一家夏日旅馆、早期的尼亚加拉瀑布蜜月地,又如汽车露营的全新体验。新景点的形成大多伴随着不确定性,往往例行开放又旋即关闭,这种体验对我们来说变得稀松平常。什么是度假胜地?什么算美妙的景致?午后海滩又是什么模样?

对传统范式的固守延续、对景观体验的不断猎奇,这两者的冲突组合引发了旅游业过去和现在之间的矛盾,旅游产业必须对这一问题有足够的重视。18~19世纪,相当一部分度假区的市场营销或旅游项目组建依附于已发展起的文化形态。旅游产业不断自我革新并保持着一种奇怪但稳定持久的变化:旧景旧物逐渐走向乏味,新兴的旅游景观和度假项目不断出现。从更长远的历史角度看,后旅游"活动管理"、生态旅游、遗产旅游等新兴概念和潮流最终会在一种极其稳定的体系中波动,而许多对后现代旅游的看法明显不遵照史实。

度假地面临的另外一种矛盾是本书要表达的核心,即"本土、本国与跨国"三者之间的关系。旅游业似乎展示了全球化的最终形态,但也存在严重的产业模式僵硬——只要有棕榈树、一湾沙滩,各地周末度假的情景基本别无二致。旅游业一直采取跨国生产的模式,各地的旅游局和旅游公司甚至在打造或者营销本土特色旅游形象时依然随意征用其他国家的模式,如圣克鲁斯的案例。这种模式使旅游史成为研究全球本地化长期形成过程的助推剂,同时揭示了充满异国风情的无差异化营销如何带来文化差异。

我们应看到规范化营销并不等同于塑造标准化的游客。对大众旅游游客的阶段性研究往往弱化甚至忽视个人旅游体验的独特之处,然而没有两个假期是一模一样的。许多对大众旅游的讨论都陷入对预设体验、团体包价游等议题的不利争端,甚至加入两个世纪以来扯不清的谁是"真正旅客"、谁是"庸俗游客"这样的陈腔滥调之中。

鉴于上述两种原因,本书时间、空间跨度较大。不过我从没打算广及全球,只着重比较欧洲、北美洲某些度假目的地的形成。在本书后半部分我会提到,这些地方的标志性景点和旅游线路确实是当今全球旅游热点,但我依然会遵循不同空间、时间、社会环境中文化现象的移植和发展,不管是法国的里维埃拉还是美国的约塞米蒂国家公园。如我多数的旅游生活一样,我一直着力研究斯堪的纳维亚半岛和地中海沿岸的度假情况,即是说书中出现的其他地方的素材很大程度上参考了大量的旅游文献。

采用比较研究还有另外一重原因,即频繁关注游客类型会淡化"成为游客"和"作为游客"两种模式的差异。旅游研究往往把游客获得的千奇百怪的体验和"旅游体验"混为一谈。度假者稀里糊涂地成为被操纵的对象,如乘坐包租大巴,从一个景点转移到下一个景点。或者研究提供了一个相当一维的旅游生活版本:专注于"观光凝视"。游客变成了千眼之躯,身体都找不到了(有时甚至连大脑都没有了)。我研究的重点是更广泛的度假范围,强调的重点是旅游生活的日常实践和日常活动:比如,花一天时间在海边观日落,到荒野远足,或者开车带家人度假。

本书共分三篇,前两篇探究两个极端,即法国社会学家吉恩·迪迪埃·乌尔班(Jean-Didier Urbain)口中"旅游界的斐利亚·福克(Phileas Foggs)(《环游地球八十天》的主人公——译者按)和鲁滨孙·克鲁索(Robinson Crusoes)(《鲁滨孙漂流记》的主人公——译者按)冲突"。多数旅游研究着重以斐利亚为原型的中产阶级男性,他们是行事匆匆又古道热肠的旅客,不断探寻新景点;乌尔班则提醒我们另一种传统派人士的存在,他们的文学原型大抵是渴望"逃离一切"的鲁滨孙,即在世上找一处纯净的角落,轻松安闲地度过另外一种人生。诚然,斐利亚和鲁滨孙的旅行生活代表的是游客体验中两种不同的典型倾向。为了探究几个世纪以来叙事中体现的各个阶级角度,我在研究中遵照了言谈较多且常带有优越感的中产阶级设立的度假标准,把其余人定义为局外人,对他们的旅行体验不作考虑。

第一篇"实景与心境",这部分从微观物理的角度剖析旅行和观光,让人们学会身心一致地享受风景并留下假日回忆;另外,主要从斐利亚·福克的故事探究了旅游体验包含的几个基本方面。

第二篇"逃离与超脱"针对的是鲁滨孙一类旅客对探索他处秘境的诉求,该部分先着眼斯堪的纳维亚半岛和北美消夏木屋文化的发展,接着探究集中于欧洲南部的英国大旅行如何发展成在地中海享受阳光和沙滩的跟团游，即此后全世界游客祈求的旅游天堂蓝本——永恒的阳光、棕榈树、白沙滩。

　　第三篇为"本土与全球"。旅游业在走向标准化的同时又在理念、道具、游客的国际交流方面不断变革创新，本部分探讨了这一问题涉及的多个方面。前两章关注全球海滩和度假地体验的形成，最后一章先阐释游客热衷的消遣方式——观察所有其他游客，最后纵观18世纪的先驱旅客至20世纪末的邮轮乘客，讨论旅游如何塑造了现代世界。

目录 CONTENTS

第一篇　实景与心境

第一章　觅景致 ... 3
第二章　在路上 ... 21
第三章　讲故事 ... 40

第二篇　逃离与超脱

第四章　消夏木屋文化 ... 65
第五章　地中海包价游 ... 96

第三篇　本土与全球

第六章　全球化的海滩 ... 137
第七章　消逝的度假地 ... 154
第八章　寻找度假游客 ... 168

注　释 ... 183
参考文献选录 ... 206
译后记 ... 214

第一篇

实景与心境

汉语小史

第一章

第一章 觅景致

一、最佳体验

一定要到户外享受那份阳光普照肌肤之感；
一定要躺在棕榈树荫下，感受丝丝清凉绿意；
一定要在海风沉寂前做一次扬帆起航；
一定要带着孩子们到缀满花朵的山坡上奔跑；
一定要品尝一下甘菊味的美酒；
一定要做一次深海潜水；
一定要用脚探索一下眼前的世界；
一定要和爱人甜蜜相拥；
一定要珍视白昼将逝、暗夜升空前那一刻；
一定要拥抱生活，享受安宁。

以上这篇近乎排比、推荐人们尽享假日自由的散文，是1997年地中海沿岸一家新开业的阳光度假村"蓝色之村（Blue Village）"在冬季宣传期间推出的一款营销文案。清单上列出了十项度假游客"一定要做"的事儿，谁又拒绝得了呢？而这些活动一直以来本该就是度假生活中应有的模样，因而也成为本文探讨旅游体验基本要素的基础。然而，抛开这些标准答案，人们在度假之旅中又得到了哪些体验？在度假旅游世界众多游客的背后，无外乎是一系列不断寻觅景致、纵览胜境、逃离日常、探求体验、历险刺激等诉求。

旅行归来或者准备规划下一次出行时，只需翻看《纽约时报》旅游部分着重挑明的广告，瞧瞧关注旅游体验对市场营销多么重要！旅游公司、度假区都承诺给我们丰富多彩的假期生活，教我们用各种放松的方法，并打出了"无价回忆""史上最优价"等诸如此类的口号。如今，旅游公司对员工进行"预期管理""体验监测""满意度评估"等培训，或效仿"梦幻假期"的业务形式，训练员工随时准备帮游客"选择符合其度假预期的假日体验"。此外，自助类丛书的销售市场也在蓬勃发展，如《改变人生的旅行：如何创造颠覆性体验》，你能从字里行间摸到窍门，创造更丰富的旅行体验或者建立良好的度假心态；翻看过这样一段文字，你也拿不准自己还要不要旅行了。

我们是否生活于一个被"拥有美好生活体验"所困扰的时代？像拉斯韦加斯的弗里蒙特街（Freemont Street）这种地方，也要追随旅游建筑运动的流行趋势，被设计成"弗里蒙特街体验区"吗？一定会有观察者迫不及待地点头称是，且德国社会学家格哈尔德·舒尔茨（Gerhald Schulze）便是其中之一，舒尔茨提出了"体验社会"的概念，即一种为丰富多样的经历所缚的社会形态。他认为自20世纪80年代起，人们的需求急剧上涨，商品充满不确定性，我们不断互问彼此：怎么样？感觉如何？

舒尔茨分析称：由于"体验"变成商品并随之耗尽，一种倾向于更多变动的生活方式的需求持续增加，这是一个正在扩张的市场。他同当代社会许多其他观察者一样，注意到人们对日常生活的麻痹、对事件舞台的关注。而正如蓝村广告中所示，一种深化策略就是调动所有感官。

舒尔茨讨论的许多内容似曾相识，甚至归向旧时批评文明的流派："我们正身处肤浅的商品文化，但若回到旧时……"这话好似在说现代人是刻意地"营造体验"，而与之相对，早前的几代人只是"单纯地经历"。

舒尔茨对体验的形成和传播的阐述颇有几分道理，但我不认为我们进入了一个与早先时代截然不同的"体验社会"中。在我看来，他的分析惊人地脱离史实。倘若我们研究近两个世纪游客体验的发展以及人们对它的评论，便会发现事实更为复杂。在过去几个世纪，旅游业提供了个人探索和培养感官体验最重要的场所之一。在这里我们发现，关于美好和真实的体验、丰富和有启发性的活动，以及不停变动的仪式化旅游规则的本质，有着持续的争论和反思。参与者们不厌其烦地从形式和内容、色彩、风情、体验的感觉等方面进行描绘、测量、比较、排名和批评。

接下来我将探究不同时期、不同文化语境下游客体验形成的几种方式。我选择了18世纪瑞典两名一路向北的旅客，从他们的反思说起。

二、觅景者

1732 年 5 月初，25 岁的植物学家卡尔·林奈斯（Carl Linnaeus）驶出乌普萨拉（Uppsala）的大学城前往拉普兰德（Lapland），旅程的第一天就让他收获了不计其数的发现。他评论土质变化，记录沟渠牧草地间的植被；他刻画吟唱的飞鸟，描绘冷杉规模，记述雏鹅习性，观察奇石怪岩。林奈斯的表述确实富有诗意。但半个世纪后，当 29 岁的卡尔·乔纳斯·林纳西尔姆（Carl Jonas Linnerhielm）航行经过这里，他在描述中所用的诗歌与此全然不同。林纳西尔姆并未外出采集矿石花朵，而是收集景致和心境，故而描述的风景总蕴含一定的美学价值。经过第一座庄园时他做出的评论是"位置狭小而平坦"，称第二座则是"环境优美，透着一股壮丽"。林纳西尔姆发现这里牧草翻腾、树木成荫，溪水蜿蜒，以斜坡森林为框，未有丝毫突兀，是相当完美的景致。

二人都描绘了旅行第一天在溪侧休憩时的想法。林奈斯一到达就开始思考当前地势如何才能形成沙坝的海拔高度，林纳西尔姆想到的则是"潺潺溪流……清净如斯，那最细小的沙粒亦清晰可见"，接着开始感叹"投几粒小石子，溪流不再缓慢，溪水依旧澄澈；何景比这更悦我灵魂，何景比这更值得回味"。林奈斯与林纳西尔姆分别于 1732 年和 1787 年游览到此，同属一个时代的采风人，提到的画面却迥然不同。林纳西尔姆在其游记第一卷的前言中直截了当地指出："我为发现而旅行，不为做研究而旅行。"他见到什么新事物呢？

1787 年，林纳西尔姆第一次航行，此后又多次出航。他根据这些经历撰写了三本旅游书籍并自己配图，于 1797~1816 年付印。林纳西尔姆被称作瑞典首位真正的旅行者，纯为快乐而行的绅士。由于林奈斯和林纳西尔姆对风景理解的巨大差异，他们二人各自扮演了科学家和旅行者的身份。

欧洲曾有一个非常排外的兄弟会组织，后来演变成大规模运动，林纳西尔姆（Linnerhielm）即是其中一员。他在英国有许多灵性兄弟，其中一人便是来自剑桥的牧师普罗姆崔（James Plumptre），他在 1799 年夏天动身穿越英格兰湖区。普罗姆崔的旅行故事始于他所谓的旅行"小物件"：绘图板、笔记本、一小册水彩画集、望远镜、晴雨表、地图、威廉·考珀（William Cowper）的口袋版诗集、各式各样的缩减版旅游书籍，还有一块克劳德镜（Claudeglass）——这个时髦的小物件是一小面凸透镜，取名自以绘画光线特效之能著称的风景画师克劳德·洛兰（Claude Lorraine），适用于聚焦、构图、创作。克劳德镜能够帮助聚焦微观反射的风景，通过调节如月光、黄昏、冬日等不同色调的镜头来获得多样化的景致，呈现出的色调更加幽暗、更具艺术效果。同林纳西尔姆一样，普鲁姆崔也在寻找如画景致，并将它们定格在克劳德镜头里，描绘在水彩画中，或者记录到旅行日记中去。

林奈斯的挂包里也放了几样旅行小物件：一面照镜、一张该地植物列表、一沓压花和素描用纸、一个显微镜、干净的衬衫、一把梳子及一顶假发，但没有克劳德镜——这小物件当时还待在艺术家的工作室里。不过他带了一把测量尺。林奈斯通往的是另一种美学、道德和政治领域。他志在收集有效信息，集聚事实，堪比17世纪末18世纪初那些和他同代的其他旅行家。他的旅行在很多方面符合早期传统旅行的观念：实用、交易或者揭露事实。商人总看重当地经济和社会的信息，甚至那些普通人在旅行时也带着学术思维，留心有用的知识，如马克西米利安·米申（Maximilian Mission）在1695年发表的旅行指南《至意大利的新航行》（*A New Voyage to Italy*）中提议，每名旅客应两脚各系一条90米的线，以便判定塔的高度。

林奈斯的传统在特定的科学探究领域继续奏效，但林纳西尔姆和普鲁姆斯一类的旅行者才是现代旅游的奠基人。林奈斯和林纳西尔姆各自代表的观点可以在早期旅行中共存。托马斯·杰斐逊在忙着发展美国政治、工业、美学时亦不忘找时间谈论风景和旅游。18世纪70年代，他在《弗吉尼亚笔记》中对天然桥的描述，正好反映了当时旅客喜闻乐见的"自然之妙"。杰斐逊效法林奈斯，开篇用科学阐释了悬崖如何跨溪而立，接着语言陡然转为林纳西尔姆惯用的风格，"若不是此间壮美，内心如何生出千般情绪！桥拱俊美如斯，高贵如斯，轻盈如斯，恍若直冲天际！观者所叹，难能名状！"

三、猎集风景

林纳西尔姆的背包里既没测量尺也无结绳，但他带了把结实的金属卷尺。他和林奈斯一样，需要在外称重、计算、绘制，不过对象变成了景色和位置。风景常分为无趣、难看、过于呆板、吸引人、醉人或者完美几个等级，早期旅游界存在一种悖论：以文字或水彩画的形式，交流个人与风景照面的独特体验的需求，却产生了某种描述的框架。你自己的体验被其他旅行者侵入，它还会同那些人宣称的体验一样丰富有力吗？

18世纪的现代旅游奠基者们提出用一种名为"如画"的虚拟现实思想完成对风景的取景、构图和刻画，它教给游客要看哪里以及如何感知体会风景。现在，"如画"可以指崎岖之境，也可以是古雅村落、镇中旧区；它的含义已不似18世纪那样精准，但在我们旅游过程中仍然不可或缺。

在18世纪后期旅行者探索如画的过程中，艺术是教会他们看哪里、如何感知体会风景的核心，并且有一种灌输"自然模仿艺术"的愿望。风景画的"可绘画性"成为人们关注的焦点，它借鉴了16世纪和18世纪风景画的新发展，但是"如画"观念的形成也受到许多艺术之间不断对话的影响：美学，文学，音乐以及（尤其是）园艺。

最开始，早前大旅行时期当崇尚南欧古典景致的旅客们将"如画"从美学理论搬到旅游实践中，"如画"迈出了转型的第一步。北方贵族们学会用另一种心境观赏阿尔卑斯山风景，同时带回克劳德·洛林（Claude Lorraine）和萨尔瓦托·罗莎（Salvator Rosa）等大师的绘画作品、新奇的航海旅行书籍，还有大量蚀刻版画作为纪念品。得益于人们对南部之旅的热爱和时髦风景画的售卖，意大利风景画师干起了名副其实的出口行业，对于北方的买家，这些风景画引入了一种新的方式，使他们在家就能品赏万千风景。虽然这种转变主要出现在英格兰上流社会，但整个北欧和美国也可以见到。对于许多人来说，"如画"的典型景观是在罗马郊外的著名景点帝沃利发现的。曾有瑞士游客称只有到这里才能真正理解"如画"，1787年他在家中写道，"来这之前，我从未真正理解什么是如画"，他继续宣称，优秀的画家永远不会满足于自然界在同一风景中所能提供的东西。继而又以更多事物作补："废墟城堡、丘陵山谷、森林、平原、溪流，诸多景象组合，画作才更丰富有趣。"他总结道，倘若自然本身能够带来这种丰富感，并近乎形成一幅精妙的构图，即称得上"如画"。帝沃利的风景完美融合了绘画的特性：无须在心中重新构图，它们本就似画中作。

尽管各国之间略有差异，整个欧洲都在寻找"如画"景观。不过只有英国将如画与旅游的结合制度化了，校长威廉·吉尔平（William Gilpin）发挥了核心作用。自1782年起威廉·吉尔平发表了多本关于英格兰湖区的旅游指南，指导旅客去哪里寻找、如何寻找如画景致，又如何借助克劳德镜取景。早在1807年，就有英国观察员表示，以研究"如画"为目的的夏日旅行看上去是极为必要的。

学习如画要求具备精准发现风景特质的能力,只有阴影光线、树叶、特定元素、错落多变的风景特征共同作用才能构成真正的如画景致。如画的图景通常富有怀旧气息,特别体现在田园乡村生活里,衰败的古村落、一片废墟、一方墓碑等场景更加营造了这种氛围。而对时间逝去的悲伤哀悼、对人类渺小的凄凉哀怨成为"如画"情感的重要组成部分。

游客的任务则是捕捉这些可用来绘画的风景,将其抽离枯燥的周遭环境,并形成框架,再以素描、水彩画或文字的形式复现。1779 年,英格兰湖区的一名旅客成功捕捉到一方真正的如画景致,他形容道:"在右边一块突出岩石的后方,我用克劳德镜(透过裸岩上一颗扭曲生长的树)捕捉到一股湍流,它飞射而下,闪亮如钻石,是我见过的最美的画面。"这种追寻带有采集捕获的意味。你可以运用构图技巧对面前这片未知的原始风景赋予某种秩序,而荒野看起来则仍旧杂乱无章。

"如画"观念的形成常作为发展"游客的凝视"的第一步,但这种说法忽略了一个事实,即"如画"首先关乎感性,需要寻找使你敞开感官并让思想漫延开来的氛围和景致。这种充满美学和感性认识的语言以惊人的速度遍布整个西方世界。林纳西尔姆总是以"如画"的特定模式来旅行。他是英式感性旅行、法式如画巡航以及德国人田园牧歌探索的狂热读者。他尊崇艺术大师克劳德·洛兰和 1756 年畅销田园诗歌作者、瑞士诗人艺术家所罗门·格斯纳(Salomon Gessner),他不断提到二人同时也把他们描绘的景色作为衡量准绳,"我好奇这风景克劳德会怎么看"或者"这景色值得格纳斯歌颂"。

四、主题园

精英旅游开始成为当时时兴的国际化旅游形式,人们不出国就能加入国际旅游团体。浪漫主义的英国园林也成为推动新式的国内旅游的重要因素发展。英式园林是完美风景的全新典范,不单在蚀刻版画、诗文中广泛流传,并实实在在地在 18 世纪的整个欧洲广泛建造起来。不仅颠覆了早前法国巴洛克式园林刻板的审美,一改其讲求平衡对称、循规蹈矩的特点,还是英国先锋旅客口中的"现代园林"。如今,整个西方世界新建的公园大都以英国园林风格布局,并刻意营造无与伦比的自然风光,景观设计师一边拒绝"一切规规整整",一边强调润色或者遮掩自然中的不和谐因素是多么重要。风景既需要一系列与之相配的装饰物，又将作为旅游先锋的训练场。在这里旅客学着打磨感知，学用新的方式感受自然。

北上的旅途中，林纳西尔姆曾驻足福斯马克（Forsmark）庄园新建的英国园林。闲庭信步，无不是对在荒野田园间交错的愉悦、惊喜和情感的赞叹。踱步蜿蜒小径，闲游曲折溪旁，一树成荫乔木、一座桥、一方雕塑，抑或小小一条镜廊、一座希腊神庙——每处角落都掩映着新的惊喜。对林纳西尔姆来说这是情感的朝圣之地，要穿过公园少不得认真庄重。曾有和他同时代的人形容这里是"一原荒野，其美不柔，然烈"。

有林纳西尔姆的描绘在前，现在到福斯马克庄园参观的游客便不怎么袒露热情。庄园基本保持了原貌，但一切又似乎渺小到不足称道，甚至枯燥乏味。当时的文化环境不再，即便我们走过的风景同林纳西尔姆那时无异，也不会有18世纪游客漫步时那样强烈的情感。他们适逢田园风光和荒野景色快速交接的时代，能借蛛丝马迹投射情感和幻想，同时读出许多弦外之意。风景微小，却暗含深远的文学、历史、美学意义，又能引发旅客思考，其营造出的巨大的象征空间亦非一方小公园所能承载。林纳西尔姆曾发现这里"一切都藏着惊喜"，而我们作为现代游客并不具备这些文化视角，固然走过的风景相同，脑中却是另一番景致了。

除了福斯马克，林纳西尔姆还游览了附近另一处庄园园林。园林仍保留着陈旧的法式风格，显然偶像克劳德·洛兰不会从这些"僵硬的几何状庄园"中取得丝毫灵感。但英国园林的"自然状态"其实也是经过高度编排的，是刻意精雕细琢的"自然"。而讽刺的是，英国许多园艺师的早期灵感源自风景画，尤其是洛兰描绘的景观。

新建立的庄园迅速成为旅客消遣的热门景点，游览庄园的方式则向我们展示了新的旅游认知和观光技术。游客从英国园林里学会给自己定位，在观光中找到如画景致。他们还在这儿培养起野外幻想的本事，将想象思忖的景致与走过的风景联系到了一处。从忧郁怀旧到激动兴奋，游客在闲庭漫步中走过一处处风景，走向新的心绪。沉浸幻想的游客停下悠悠脚步，坐在绿荫下的长凳上任思绪随处飘摇：在古典建筑中回溯历史，内观自我，远离日日生活的社会直抵乌托邦境。

与林纳西尔姆同时代的丹麦人克里斯蒂安·莫尔贝赫（Christian Molbech）曾到丹麦一处18世纪90年代修建的娱乐公园游览，其间就有这样一段经历，他如林纳西尔姆一般满怀激动地描述了一路的惊喜。彼时他越过一座小桥，漫步在充满神秘的林荫小路，倏然遇见一幢"挪威式小屋"。独处于此，思绪飞扬；他写道："好似被送往挪威群山间，那里处处林立着这样的建筑。"

享受过挪威小屋的静谧，他从"幻想的世界"匆匆而过；越过草地，进入一片幽静多荫的小树林。林中有一间隐士住的茅草屋，屋内桌子上放着饰有两个头骨的沙漏，门上写着一条铭文："死亡为必然，何时死去未可知！"

无论木屋还是隐士洞穴，都是英国园林中的标配。林纳西尔姆对福斯马克公园里最荒蛮的景象历历在目，他在小路转弯处一块大石头后面发现一个洞穴，"洞穴暗处，一个身披深紫色斗篷的隐士正持书端坐，一脸谦和认真"（此为蜡制人像，后遭群鼠啃食）。

更多雄心勃勃的园林工程则想要提供真正的隐士。1791年，瑞典一家报社对某英国绅士企图招募现世隐士的做法提出质疑。招募要求申请人着草鞋素衣，不理发不剪指甲；喝潺潺溪水，持《圣经》端坐，再配上一些光学元件和一只记录游客用的沙漏，在园林里度过7年完全沉默的隐居生活。7年的报酬将达700畿尼（约6600元人民币），但可叹的是选中的申请人仅忍受了3周就无法继续。

大概是受赴英游学影响，抑或是由于国际园林规划和导则的传播，花园的种种造景、惊喜、愚拙之象渐趋规范。到18世纪末，以营造英式浪漫园林为主题的指南手册不胜枚举、风靡一时。书中描述了各种出其不意景致的营造方法，并提供与之相适的隐士小屋范例；业余爱好者和专业人士都能从中发现设计蓝本，找到自己动手的窍门。公园建了一处又一处，陈设一般无二，景物道具的式样高度统一。不管在德国、丹麦，还是苏格兰、北美，这种规范化让游客在任何一处英式园林都不会觉得拘谨。而入园门票成了学习经典、理解一众标志景象的文化资本。

从露天博物馆到迪士尼世界，再到遍及全球的冒险乐园；从每处转角都暗藏惊喜的蜿蜒小径，到一小面标注着景点照片的旗帜，浪漫园林的建构模式具有强大持久的效力，不仅提供了19世纪城市公园的设计蓝图，更成为未来世界旅游主题公园的蓝本。描述风景如画的用语依然在使用，在旅游编目、风景明信片、指南手册上都能找到。

新的旅游认知借由如画风景迅速传播，与此同时，欧洲和北美出现了一支小众但相当国际化的旅游先锋队。要理解这种旅行实践及其准则如何迅速走向世界，就得从先锋们所处的社会环境入手。这类人多是乡村士绅、神职人员、教师,虽然受过高等教育,但从某种意义上讲又都处在被孤立的境地。许多人早先在大学时代接受过相关的精神熏陶,如今在牧区、庄园也渴求同样的经历。他们像林纳西尔姆一样独自从书中寻求慰藉,大多数人不是高阶贵族,付不起到世界各地长期周游的费用;于是他们发挥炉火纯青的想象力,大量撰写旅游园艺方面的书籍,不断与世界各地的同事、导师进行精神(有时也诉诸文字)交流。

他们渴望刻画描述,渴望评判对比,又由此引发迫切交流的欲望——炫耀、写作、强拉着旁人作比较。竞争离不开社交,这也意味着永不可能保持沉默,因而早期旅游业格外强调建立具有代表性的旅游规则和旅游类型,像林纳西尔姆和普拉姆崔这样的旅游先锋就把握住这些新式体验的精髓;但至于如何取景、如何判断、描绘,仍有广阔的反思空间。

旅游先锋们迫切希望与那些头脑简单、缺乏教养的普通游客划清界限,在他们看来后者简直是毫无审美能力。杰弗逊曾在其对天然桥的记述中控诉当地人有眼无珠,不识此等遗迹,借此响应了当时其他人的抱怨。当时欧洲和北美的平民百姓仅仅是开垦土地——似乎还不具有欣赏风景的能力。1836年,拉尔夫·艾默生发表在《自然》周刊的文章中也有类似观点:农场主也许拥有田地,却无权拥有风景;唯有诗人和艺术家能将各个景观整合成为真正可以体验的风景。旅游先锋们没有意识到,对同一片土地,农场主和农民也有自己独到的审美。

五、新认知

人们对如画风景的迷恋也体现了另外一种旅游方式。在墨守成规和即兴创作、预先设定和意料之外的冲突之下,人们渴望新的景观和体验。

标准化的造景范式致使浪漫花园中的景点变得枯燥乏味。林纳西尔姆曾仔细观察了福斯马克庄园其中一处景点——罗马英雄贝利萨留之墓,然而到了下一处教区庄园就心生抱怨——与之前别无二致的阴沉墓碑,这是将罗马英雄到处安葬吗?至于蜿蜒小路,如今已再常见不过了。

对如画风景的探寻大概因此日渐式微。诚如所见,"如画心理"成为鉴定风景的方式。以普拉姆崔、林纳西尔姆为代表的游客频繁提到如画,太多对愉悦美好景致的讨论反而削弱了风景本身的存在,这样的影响在许多游记中有如实记载。夸张的褒扬词和惊叹符的使用无一不成了惯例，这种卖力的表述在毕夏普·波西（Bishop Percy）1775年苏格兰之旅的记载中可见一斑："崇山峻岭连绵向北，层峦叠嶂拔地而起，构成一帧帧精妙绝伦的如画美景，让人叹为观止。如画！这等美景何以描绘，世间无言可状。"激动之下毕夏普将最后两个"如画"加以标示出来以表现自己观点的强烈。崇拜克劳德慢慢沦为带有贬义的"克劳德主义（Claudianism）"标签，正如简·奥斯汀的小说中，执拗的如画崇拜者同已开始讽刺如画之人较量的例子不胜枚举。当悦人景色诉诸感官、文字和绘画，这份愉悦便有了几分逊色。

浪漫花园带来或热忱、或饱含热泪的情感，同时我们也不难发现人们渴望更加有力而充满戏剧性的感受，于是在诗情画意的和谐统一中，渐生出一种更强烈的情感诉求——对崇高的崇拜。狄德罗将之定义为"一切惊撼灵魂、令人生畏的崇高"。18世纪，"崇高"的理念从哲学和艺术学传播到旅游领域，其间同"如画"一样，"崇高"一词的概念几经转变。

随着浪漫主义风景画家对绘画主题的不断更新，人们在迷恋崇高的同时也表现出对荒野和意外之景的无限渴望。

他们藐视牧歌田园，不屑平风静浪，推崇的尽是惊心动魄的"自然激变"。1828年，在一本用瑞典语撰写的风景画指南上首次出现了对这一学说的阐述，书中探讨了不同的自然现象如何激发不同的情感，理想中的自然又当如何广袤而非仅拘于一隅。艺术大家一定描画高峻山地、垂悬瀑布，描画火山、洪水、滑坡——简言之，以刻画自然的"奇观异象"唤起作者所谓的"灵魂深处的激荡"，就如狂风骤雨不应只作为一帧风景，更该肆虐观者灵魂。"崇高"意指宏伟雄壮，也有慑人生畏之意，还表示那些罪恶也好神圣也罢，人所不及的力量。崇高的瞬间必定以相吸相斥的辩证法则牢牢抓住观众，造园师尝试在园子里放一块崎岖岩石、立一小型瀑布，加入一些表现崇高的元素，然而新生出的对野性的渴望不是这些道具就能满足的。

六、极致瀑布

人们对"崇高"的探索很快趋于模式化，其中热门景点之一便是瀑布。"恰到好处的野性"让瀑布渐渐成为旅游先锋眼中"可怖之美"的理想代表。

1732年在去往拉普兰德的路上，林奈斯在艾尔夫卡勒比（Alvkarleby）得

第一章 觅景致

见著名的瑞典瀑布。尽管景色迷人，他关注的焦点却是当地的地质和植物群、瀑布的力量、雾气的效果以及钓到鲑鱼的可能性。半个世纪后，当林纳西尔姆抵达这里，无疑给出了截然不同的描述。第一眼看到瀑布，他简直说不出话来，不得不第二天返回再观："再到这儿我还和之前一样振奋，这骇人的美丽让人又惊又叹……离开时，周身感官好似更加通彻，内心前所未有的愉悦安宁。"此后，瀑布连同浪漫花园、残垣废墟、如画景致成了林纳西尔姆旅程的核心。他形容自己接下来的瀑布体验是"愉快的战栗"，而另外一种反应同样具有时代特色，称作"颤抖的狂喜"。瀑布之所以引人入胜，不仅是因为它易于到达，更是因为崇尚自由的新浪漫主义者能从这不羁的湍流中找到所认同的东西。而飞瀑的咆哮、色彩的变幻、瀑间水雾冰凉的触感、流水清冽的滋味——瀑布作为一种整体艺术，能调动人的全部感官，欧洲各地游客无不为之倾倒。

  18世纪，有过欧洲大旅行经历的旅客常以蒂沃利（Tivoli）和特尔尼（Terni）两地的知名瀑布作为比较样板。曾有从南方之旅返还不久的瑞典游客注视着壮观的瑞典瀑布，比对着特尔尼的悬瀑评判它的种种特性。然而特尔尼的瀑布真如所说般粗犷壮丽吗？如若说瀑布给人以最纯正的崇高体验，那地处加拿大和美国交界、雄伟壮观的尼亚加拉（Niagara）大瀑布就是世上无与伦比的自然奇观。诚如此前一名游客所言，这是"那些思之所及的恐怖风景中一抹极致浪漫"。到了18世纪后期，美洲和欧洲旅游先锋皆为之沉迷，瀑布成了崇高的代名词。

  林奈斯的科学分类法首次对瀑布进行了深入描述。1750年，林奈斯的弟子派尔·卡姆（Pehr Kalm）游览了瀑布，但在他的长篇大论中丝毫不见崇高的字眼。卡姆在附近兵营的法国军官和士兵帮助下，先乘桦木艇航行，又跋涉了几英里越过山地。等见到瀑布，他开始测量水温，接着沿岸而坐，用笔墨记录观测结果。和那些携带测量绳的旅行者一样，他花了很长时间研究瀑布的精确高度，探索不同天气状况下咆哮声的可传播距离。瀑布周围水汽四绕，好似一层强雾罩住风景，于是他又思索水汽溅射的范围和影响。不似林奈斯在艾尔夫卡勒比观测瀑布的情形，卡姆坦承见到的景色令其毛骨悚然。不过还是后来游客的描述情感更加充沛。比起测量水温，之后一代的游客更在意自己的欣喜程度。他们认为瀑布带来强烈的个人与自然交流的体验，不过即便是当初参观尼亚加拉瀑布的游客，也难能将这段经历转化为崇高的用语。如何表达这势不可当的伟大瞬间呢？一些旅游先锋采取的策略和林纳西尔姆相同：先称自己无言以表，接着迅速列出一堆夸张的颂扬词，如对尼亚加拉瀑布的描述中有如下彰显崇高的词汇：激动人心、惊叹不已、扣人心弦、宏伟壮观、势不可当……

尼亚加拉瀑布旅游基础设施的兴修引发了另一重问题。1825 年伊利运河（Erie Canal）落成，后来又修建铁路，搭造旅馆、观光平台，游客前往瀑布旅游更加便捷，尼亚加拉瀑布却随之失了几分崇高。此外，瀑布中惊险刺激的元素也因游览的日渐便利而削减，部分游客的体验价值因此受损。《弗朗西斯中尉的大厅》（A Lieutenant Francis Hall）一书中提到"凡欣羡之物，愈难得之，愈受其累"，这则箴言后来成为探险游不变的原则。

部分男士认为，女性游客的出现威胁到尼亚加拉瀑布作为野外冒险胜地表现出的阳刚之气，同时也改变了男性对情感持有的性别观念——强劲崇高的经历只属于男性，较为温和的如画景致才符合女性的情感认知。但让人始料未及的是，许多最富激情的瀑布游记出自女游客之手，并且往往是对个人经历的描述。有女性游客说道："在这儿我丧失冷静，做着狂野的梦，仿佛有一种伟大的声音在召唤我。"另一人写道："可怕的孤独，每每想起几欲疯狂。"哈丽特·比彻·斯托曾言："我仿佛随那瀑布一同去了，这种死亡何其美丽，我心又有何惧……"

对那些有机会旅游的中产阶级女性来说，旅行意味着多方面的解放。她们可以借此机会逃离家庭生活的日常琐事，也可以跳出传统规定的条条框框。尼亚加拉瀑布逐渐成为女性享受新自由的代表。

无论男女游客，探索崇高的过程都身负强烈的神圣感，但这种宗教情感的表达要求沉静祥和的环境，最好有机会独处或是只与挑选过的特定旅客同行。游客人数日益增加，对大众旅游的批判也随之攀升，对此，德·托克维尔（de Tocqueville）发表过一种经典看法："要想领略真正的尼亚加拉瀑布，你必须抓紧时间——慢一点也是迟！"

尼亚加拉瀑布成了崇高的代名词，人们把它写入旅游指南、游记诗歌，又画成油画，甚至印在廉价印刷品上，用尽各种可视媒介给予呈现。然而，新的旅游焦虑随之产生：假设景色不及前人描述，预期过高怎么办？实景不如图片来得精妙又当如何？"完全成为尼亚加拉"式的技艺日臻复杂，如何找到一方没有旅馆，没有狂热向导，没有其他游客干扰视线、破坏安宁的绝佳观赏点？一天中何时又有何种天气状况才最适合观赏？

新兴的旅游团体中，前来度蜜月的新婚夫妇值得单独一提。19 世纪 30 年代，"咕咕夫妇"的说法首次被提出。当时，蜜月旅行还是种新奇的主张。尼亚加拉瀑布之所以发展成为蜜月地的热门之选，一方面大概与当初探寻崇高有关，即寻一处激情浪漫之地，另一方面是因为该景点迅速发展成享受时髦社交生活的休闲娱乐之地。1838年首次提到"度蜜月"的概念，同年，第一家台球厅问世。

对许多第一次度假的游客来说，尼亚加拉成了他们的训练场。在这儿，人们学会了如何抵达非同寻常的风景胜地又安然闲适地度过假期，如何拍照，挑选纪念品，如何跟随导游引导，如何与生活地区、社会阶层迥异的游客进行社交，又如何理解时髦词"蜜月"。各种旅行指南则从旅游项目的建立、景点的选取与组合，以及如何在新环境中保持行为得体等方面给人以启发。

老一辈的旅游精英不屑于新兴的旅游团体，传统旅行与"低俗观光"间的斗争愈演愈烈。尼亚加拉瀑布被说成崇高不再，转剩荒谬；野性全无，只余驯服。而不同类型游客之间的文化差异之争又让其沾上一种新名号：过度开采、俗不可耐的旅游陷阱。随着尼亚加拉瀑布的影响愈加深入，哀叹其趋向庸俗的嘲讽之词也越来越多。

得益于人类文明的进步和科学技术的发展，尼亚加拉瀑布为部分游客提供了休闲娱乐、观赏迷人风光的去处；但这里也是另一部分人不愿踏足之地。那些寻求与荒野进行崇高交流的游客不得不另寻更加原始的荒野。

七、寻山热

对瀑布的关注正是人们踏入荒野的第一步，对更强烈的心灵震撼的追求则将人们引向群山；然而，这类山景正是18世纪早期的自然爱好者所鄙弃的。1732年卡尔·林奈斯第一次见到拉普兰德山景，彼时他情绪激动，怀疑自己是否到了亚非之地：周遭一片陌生杂乱，没有森林居所，没有围栏路径，不闻鸟鸣，不见日落，唯见秃山连绵——这里就是片惹人生厌的荒野。塞缪尔·约翰逊（Samuel Johnson）同样觉得群山荒芜，了无希望，并在1775年发表的游记《苏格兰西部群岛之旅》(*A Journey to the Western Isles of Scotland*) 中写道："不受自然眷顾，不得其恩宠。"

不久，这类说法即在瑞典和英国遭到挑战。英国新一代浪漫主义诗人认为山景之间蕴含有一切崇高的恩典，这里荒芜可怖却不失壮丽，尽可与神力相通；吉尔平亦在所著指南中建立了山景之美的等级划分标准。

正如寻找最壮丽的瀑布一样，我们找寻着最为崇高的山景。人们逐渐认同这样一种说法：如果意大利及其南部的田园风光景致如画，是首屈一指的理想之地，那么英格兰湖区和苏格兰的山景可谓卓然超群。尽管如此，论及崇高之美，瑞士的群峰很快占据了首位。

对荒野自由的渴望最常见于对阿尔卑斯山充满希冀的描述中。让·雅克·卢梭（Jean Jacques Rousseau）以"深渊临侧的威胁！"表达自己对山涧溪流的渴望，这种纯粹壮美的景致唤起崇高的思想。1790年，一名挪威旅客在描述瑞士时写道："瑞士之美，美在爱国主义宪法和壮美景色。"对阿尔卑斯山脉的崇拜源于政治、源于美学，那些渴求自由的旅客在瑞士英勇民主的历史中找到对应的意识形态。

土地广阔，空气清新，沉醉于自由独处，这绵延的山脉便是浪漫独特的乌托邦，就连林纳西尔姆这样的田园诗人晚年也欣赏起"肃立崇高的群山"；许多人和他一样对"瑞士的"这一形容词怀有无比的崇敬。早在18世纪，瑞典人一直在本土景观中找寻意式特征，而现在，一碰到迷人的北欧景观，就会说"出自瑞士人之手"；同样从美国东部的卡茨基尔到西部的圣克鲁兹，许多地区争相抢夺"美国国土上的瑞士"这一旅游名号，对山脉的描述也使用相似的辞藻。

探寻山脉表明欧洲和北美都在重绘旅游地图。瑞士发展了繁荣的旅游产业，另一个边缘小国——挪威紧随其后。欧洲人对阿尔卑斯山充满渴求：英国人在找寻荒野时发现挪威的山岳地带位于大西洋海岸，较瑞士更易通行；挪威山地因而成为斯堪的纳维亚半岛首个全球旅游胜地。19世纪20年代，挪威游客形容起这些山脉还常用"荒芜可怖"或是"了无生机的悲伤之地、单调乏味的荒漠"等修辞，而10年后，首批到此地游览的英国游客中就有人述之以"热情"的字眼。1833年此人在旅行日志中写道："挪威景色之美，为瑞士阿尔卑斯山、喜马拉雅山所不可比。"此后，源源不断有英国游客到挪威游览。

八、崇高民族化

挪威一例同样揭示了对荒野的浪漫追求如何与对"民族认同"的国际探索构成联系。受英国重新评估旅游业的启发，挪威人从1814年起就开始将目光投向群山，试图凭此构建一种民族文化，以取代被迫与瑞典结成的政治联盟。

和瑞士一样，挪威的景观美学与政治相互联系。然而，这片风景的伟大之处并不在于它与瑞士阿尔卑斯山的相似,而在于它本身所具有的纯正的挪威特质。居住在这些地区的山民渐渐被视作真正的挪威原住民。这种将自然民族化的强烈愿望初露于18世纪末,但在19世纪上半叶才变成一股强大的力量。

1797年,林纳西尔姆在首部游记的序言中就已流露出民族自豪感。1792年,他的导师吉尔平在其《对如画美的几点评述》(Observations Relatire to Picturesque Beauty)一书中明确表示,英国山脉的美感无可比拟:"瑞典、挪威及其他北部地区的山脉算不得宏伟壮丽、比例合适的景致,不过是一团粗野丑陋之物罢了。"这话引起林纳西尔姆极大的愤怒。瑞典另一名同时代的自然爱好者则更直白地点出瑞典风景蕴含的新的理念:"瑞典人对瑞典山脉之爱应远胜其他。"

然而风景民族化的进展存在差异,尤其是对那些自认为处于西方文明宏大叙事边缘的国家,如北欧诸国、美国以及后来的加拿大。对这些国家来说,荒野和对崇高的探索占据国家文化构建的核心,自然景观的丰饶可用以弥补高雅文化的缺失。

这种对景观的重新评估大概在美国最引人注目,其中原因有很多。约翰·西尔斯在分析美国早期旅游胜地的形成时,将其归因于强有力的宗教传统和工业革命后的民族主义。一些学者则将原因指向19世纪美国明显的自卑情结。

美国知识分子不胜其烦地抱怨这个新国家缺乏文化和历史:"这里没有伊顿(Eton)、牛津(Oxford),没有埃普索姆(Epsom)、阿斯科特(Ascot);不见碑石残垣,不见古物传说。这不是一个公认意义上的'社会'——从霍桑(Hawthorne)到亨利·詹姆斯(Henry James),人们的不满情绪无处不在。"

"美国是一个缺乏文化的年轻国度",这种看法将人们的注意力直接带到荒野中去。约翰·罗斯金曾写道:"这个国家糟乱至此,鲜见城堡,我在这儿连几个月都待不下去。"对那些痛惜这里缺乏如画废墟的美国游客,此话直中要害。但是,粗野山脉,峭壁岩石,原始森林中奇形怪状、扭曲生长的林木难道就不足以弥补此憾吗?美国游客中兴起一种名为"绿色废墟"的说法,而依传统的崇高观念,这种对美国荒野叹为观止的全景、宏伟的山间大教堂的颂扬都带有明显的宗教色彩。截至19世纪20年代,美国东部逐渐兴起一种山川旅游业;随着汽船的出现和铁路的修建,游客很容易就能抵达沿哈德逊河绵延的卡茨基尔山脉和怀特山脉。作家和画家对这种浪漫主义景观的形成至关重要,其中一人便是出生英国的托马斯·科尔(Thomas Cole),他是"哈德逊河画派"景观艺术家的奠基人,被誉为"美国荒野画家第一人"。科尔和林纳西尔姆一样崇拜克劳德·洛兰,此后他继续前往意大利朝圣绘画,之后又将欧洲的如画和崇高理念融入他的美国全景画中。

在科尔的帮助下,第一家荒野酒店"山屋旅馆"(Mountain House)大获成功,风靡一时。1824年酒店开业时他还前往参观并在那儿创作了大量风景画,其中最知名的大概是1826年创作的《卡特斯基尔瀑布》(Falls of Kaaterskill)。然而,即便观光塔、阶梯、栏杆这些旅游业的标志性装饰已融入时尚景观,在寻找阿卡迪亚式的美国时,科尔还是不得不将它们全部剔除,反添一名孤独的印第安战士作为荒野的象征。介于当时哈德逊河谷地区的土著居民已遭到不同程度的消亡,战士形象因此带有怀旧色彩。卡特斯基尔瀑布成了精心排布的"游客必观之地",19世纪50年代,景点的商业化气息遭到部分游客嘲讽:

时间有限的游客尽可以有条不紊地"观光":离开旅馆,乘上开往酒吧的长途汽车;再开启新行程!露台漫步,临望深渊,接着瀑布看守人会告诉你这儿离深渊底部有80多英尺(约24米)高,不过从你那儿看大概就10英尺(约3米)。

酒吧老板也是个善用瀑布的天才,靠烈酒和这里的水打开生意。事实上,若有足够的浪漫情怀来接受这一现状,卡特斯基尔瀑布既可让诗人吟诗创作,又可作为娱乐聚会的好去处。

仅需25美分(约1元人民币)就能打开水闸,接着及时送游客回山屋旅馆参加晚宴。

荒野进入中产家庭会客厅的方式大大推动了景观的模式化进程。像1820年出版的《美国风景中的如画景观》、1826年的《哈德逊河作品集》这类刻板画将荒野风景融入家庭,继而引发人们对"观光"的渴望。到19世纪中叶,数以百万的风景画复制品以书籍杂志、个人版画的形式在美国市场流通。此外,旅行指南销量的迅速增长进一步促进了游客旅行的模式化进程。

当美国游客开始以"时尚之旅"对应欧洲大旅行,奢华的山屋旅馆遂自成一景。19世纪20年代,游客从纽约城出发,沿哈德逊河一路上行,观赏卡特斯基尔瀑布,又或许驻足萨拉托加斯普林斯,之后穿过新伊利运河抵达尼亚加拉瀑布完成环游。旅行期间,游客在参观历史遗迹的途中对美国自然有了新的关注;此外,这批早期游客关对新兴技术奇观抱有极大兴趣,通过其毫不费力地寻求荒野浪漫。

这种先驱性的旅游活动在美国民族精神形成,即国家领土扩张上发挥着重要作用。在此过程中，风景和历史以一种强有力的方式融合在一起：现在我们脚踩之处正是早先美国人走过的土地（当然问题是哪种美国人：是土著居民？还是早期的白人殖民者）。

后来哈德逊河全景和东部山景逐渐变得刻意乏味，美国之旅开始西行拓展，探寻"真正的荒野"；19世纪50年代，游客在内华达山脉发现了令人叹为观止的优胜美地山谷，该地成为新关注点的典型代表。1866年曾有早期游客记述了初见山谷的情形：

我们勒马冲出森林，高高突起的岩石挡住连绵起伏的花岗岩山脉，将秀美山谷、草地、树林、河流粗粗浅浅地连接到一起。涉足石上，一股强烈的情感体验席卷而来——异乎寻常、出人意料的崇高，却又可怖荒凉——这份心潮涌动，这种寻常情感骤然停顿的情境，任何生灵都鲜少体验。这里让人如临巨大的危险，又好似庄严地死去，和上帝来场会面。这就是放大版的尼亚加拉瀑布，凡世俗者畏缩不前，凡不朽者卑躬以敬，席卷向前。

这段文字典型使用了描写崇高体验的国际惯用写法，同时也表明，美国旷野的独特壮丽为其民族自豪感奠定了新的基调。

1872年，美国第一座国家公园"黄石公园"落成。美国提出建立国家公园并非偶然，该想法随后走向世界，成为"真正的民族应具备的条件"国际清单中列出的必备基础设施之一。在实现荒野民族化的过程中，美国同样一直借用外来理念和设计蓝图；19世纪的美国传统荒野画不仅借用了欧洲的"崇高"主题，还参考了法国和英国的绘画风格，最终形成具有鲜明美国特色的荒野表现手法；后来又在美国传统荒野摄影中进一步发展，又因安塞尔·亚当斯对优胜美地的分区法描述达到鼎盛。但如蕾贝卡·索尔尼特所示，摄影在黄石公园的修建中起到至关重要的作用，正是新的风光摄影技术动摇了华盛顿特区官僚，让他们接受了早在19世纪60年代就提出的"捍卫这片荒野"的说法，这并非全景油画的功劳。风光摄影依然是个令人惊叹的新奇事物，同时又是强有力地说服媒介。

一如早期对尼亚加拉瀑布的朝圣、哈德逊河的全景画，又或者优胜美地的山间大教堂一样，崇高民族化的构建为美国带来多重影响。其中一点是美国风景蕴含独特的美国特性，故而不会拿来同别的民族相较，也即脱离了旅游竞争。不会有观者考虑法国如画景致的重复率和品质是否比得上美国，也不会有人争论约塞米蒂的山脉能否堪称"像阿尔卑斯山脉一样的壮丽山川河谷全景"。但这也说明，只有真正的美国观光客才能接受并理解美国自然风景的崇高，崇高民族化继而又新添了一种神圣感：在特定的风景中感悟自然、感悟民族精神。

对荒野的崇拜给年轻独特的美洲大陆带来新的民族自豪感。托马斯·科尔指出，"这是片艺术未曾涉足的自然。不似蒂沃利、特尔尼瀑布，勃朗峰、普林米尔姆峰，几百只画笔日日描绘，早已陈腐受损；这里有的只是原始森林、天然湖泊、原生瀑布"。

诚如所见，旅游业本身就对这种描述原始且新鲜的修辞造成威胁，后又随汽船、铁路的出现不断加剧，当然，这种新的移动方式也带来全新的风景体验。

第二章 在路上

一、观光巡游

极致之境!

观你想观,做你想做,只在加州和风号观景车厢!

穿越高山,观缤纷多彩的科罗拉多落基山脉,赏著名的加州羽毛河峡谷:仰头俯首,四顾环望,享受终日风光。

这是20世纪50年代早期铁路旅行的一则广告的文案。当时铁路旅行蓬勃发展,与巴士、航空旅行的竞争日渐焦灼。随着泛美航空的恒温航班飞越大西洋,加州的和风号火车亦配备了5节圆顶观光车厢。此外还另有一种双层圆顶有轨列车,车内装有超广角视窗、旋转座椅,还配有速度计和测高仪等多项设备,方便游客知晓列车运行速度及海拔高度。

"观光巡游"双层巴士是灰狗巴士之外的另一种选择。1958年,有一则典型的广告画面:一对夫妇坐在新巴士里,一边享受"无振空气悬浮旅行",一边欣赏广角视窗外掠过的积雪覆盖的山脉。

诸如此类的广告超越了时间的桎梏。铁路的发展直接催生了早期的观光旅游市场。但早在18世纪,旅游先锋们就已知晓"观光行"的动态旅游模式,如英国湖区之旅中就包含乘船旅行的项目。在1782年撰写的书中威廉·吉尔平(William Gilpin)曾热心地针对"如何体验莱茵河沿岸风景"给出几点建议,当时他正乘着带有桌子的特制船只航行,沿途进行素描和写作。帕特里夏·杰森(Patricia Jasen)指出,吉尔平的游河指导有点类似电影拍摄手法;他捕捉到小船沿河缓缓而下的侧面和正面镜头,正如景色"如画"般慢慢浮现。

随着蒸汽动力的发展，水上航行逐渐成为一种崭新的观光游览方式。在北美，沿哈德逊河、圣劳伦斯河等河流来一场航行变得备受欢迎，汽船带来了新的风景移动模式，游客透过玻璃窗或者坐在躺椅上就能观赏风景。但随着风景移动速度的加快，游客必须掌握更多捕获全景的聚焦方法。诚然，这不是自然而然就办得到的，林纳西尔姆就自认做不到目视全景。他曾在爬上山后俯瞰几所教区，却发现根本观不过来：

不得不说，这短短一瞥无法完全打动我。如此丰富的景色怎么能在一瞬间全然消化呢？广阔至此又如何去感受愉悦？这就是一幅全景，却非一处风光。

全景式的观光源自崇高，视野的宽旷博大成为核心标准。像山景一样空旷开放的空间受到游客追捧。

法国布景设计师、风景画家菲利普·卢泰尔堡（Philippe de Loutherbourg）曾在英国工作，他对布景极富造诣，1782年他开设了一家以声音和雷电特效揭示自然力量的微型自然模拟影院。全景影像的发展给城市里的平民百姓，特别是那些从没机会四处旅行的群众得以一览全球美景的机会。全景影像将荒野带入城市，就像那幅4800米长的尼亚加拉瀑布动态全景画卷，涵盖了19世纪50年代美国的100种不同的景观。德国著名地理学家亚历山大·洪堡德（Alexander Humboldt）曾强调，全景影像在当时具有重要的指导意义；观众陷入"一种魔法阵，完全摆脱了现实的干扰"，好似可以穿梭到世上任何地方。

全景技术日益精密，带动了今天所谓"虚拟现实效果"的发展，又恰好将新的摄影技术融合进来。人们对全景的关注引发了旅游地形的重构。全景自然景观的获得要求地势高、视野开阔的地带，因此在19世纪掀起了观光塔热潮。到19世纪末，在一个受欢迎的瑞典旅游区中，随处分布着木质的观景塔，给人们提供全景观览这个充满蓬勃生机的油田的机会。整个观光区都为通往悬崖山顶的全景观景点铺设了新路，对绝美景色的探寻也带来新的关注点和观景模式，跋涉攀爬则成为终极手段：身在途中，前方等待接受的全景是犒赏，看到之后方知这景致是否值得攀爬。

观景位置的提升带来了多方面的影响。首先是放大了自然力量的崇高，凸显人类的渺小。1846年，有人在从卡特斯基尔山脉的山屋旅馆俯瞰哈德逊河谷时就评论道：

底下的人匍匐前行，犹如原子般几不可见……从远处望去，时尚女郎的羽毛帽只有蘑菇般大小。

风景能夺人心魄,同时也能授人以权;与居高晕眩并行的是"世界在我脚下"的掌控之感。全景视角作为一种新兴的观景技术,强调了观察者与风景的分异,即置身景外看景。观察者通过控制视线扫视的速度便可掌控面前风景的移动变换角度。

而通过乘坐汽船和火车,旅客学习到了更多控制风景移动的方法。随着风景掠过的速度加快,人们对认知模式也产生新的诉求。早期的火车旅行指南中曾指出,不能回看风景、不要看向窗外,"以避免眩晕或使身体陡然出现微恙";如果已经看向窗外,需"确保视线落在天空或者地平线一类远处的景物上";同时(途中)不要阅读,"以免视力和神经系统受损";另外,建议进入隧道时把眼睛闭上,"防止明暗光线对视神经造成强烈冲击"。

1846年,两名瑞典女性游客乘"蒸汽火车"游览德国时,两人的反应截然不同。其中一人抱怨火车开得不够快,不像传闻所说的来不及看风景;她的同伴却对飞驰而过的景色感到眩晕恶心,坦言:"我还得花很长时间才能适应这种新的旅行方式,而这种经历我不敢再有第二次。"这些不同的反应也佐证了三位火车旅行作家的观点。奥古斯特·斯特林堡(August Strindbery)曾和他的另一同胞一样颇有微词:火车的颠簸让"大脑的每一寸无不晃动,思维再不受我掌控"。

1834年,身处美国的拉尔夫·沃尔多·爱默生(Ralph Waldo Emerson)评论道:"物质永恒不变的特性似乎动摇了,树木、田地、山丘,这些曾经稳固的象征,如今真真切切地从眼前一跃而过。"但仅过了几年,爱默生就失去了这种新奇感:"从费城一路到纽约城,沿途城镇就如同挂在墙上的画一般,没给我什么特别的印象。"

丹·汉斯·克里斯蒂安·安徒生(Dane Hans Christian Andersen)却乐观得多,于他而言,1840年的首次火车之旅是场童话般的经历:

"啊!多么伟大的发明!让人如握有古老法师般的强大力量!我们如在车前放置了一匹有魔力的马,可令时空消失;我们飘如暴雨之云,飞若迁徙之鸟;马儿狂啼嘶鸣,鼻息之间蒸汽喷薄而出!"

除了间离效果,铁道之旅全景的形成还包括用电影式的隐喻手法描述旅行经历。世界各地的铁路公司开始利用景观巡游这一主题,发扬景观海报的传统,并将其延续至今。各个火车站布满了描绘远处风景的全景图,随后,多家公司把风景照作为火车装饰的首选,借此突出铁路和风景之间的联系。车窗内外、站台之上,无论你看向哪里,都会有迷人的景致映入眼中。

许多人同安徒生一般用戏剧化的方式感知时间和空间。沃尔夫冈·希弗尔布施（Wolfgang Schivelbusch）曾在其对早期铁道之旅的经典研究中就这方面做出分析。首先，这是置身风景之外的旅行感受。高速移动覆盖掉前景，景色随之变得更加遥远，而且从某种意义上看更加虚幻。铁道单一的直线式运行轨迹使其仅仅在做驶离景点的移动。照此来看，旅游景点迷人依旧，而铁路旅行或将消失，仅作为连通景点不可或缺却又单调乏味的运输工具。

无休止的移动让人心生乏味。旅行沦为一段从此及彼的精准时间，你的目光也开始盯向手表。标准化的旅游模式创造了一种新型时间经济，也带来轨道接头千篇一律的撞击，又或者船舶蒸汽机一成不变的喷气。1842年，一名前往斯德哥尔摩的旅客抱怨行程一路的感受渐渐变得冷漠迟钝，"汽船之旅只能让人看到一点——人逐渐变成了机器"。

既然已厌倦了窗外景色，旅客也就抛弃了早前"切勿在火车上阅读"的提示。于是上车即阅读成了缓解旅行枯燥沉闷之感的良方。在谈到什么称得上英国铁路文学时，书商和批评家联想到轻松读本。批评家评论道："人们在火车站购买这种新兴的文学作品，又以风景过眼的速度快速翻阅，结果只能是紧张粗浅地一阅。"

粗浅也是批评家为描述从火车上看到的景色而使用的一种隐喻，火车行驶的速度将风景压缩成二维画面，许多游客成了被动方，任由风景掠过。这继而引发人们对行进方式的新诉求：步行重回大众视野。

二、进军步行

在布鲁姆斯伯里同义词典（Bloomsbury Thesaurus）中以"步行"为主题词查找表示双脚移动方式的词，就会发现一系列几近抒情的词：

行军游行、大步流星、蹒跚摇晃、闲庭信步、疾步快行、策马飞奔、船游滑行、漂泊滚动、穿行躲闪、突突嗒嗒之声……

多数表示步行方式的词不可互换。这些词有赖特定的发生时间和发生地点（或已经发生），从前往往含有性别和等级之分，发展过程中又常常彼此相互对立。我们可以在不同语境中观察各种移动方式如何实现彼此替代，相互组合，又为另一种方式所取代。旅游业从来都是试验不同游历风格的重要场地，不仅步行方式表现了特定的旅游形式，游客也学着依场景和环境的变化更换行进模式。如果城市游荡者是19世纪后期的文化英雄（尤指男性），那么乡村漫步就代表了19世纪早期人们的浪漫主义崇拜。

简·奥斯汀（Jane Austen）塑造的女主人公特立独行，而能否有机会乘马车成了她们面临的关键问题之一。但正如安·丹尼尔·华莱士（Ann D. Wallace）指出，女主人公们质疑这种体面的运输方式是否是社会所需。于是她们自愿开始徒步，享受步行。

出于对运输技术革新、风景应用及审美变化的关注，华莱士分析了英国文学及旅游对步行的早期崇拜史。在18世纪的英国和瑞典，步行暗含各式各样的贬义，是穷人、游荡者、工人阶级的移动方式，并不属于有产阶级。华莱士认为，18世纪后期英国道路系统的改善对重新定义步行本质功不可没。旅行越来越快捷可靠，促使游客在旅行中树立起时刻表的观念，而汽船及后来铁路的发展更加速了人们对步行看法的转变。在多种可供选择的运输方式面前，步行显得别具一格。步行让人在领略风景的同时触摸风景，让人更加贴近自然和乡村文化，让人身心合一，发现自我。接着人们开始批判那些在景色间匆忙穿行的游客，批判他们没有领悟到徒步旅行才是真正的旅行、真实的行动，是美好而有价值的体验。德国旅行指南作者卡尔·贝德克尔（Karl Baedeker）喜欢用"行走之外的收获"描述步行带给游客的丰富感受。

轻风扫过的面庞，双脚踩地的触感，跋涉前行的愉悦，四肢泛起的疲倦——这些感受造就的不是游客，而是真正的旅客。自18世纪末起，早期迷恋行走的步行者们不再只是旅游景点间任意传送的包裹，而成了现代、开放的先锋行者，普鲁姆崔即是其中之一。他不单强调自己的旅行是场"步行游"，更是在口袋里装着一只计程器记录走过的里程数。

人们对步行的关注也受到19世纪早期新出现的爱国主义风景的影响。漫步乡村，接触到的是真正的民众，如作家卡尔·乔纳斯·阿尔姆克维斯特（Carl Jonas Almgvist）所说，"在行走中成为瑞典人"。从许多方面来说，步行输送了众多知识分子和艺术家，像另外一位杰出的步行拥趸，亨利·大卫·梭罗（H. D. Thoreau）所强调的，步行能解放思想，又能创造思考的机会。

尽管民族差异不容忽视，乡间漫步仍会是场大规模运动。1820年，一本关于欧洲大陆游的旅游指南中写道："人人都选择步行，步行者甚至能在顶级酒馆享受和乘马车前来的贵族一般的待遇。"这场大规模运动需要新的基础设施支持，比如"周末森林行"之所以渐成体系，动态旅游企业家、拿破仑军队的退伍老兵克劳德·弗朗西斯·戴奈考特（Claude. F. Denecourt）功不可没。19世纪 30 年代，戴奈考特将巴黎市外环绕枫丹白露镇的皇家森林改建为旅游胜地。他从对森林的浪漫主义崇拜中获得灵感，但因志在方便游客游览这片荒野，于是开发了这条自然小径。

小径四向延展，与景色距离恰到好处；跟着蓝色箭头漫步于上，欣赏迷人景色：一处秀美风光、一方洞穴、一棵古老橡树；或者只是一块趣石，这比公园漫步来得惊险刺激得多。随着巴黎—里昂段新修铁路的建成，前往枫丹白露探险的巴黎民众迅速攀升，所为不过 10~15 千米的步行。这些先锋人物中有些是风景画师，戴奈考特便为他们提供了手绘景观手册。而随着游客越来越多，他不得不修建更多标有蓝色箭头的人行道，又配上道路相关信息的指导手册，如此游客就能体验预期中的林中独处。

这种野外之地即是后来所谓的漫游区，即靠口袋指南就能探索的野生森林。独处林间又不致迷失荒野——戴奈考特成功实现了周末出行在秩序和探险间的平衡。一种新的步行艺术由此诞生，森林漫步成为整个北欧城镇居民重要的休闲娱乐方式，并逐渐成为斯堪的纳维亚半岛无害休闲活动的代表。而在 20 世纪择偶启事的自我介绍中，森林漫步大概和"安享家中夜晚"一同位列最受欢迎的条件，这一喜好代表了一种绝对健康、紧随主流的人格特点。

乡村漫步最初是城镇居民的消遣方式，之后随着汽车的出现又进行了更深入的变化。每周末和家人例行驱车穿越城镇与森林的交界，我就会想到这一点。某次，我们停车打开车门，周身气质倏然改变。我们伸展四肢、放松自我、深吸一口新鲜空气（希望是），将全部感官交予周边风景。此刻我们不再是一行而过，而已与景色融为一体。与此同时内心产生一种道德胜利的愉悦感：我们可以闲步商场，但在这里才真正如一家人般一起散步。

有些人认为，正是由于蓝色箭头或精心布置的野炊地点的存在，乡村漫步的体验太过刻意，有必要探索全新的荒野之地。

三、探险之旅

我诚心愿居荒野之地，全然远离社会主流，多么简单又多么真实。如何言说，攀登是那么自然……我想，生活有时太过疯狂，带你回到本真生活。

（出自加利福尼亚的一名 19 岁女性攀岩者）

我热爱户外运动。徒步登山大概会给你最丰富的体验——过简单的生活，感激小事,像烘干衣服、找到一处不错的露营地,又如坐在山顶遍览整个风景——这才是生活,而我也不用操心股票。

(出自瑞典的一名中年男性股票经纪人)

1775年,沃尔夫冈·歌德(Wolfgang Goethe)在魏玛宫廷受召教导年轻的卡尔·奥古斯特(Carl August)公爵,于是他带着他的学生漫步森林。二人点火野营,感觉一时脱离了社会文明的条条框框。在这场简单而艰苦的卢梭式体验中,他们更加彻底地体验自然,又或者说与自然融为一体。后来,远足和野营发展成为主要的旅游形式。

远足(活动)的先锋是登山者。1857年,英国人在探索阿尔卑斯山和挪威群山的过程中带动了远足的发展并成立了第一支阿尔卑斯俱乐部,此后又在瑞士、挪威、法国、美国以及瑞典相继成立。尽管这些阿尔卑斯俱乐部发挥的作用差异悬殊,但仍在荒野远足的发展和对户外休闲态度的塑造上扮演着至关重要的角色。

瑞典就是发展过程中的典型例子。许多瑞典先锋的登山体验始于挪威,而随着铁路北建,瑞典北部山脉越来越容易通行,先锋们又开始到那里寻找"瑞典的瑞士之境"。1885年,即瑞典首都与瑞典北部一山区首通铁路的3年后,瑞典旅游俱乐部成立,而多数创始人都是对远足抱有兴趣的男性学者——这一切绝非偶然。

除了搜寻山间宏伟壮观的荒野,他们也探索孤寂和挑战,曾有创始人言,"做一只雄鹰,你的航向是群山:在孤寂静默处,悄然遇见自己"。

对登山者来说,登山、荒野浪漫、资产阶级的成就和禁欲主义道义似乎就是体验自然的绝佳方式。山脉提供了同内外环境抗争的机会,使该户外团体表现出一种精英主义倾向。很快挪威旅游景点处的山脉趋于驯化,似变得枯燥沉闷。我们可以从瑞典旅游俱乐部1889年年鉴中读到:

19世纪50年代,几乎无人知晓挪威乃至北欧最高的山脉——加尔赫峰(Galdhöpiggen)……

然而如今,几乎每一个美好的夏日都会有成群结对的游客前来登山,其中许多还都是女性游客。不过攀登加尔赫峰没什么难度可言,轻易便能征服。对抗这般敌人只会挫败锐气,故而但凡有自尊的登山者几乎不会正眼瞧一瞧此峰。

随后另一名瑞典登山爱好者描述了攀爬凯布讷(Kebnekaise)山的艰难,"拥有自由意志的山脉就像没有抵抗力的老弱妇孺"(以此回应尼加瓜拉《中尉大厅》中的信条），登顶凯布讷山所需的努力足以让登山价值翻一番。

荒野的世界常被赋予性别之分，来自全球各地的登山者群体基本上都是以男性为主，然而景致本身又时常被以女性特征（特别是弗洛伊德学说）作为隐喻描述。正如约翰·缪尔（John Muir）在优胜美地仰望陡峭的半圆丘（Half Dome）时所描述的：

我已数不清曾多少次凝望Tissiack——我曾在暴雨侵袭的日子里凝望，见过她冬日闪耀着圣洁光芒的形象，也见过她浮云掩映的模样；我曾听山间风吟，也曾闻皑皑白雪下流水欢唱，但唯有此刻，她的灵魂带给我无边震撼。我在她的山裙间徘徊，羞怯流连，直至冰川引我攀上了峡谷。

一个多世纪后，C.L. 罗林斯（C. L. Rawlins）同行到美国西部时描绘道：

倘若不曾尝过当地食物，或者在那采摘、耕种、狩猎过，没人愿意与那地缔结良缘。若你从未品过它的味道和独特之处，让双唇触摸那坚硬的棕色乳头，若你未曾让小拳攥紧山的胸脯，感受大地或贫瘠或富足的乳汁缓缓流过的温暖，就不难出现土地买卖的交易。

当女性不再作为隐喻来源，而与健壮的男性登山者一同步入登山行列，人们的反应少说也算得上众说纷纭：女性属于荒野吗？1864年，地质学家克拉伦斯·金（Clarence King）控诉部分游客用"低廉的形容词"形容优胜美地的景色和灵感点，同时把女性和"文绉绉的游客"归为一类，后者在当时直指某些男性游客阴柔过甚。诸如此类的回应和举动表明，荒野成为新型性别角色的试炼场。此外，远离了"城市的矫揉造作"，摆脱了为金钱仕途的种种担忧，荒野里的生活简单、决策清晰，荒野中的山景寂然辽阔，孕育沉思冥想、超越自我的新天地：荒野是一方奇异的舞台。

1818年，新罕布什尔州律师艾茨维克·埃文斯（Estwick Ewans）在荒野中展开一场漫长的冬季之旅，按他自己的话来说是为"发现苦中之乐，探索险要之奇"。此后几代登山者都依次进行自我检测，急着重新定义什么是"男性"并矫正浪漫主义时期过于柔和、感性的做派。然而不畏艰难地强调硬派的背后，是更加复杂的现实，是在用各种手段让自己"感觉充满活力"。山脉会让男孩蜕变成男人，然而这段经历则足以让男人重回男孩，而非仅仅变得强壮，学会沉默。1873年，一名挪威登山者抱怨同伴都只在急匆匆地赶路。不应这样——该是花点时间坐下享受风景，又或者作幅画，跳会儿舞，接着躺倒在阳光里享受生活。

人们对这种新兴的男性运动项目也抱有犹疑，对其充满男性气质表示担忧。这种环境下，资助那些想要加入登山界的女性是把"双刃剑"：女性是否会成为露营和远足途中的拖累？会不会削弱探险价值？而随着大众旅游的影响日益深入，登山界又陷入另一紧张局势。根据1895年瑞典旅游俱乐部年鉴中所描写的，一名俱乐部董事会成员曾提出"发扬旅游精神"，要求"拒享旅馆安逸庇护，直奔荒野"。作者坚持"真正的旅游精神是积极向上、活力充沛的冒险，是对自然一切情感和变化的热爱；是对荒野冒险生活的一腔热忱，也是对'未知蓝色海域'的渴求"。另外一位自然爱好者则写道："曾经森林中最羞怯的动物也漫游于此，享受着不被打扰的宁静；而今却成了火车头的汽笛鸣响，声声刺耳，惹人生厌。显然，不过瞧了（贝厄德克的）旅行指南一眼，水妖抛却了竖琴，森林女神逃之夭夭。"另外，此人还多次参与国际争论，其中最为人所知的大概要数对美国荒野正误用途的讨论。

四、谁属于户外

气垫船顺流漂浮，到处搭满帐篷、停满汽车，连同尘土烟雾一同扼杀了宁静的景致。也只有在夜晚才看得见到垃圾箱前来突袭的熊，和浣熊争夺从垃圾堆里翻找食物的特权。露营的年轻人常常成群醉酒闹事，恐吓其他露营的邻居，惹得周围的人整夜不眠；又推车入河，阻塞石人桥上的交通，然而方圆几十公里内都看不到那几个年轻人父母的踪影。自行车、摩托车、汽车、商店、加油站、人群——越来越多的车辆来客占据优胜美地峡谷。

这是20世纪60年代早期公园管理者的一篇报道，在长达一个半世纪关于"优胜美地是休闲胜地还是一片荒野"的争论中，此类报道不下数例，原本在19世纪60年代就已热议的话题，时至今日仍反复出现在报纸专栏里。优胜美地的历史似乎表明了一场无休止的争斗——什么类型的度假者、何种户外休闲模式才能共存于同一环境。如果要找一处游览方式不同、风格多样的户外休闲地作为参考试验，大概很难再找出比优胜美地更合适的场地。

19世纪70年代，前来峡谷观光的东部富人娇惯放纵，环游峡谷要乘马车，方方面面要求现代化便利，逐渐成为这场争论的批判对象。"不时能看到他们盯着旅行指南划掉去过的景点，这样一来确保不会有遗漏，二来不会又同一个景点重复游览两次"；甚至还有先生带着速记员随时记录当日看到的风景。约翰·缪尔曾给朋友写信谴责这些新来的游客，不过接着又表示多数人"在谷底悠然闲步，好似酒店旅馆收集的浮渣"，还不曾污染了荒野的纯真。[40]

关于生活方式的争论不断持续，不过视角各有不同。约塞米蒂成为露营和远足的绝佳试验场，游客可以选择不同的户外难度等级。早期的露营者往往经济宽裕，因为野营探险需要大量的设备投资；19世纪与20世纪之交时帐篷露营开始形成体系，更实惠的露营方式随之产生，受到大量游客追捧；另外，帐篷露营汇聚了包括篝火晚宴、歌咏会等许多具有影响力的美国露营生活特色，并获得了巨大成功。但20世纪30年代人们对帐篷营地的成立没有抱多大期待，曾经有公园管理员写道："游客把现代社会潮流带到这里，并不留意晚间或者任何其他时间的自娱活动。"

同期的另外一名观察者环视峡谷后，看到的也不过是"绵延不断的野径、不计其数的房屋和旅馆、汽车和停车位……约塞米蒂不再是一处'圣地'，反成了度假区……就连灰熊也是政府出资养在电灯房里的"。

同美国多数旅游地一样，汽车的问世带来游客旅游行为的革新，继而给优胜美地带来巨变。露营活动大规模传播，建立自驾露营地已成为美国度假旅游的重要内容。1894年，全国只有四辆汽车登记在册；1896年，巴纳姆先生驾驶着无须马拉的老式汽车杜里埃扬扬得意地穿过遍地大象和骆驼的美国主街道，格外引人注目。到了1915年，美国汽车总数达到2500万辆，汽车快速地实现了从旅游景观到旅游工具的转换。

五、释放速度

明媚周日即将来到，越野车行至家门——催促家人整装待发——挂着微笑，踏上近路——轻松自由，幸福快乐——驶往绿野迷踪。

这是1929年刊登在《星期六晚邮报》的一则广告，后来被用在对米德尔敦的古典社会学研究中，表现了汽车给美国的城市生活和休闲娱乐带来的振奋。学校课堂上，在问孩子们"什么是他们正在经历而耶稣不曾面对的状况"时，有人满怀激情地回道"速度！"；外面保罗汽车展的宣传广告上则写着："疯狂汽车——电影来不及展现的速度。"

与荒野计划一样，早期汽车社会的形成，都与追求自由的思想有着莫大关联，但两者对自由观的塑造截然不同。正如1930年福特将新款汽车向瑞典市场时所说："这款车代表速度和自由，专为独立冷静的年轻人设计。"蒸汽机适用于集体出行，汽车则彰显个人特性，可以让人摆脱束缚、几乎可以去到任何想去的地方；过去四处周游只是幻想，如今驾车可以帮助人们实现自由的个人体验。轻踩油门，把控车速；感受汽车颠簸中前行的每一公里，体会风吹面庞带来的触感。驾车兜风也是探险——动身出发，探索新的风景。速度和自由结伴同行，1924年瑞典某位大学教授在度假期间热情洋溢地写道：

乘着坚固的汽车呼啸而过，体验美妙绝伦的力量和自由。整个人好似完全挣脱束缚，成为时间空间的主宰。须臾之间就能抵达地平线之上的任何地方，再加上散落各地的加油站，距离不是问题，世界向我们敞开；空气阻力带动血液倒流至脸颊，让人神清气爽。

人们再次陷入对速度的痴狂。1903年有美国评论员写道："拥有汽车，就是拥有一刻渴求远方的心。"开车一天或者一个小时，能行多远？1930年俄勒冈州一名汽车露营者告诉美国社会学家，多数邮给顾客的明信片上会标出当日行驶里程数或对次日行程距离的预估，"几乎不提任何沿途风光——60~80千米的时速下什么也看不清楚"。此外，驾驶员何时何地停车的问题也引发了一股新的躁动情绪。正如某本新兴旅游指南里指出，"像个吉普赛人一样主宰自己的行程……抛弃一切规则指导"。

1934年，另外一名瑞典游客指出驾车带来了新的审美体验：

现代人即便在新砌的混凝土路上驾车旅行，一样能领略沿途美景。究其原因，速度至上的旅行模式本就有可能带来全新的震撼之美。驾车穿越一片广袤森林，耗时不过1小时，徒步走完同样的路程也许要花上两天。前者耗时虽短却如有魔力，让人能更强烈地感受森林的力量和深邃。路程在缩短的同时却也实现其他方面的延展！你会对所经之处的比例划分有更清晰的看法且这种感觉会越来越强烈。高速行进的旅程不断为人们开启全新视角，出现在你眼前的风景也会随之扩大延展。但不论如何变化，距离感始终如耳语般低声震颤——跨越空间，有时也许也能跨越时间。

汽车带给人们更多感知风景、感受风景的全新方式。法国速度研究理论家保罗·维利里奥（Paul Virilio）曾将汽车称为"风景模拟器"，显然人们对汽车穿过风景时速度的记述是以静止状态为参照的。1912年，有早期驾驶员指出，从车内看到的风景一闪而过，类似电影制片厂运用的背投投影。汽车和电影两项技术齐头并进，在许多方面都互为联系。

行车速度的提升和高速公路的建造赋予驾驶出行更多新的特质。1961年，约翰·斯坦贝克（John Steinbeck）决意来一场铭记一生的度假之旅：驾车穿越美洲大陆。随着驾驶技术"根植脑海,成为机械的潜意识活动",斯坦贝克开始思考如何在驾车途中实现旅行幻想。行驶途中思绪飘得快而遥远,路上的轻微颠簸更催生出恍惚之感;之后发明的巡航定速系统将汽车时速控制在 80 千米,创造了更多的幻想空间。

汽车电台的出现以及音乐卡带的发展进一步促进了这种独特气氛的营造,给过往的风景和旅行幻想氛围增添了音乐的元素。高速公路的快行道成为人们安静沉思、飞扬思绪的空间,1951 年,通用汽车公司开创的全景车窗又为人们的汽车之旅增添了多种新的视野。

六、露营旅行者

越来越多的人选择周日驾车出行或者度过一场夏日假期,交通景观即在这种背景下应运而生。传统的酒店、寄宿公寓陷入与旅游露营地、旅游小屋、房车、汽车旅馆等新兴旅游住宿模式的激烈竞争之中。"科齐·坎普小屋""树荫汽车旅馆""棚屋村庄""逐燕旅游营地""月光汽车旅馆""香格里拉"……这些名字彰显了一个追求速度和肆意生活、及时行乐的新世界,与传统酒店一本正经的模式相去甚远。对 20 世纪 20 年代早期的自驾露营者,或称"车旅流浪汉"来说,这段时间确实是黄金时期:

但凡有车之人皆四处漂泊,所幸再怎么辛苦都是为了自己的付出。一路上形形色色、来自各行各业的精英彼此结下情谊,我也认识了几个有趣的朋友。我们自己搭帐篷做饭,自行放松娱乐。我好似一名拓荒者,而所有人都是邻居。

速度彻底重组了旅游景观秩序,对美国、瑞典这类疆域辽阔的国家影响尤其明显,一时间多出了很多周末游目的地的选择。

截至 1922 年,自驾车前往优美胜地的游客已达到总人数的 65%,表明越来越多的中产阶级游客已经具备了自驾旅行的实力。他们的车上满载着各种露营装备。私家车的荷载能力推动了露营标准的全面改革,并进一步推动了美国户外设备行业的迅速腾飞。加利福尼亚的一名资深露营者曾抱怨,露营的贵族特质和独特性已不复存在,"要找一处与众不同的露营地已是难上加难"。然而,这才是刚刚开始。

20 世纪 30 年代拖挂汽车技术一经问世,《大众机械》杂志便扬言这一技术将会引领新的潮流，美国全民将变成流浪民族，至少有半数人口住进移动房车之中。这当然是个乐观的猜想，然而不到1937年就已经有近10万辆拖车上路，房车营地遍布整个美国。无数的拥趸们相信房车营地的设立会带给美国凝聚力。露营地成为民主的象征，来自全国各地不同行业的人汇聚在此，平等共处。

但同时也需看到，房车也引发了新的隔离方式和私人空间。因为在新式的汽车旅馆模式里，车子直接开到房间或者小屋门口，没有传统酒店大厅精心布置的公共空间，更没有大厅中的群体生活。

20世纪20年代大众旅游应运而生，不仅得益于私家车的增多，更因为带薪休假条例的出现。借助汽车这一迅捷工具，中产阶级群体得以快速探索那些"大众旅游不曾破坏"的新地界。1929年的平民百姓可能会说："1890年出门度假？怎么可能？估计那会儿还没有这个词儿！"汽车时代之前，多数生活在城里的民众对度假的认知仅限于小部分权贵周日偶尔乘马车出行，或者坐火车到芝加哥的短途之旅。到众多工薪家庭也开始拥有私家车后，大家也可以筹划短期假日之旅了，无须特意为度假存钱，也不必提前做长远规划，夜间直接睡在车里或者露营帐篷中即可，坐在私家车里也不需要考虑什么体面不体面的事儿。

美国吸引了世界各地的游客前来露营。从全球来看，大众自驾旅行和房车营地流行于欧洲的时间相对较晚，直到19世纪五六十年代才取得突破性进展。私家车之旅使大西洋两岸的旅游业均更为活跃，同时更以家庭出行为核心；房车露营之旅不仅推动了民族团结，也拉近了家庭关系。米德尔敦的一位中产阶级女士曾言："我从来没有像现在这样，坐在车里，和家人感觉如此亲近！"50年后，一名来自瑞典的民族志学者也这样描述过他的旅行：

私家车就像一个家庭打包机，一个维系5人彼此关系的保鲜瓶，一次微型民族团结的实践——构成车体的薄钢片、汽车行驶速度、挡风玻璃外危险的世界——无一不促使家庭凝聚团结起来。万事皆动，唯我们静止，无法离开只能彼此依存，形成一个有边界、有纪律、有敌人的小国。

学做一名游客、体验异国他乡、品尝奇特食物，这些是"家庭自驾出行之旅"模式下常常面临的主题。这种独特的旅行模式往往对"如何与家人共处"提供重要的指导参考。亲近的生活、共有的度假计划带给家人前所未有的归属感，同时也可能会引发新的矛盾，从而更加凸显出家庭在社会环境中的重要地位。一名英国作家至今仍然记得儿时同家人自驾至法国度假的场景，对法国稀奇古怪的食物和截然不同的生活习惯记忆犹新:"当时我很担心语言、睡觉安排和旅馆问题,那次家庭度假之旅过程中我总是焦虑不安,并没有能快乐地接受简单的旅行生活。"

此外,家庭露营也能缓解传统的男女劳动分工带来的问题。作为驾车人的丈夫,面对即将进入的未知之地,通常会信誓旦旦地急于证明自己有把控全局之能,然而结果往往会恰恰相反。另外,私家车内空间狭小幽闭,也容易诱发冲突。曾有挪威驾驶员回忆起自己度过的首个家庭出行之旅:

一边忙着打开包裹准备餐点,一边安抚甚至责骂因长时间坐在车里变得不耐烦的孩子们。交通最拥堵的时候坐在副驾的妻子可以安然入睡,旁边的司机丈夫却只能顶着交通压力焦躁不安、骂骂咧咧。于是夫妻俩可能接下来几个小时都一言不发,直到孩子们在新车后座上又干仗号哭起来才打破了沉默的僵局。

而在到达目的地即将开始的露营生活中,男士烧烤围裙的出现被认为是性别分工缓和的又一个象征。1922年,圣·克鲁斯城的麦柯斯房车营地(Mac's Auto Camp)曾提出,要将这里塑造成"妻子悠闲度假、丈夫带娃洗涮"之地的美好愿望。然而,家庭的闲暇时光仍然离不开女性的任劳任怨。多年之后,一位女性移民度假者在接受房车营地的采访时就说:"我不要再露营了!我们女性根本就没有休闲的余地!一样得洗衣、做饭,跟在家里一样,没什么区别!"

七、荒野有多野

随着汽车的出现,尤其是20世纪六七十年代自驾露营旅游的爆发式增长,露营地和露营者的概念变得极其复杂。这一现象在美国更甚,截至20世纪80年代已有近5000万名露营者。遍及全美有500余家露营小镇,任何地方都可以作为露营场所,小的只是林中一片空旷地,最大的露营小镇更是拥有3500处可供租赁的场地。

这一趋势的不断扩大也在影响人们对露营旅游的看法。什么是露营地?20世纪70年代后期,《美国森林服务指南》对如何定义荒野的过程中遇到的诸多问题做出深刻的官方回应,手册试图采用连续等级划分法,将美国国家公园中的露营地按从"原始"到"现代"的次序划分为5个不同等级。

每个等级都配备说明了与之相符合的休闲娱乐体验活动。在"最先进的现代化露营地"这一级别中,需要与高速公路有便携的联通;有优美的自然景致,草地、灌木丛修剪平整;还需接通电路并配备洗衣房、淋浴间、冲水马桶等便利设施,需要"既满足城市居民的露营体验,又为他们创造一定的独处空间",但前提是要"营造一个安全可靠的露营环境,为实现露营者的个人舒适提供充足条件,避免他们被迫使用落后技能",对露营环境的监控需要"隐晦一些",安全保障也要有,但要"悄然不起眼,不影响游客的冒险体验"。而对于"原始"和"次级原始"两个等级的露营地中,仍然不缺乏林务局的监管,但是他们会"躲在树后",不会让游客感到丝毫约束,营造"最小干预下的"露营体验。这本指南读来可能会像是一位"老大哥"在督导露营生活,而实际上更应该把它当作旅游行业实现露营探险和旅游市场安全监管平衡发展的长久之计。

同样,对"像优胜美地这样的国家公园是否得到了合理开发利用"这一类永无止境的问题的讨论,恰好印证了罗德里克·纳什(Roderick Nash)的观点:荒野不是一处地理空间,而更像是一种心境。"荒野"的对立面日渐转化为"温和""柔软"。什么是户外探险?"柔和的原始主义"是一个贬低等级的标签还是一种平衡的手段?艰苦粗野的生活在露营体验中该占据多大比重?这些热议的话题反映了不同级别的休闲目标和线路之间的矛盾,两者之间的冲突随着越来越多社会阶层的游客的参与不断升级。早期的远足者和登山者只属于社会中极小众的一部分群体。

若将这场争论单纯看作对原始自然性破灭的哀悼不免有失妥当。任何荒野的驯化过程都会产生相应的对抗活动,如登山与攀岩、篝火与野炊地、钓鱼与高尔夫,还有轻质帐篷与房车、旅行马驹与山地车、悬挂式滑翔机与雪地摩托车、皮划艇与漂流等,人们在讨论是何种因素致使野外崇高特质被增强或削弱时,交锋的战线也在不断改变。

荒野地区和国家公园(尤其是在美国)面临的游客数量的压力与日俱增,由此引发了各种如游客数量限制、提前预约制度等管控措施,无形之中加剧了针对"谁才是真正的户外运动者?户外运动的内容是什么"等的争论。典型的案例如白水漂流,20世纪60年代之前这一活动还相当罕见,后来却迅速发展成为户外探险之旅的主要项目,致使权威部门不得不介入管理:

清晨阳光炽烈,高悬崖顶;任精细的红岩将其切断,又碎落在崖底翠绿的白杨间,飘散于鲜亮的铜色河流上。我穿着卡其色的制服衬衫,运动短裤,别着一条97美分的粉色腰带,手拿着写字夹板,从房车中走向一望无垠、人迹罕至的荒漠中的下船道……

严格来说我到这儿是为了进行心理干扰训练。漂流人员必须得经过同意才能在这段犹他州南部河段上航行。让人兴奋的是我刚从旅游用品商那签了张许可证。他们专门提供以水上旅游为主题的服务，以配合像压力管理培训会、新泽西州东方救赎地的晶体爱好者和指尖技师的旅行，等等，通过水上漂流来最终帮助游客克服对自然的非理性恐惧。今天的工作对象是深受信仰失落困扰的人群——中暑初期面色苍白、焦躁不安、超重的游客。

耗时一天只为安排一场"顺河而下的休闲娱乐漂流"，这与约瑟夫·L. 萨克斯（Joseph L. Sax）在《没有扶手的山：对国家公园的反思》（*Mountains Without Handrails: Reflections on the National Parks*）一书中描述的情况如出一辙。该书写于1980年，试图对荒野地的管理进行反思，同时又在反思过程中阐明文化歧义和文化矛盾的问题。

作者尝试就科罗拉多大峡谷的白水漂流制订一套监管方案，但在定义荒野体验的"丰富"和"浅显"程度时，无一例外地陷入棘手境地。1996年，某则为白水漂流之旅的宣传广告语如下，大概是萨克斯最不待见的类型：

从缓缓平流　到粗狂激荡　绝妙的漂流之旅
技艺精湛　悉心指导　露营美食
顶级装备

在他眼中，那些选择"温和的"跟团游的游客不过是想来场"休闲度假体验"——船艇上配有服务人员，从导航到美食烹饪再到高端如厕设施，大大小小事无巨细。萨克斯愤懑地指出这类游客就不应上船，他们该给划艇者腾出位置。总之，这些想去度假的游客最终得到的不过是对探险的"苍白幻想"。萨克斯认为，包餐式的荒野游只会让"各方面的感受都麻木迟钝缺乏参与，可恰恰是它们才能让人们感受真实的水上体验"。而严肃认真的划艇者需要行动自由，需要速度，需要不被其他团体反超的竞争意识，这样他们才能"全身心地"投入峡谷漂流体验当中。

透过萨克斯的观点，我们再一次看到户外探险与安全管控之间的矛盾，具体到漂流项目的细节上，如既要能自己做饭，又要招架得了蛇兽，还要能解决像"舷外马达的存在是否全部合理，是否只应安装在船桨上""携带哪种类型的指南合适？它们又应提供多少帮助"等诸如此类让人如陷泥淖的问题。

对上述这一类问题的讨论旨在解决"什么才是优质的旅游体验？"这一更宽泛的问题。这场争论遗漏了重要一点，即存在将自身的文化标准强加到其他文化上的风险。不管是国家公园管理局，还是推销探险之旅的各家公司，抑或是像塞拉俱乐部这样的机构，都能开展对荒野体验方方面面的管控，但要做到体验控制或将其程序化并非易事。旅游体验绝不仅仅是"收集风景"或单纯的"游览景点"。走进一处风景，无论是步行、骑车，还是乘火车、汽车，触发的感想错综复杂。而"荒野"的核心概念的形成本身就因人而异，极富主观色彩，故荒野旅游体验的项目计划也无从编排或管理。"走出去"也许能有前无古人的发现，更别提出乎自己意料了。

1926年，《美国森林》那块的一名评论员写道："自驾车露营者认为'距离产生美'；而在荒野爱好者看来，荒野才是真正的神秘之境。"荒野远足和自驾露营对旅行生活的看法虽然看似截然相反，但两者的发展都离不开行动和自由（这里所说的自由是自由进入旷野之地的权利）。然而换个角度来看，两者对自由的排布和实践又大相径庭。荒野提供了不同形式"来""去"的自由："来"的自由是指与其他游客或城市文明标签相区别的身份自由；"去"的自由是指无所拘束前行的自由，正如1949年某位瑞典房车旅行先驱曾说："下周我们又将换一处地方，遇见一群新人；我们将观赏新的河流，领略新的风光——即便还是从同一扇车窗望去。我们四处漂泊，却非无处可居；我们享受完全独立的自由。"

显然，在回归自然的行动中，有一股强烈的现代理念将个人、汽车，或说整个家庭推向未来。露营最初只是作为一项军队必备技能，后来在美国的带领下，才逐渐发展成为一项现代度假艺术形式，并通过各种渠道传遍世界各地。托马斯·希尔姆·霍丁（T. H. Holding）则凭一己之力将露营引入英国。1853年的美国西部之行让霍丁感受到美式露营的乐趣，后来他到英国开展以"强身派基督教"为主题的巡回演讲，宣扬早前从加拿大了解到的露营生活和划艇运动带来的福音；他写于1908年的《露营者指南》则被奉为"英国户外运动圣经"。到了20世纪，露营和远足已经发展成为全球性的休闲度假项目，为户外旅行方式又增添了浓墨重彩的两笔。

八、心随身动

旅游历史顺势演变成对性能更强、运输更快的交通移动方式的宏大叙事，但像铁路、公路这样的新兴基础设施一方面带来更多的旅游需求，另一方面自身也作为旅游需求的产物；这种交互效果在汽车旅游业发展极不均衡的西方世界体现得尤为明显。

19世纪末，许多新英格兰的沿海地区大量投资公路建设，本意是为了吸引单车游客，但单车潮在美国只是昙花一现，这些公路随后被"汽车流浪汉"们占用。直至20世纪50年代，单车游都只是欧洲无力购买汽车的游客热衷的度假方式，单车游也带动了青年旅舍、观光线路、指南手册等一系列周边基础设施的建设（1930年平均每6名瑞典人就有一辆单车，但每60人才有一辆汽车）。

20世纪50~60年代瑞典汽车保有量呈爆发式增长；但相较于方便上下班通勤，这更多是出自人们对休闲旅游的渴望——多数人仍住在工作地附近或者上下班依靠先进的公共交通体系，而正是私家车出行度假的理念才对他们有巨大的吸引力。

诚如我们所见，任何新技术的出现都会重塑旧有技术的表现形式。蒸汽机的来势汹汹引发了人们回归步行的渴望；火车旅行的集体特征致使汽车又成为重拾个人探索冒险的象征——汽车带来更丰富的感官体验，迎面吹风、颠簸路面都让人感受到速度的存在；随后，高速公路上平稳的行驶速度又为人们营造了新的寂静感受，带来更多的沉思幻想。正如人们迫不及待地要下飞机或停车开始旅行，许多交通方式都已成为稀松平常的旅行经历。速度会带给人探险时的紧张刺激，但最终也会唤起人们对放慢节奏的渴望。当新兴的运输技术成为常态或者新奇不再，旧有的技术又会重焕活力。同时在旅行中人们会获得越来越多的像"贴心照料""受人保护"一类的舒适感。

从闲庭信步到长途跋涉，再到驾驶漂流或者飞车穿越景区，显然我们要从各种各样的旅行方式中探索静止、移动、体验三者是如何实现有机统一的。人们对崇高和全景的迷恋使运动和情感之间形成重要关联。速度，时常使人坐立难安。强烈的情感甚至会刺激身体的机体运作，产生像脊背寒战、四肢发抖一类的反应。而无论是首家模拟影院模拟的狂风暴雨，还是火车汽车利用背投投影产生的幻象，都是探索如何在穿越景区和获得体验感受之间建立运动与情感的关联。

游客对运动景观的渴望也为某些不动产带来投资，如观光塔、酒店门廊、具有游牧氛围的汽车旅馆。1997年凯悦酒店打出口号"让您着陆后的旅行依旧振奋饱满"，保证酒店、度假区的每处角落都带给游客"新鲜的视野"：

在独特的空中餐厅享用餐点，看脚下城市星光点点；在会议室体验超大全景环绕，尽情遐想；在酒店大堂感受各种美轮美奂的建筑装置和绘声绘色的动人场景。

  这样一则广告读来像是在介绍景点的发展史，同时这也说明了下一章将要谈到的问题：身体的运动和思维的遐想如何在不同情境中相互作用？不同历史和文化背景下，旅游交通和展现技术如何影响人的精神体验？西里尔·康诺利（Cyril Connolly）·康诺利如是阐述：

  不论是在飞机、火车、木屋、沙滩还是酒店卧房，假日里我们有多少时间是在仰躺喘息，把手中的旅游指南当作遮阳篷悬在半空？事实上我们经历了两次旅行——一次是作为实体，形同木乃伊又或者衣柜旅行箱一样被搬来搬去，花销还分外高昂；另外一次是依附《蓝色导游》(Guide Bleu)的精神之旅，总是絮絮念叨着要思考上一次旅行或者为下一次旅做。

第三章 讲故事

一、难忘的经历

  我们是典型的包机旅行乘客，人人局促不安地等行李运出传送带，只要行李一出大家就各自赶往塞浦路斯海岸林林总总的酒店，不过现在每个人都在偷偷打量其他家庭。随着传送带上猛地传来一阵拖拽声，我听到身旁的男士在高声地自言自语，转过身来正好看到他正急着拍摄运出来的行李箱，还对着摄像机话筒实时解说现场景象——这个主题选的有几分奇怪。一周后，我们在机场等候回程航班时又和他碰了面，当时他正在指挥从大巴车上下来的家人。这时我才明白，他是在录制包括假期开场、美好收尾、实时解说等包含完整内容的假日视频。

  从早先提到的普鲁姆崔先生，到这个在塞浦路斯遇见的旅行家庭，间隔了两个世纪之久，二者的旅行观光、行程记录借用了迥然不同的技术支持。除了录像机，现代家庭携带的小玩意儿还包括：能将塞浦路斯海滩或其他景致转存为音画的随身听、方便即时快照的拍立得相机；回到家后又能借助信用卡账单再次追溯旅行期间看过的各种景色、去过的饭店超市。从表面上看，他们的旅游世界和普鲁姆崔所处的时代截然不同，但从某些方面上说，他们对现代旅游都经历了共同的心境，如对描述刻画、记录旅行的急切渴望，对交流的迫切追求等。

  我从地下室翻出了一本小时候制作的度假专辑，那是我12岁那年对一家人横穿瑞典的旅行记述。首页贴着的地图上精心绘制了游览线路，里面的快照、门票、旅游标签、风景明信片上附有当时的实时评论。特辑既是对本次假期的记录,也是"我们家庭"计划的展现;随着夏日几个月来密集的互动,家庭凝聚力的践行效果已十分明显。许多孩子对假期之旅格外重视,诸如此类的假日特辑讲述了他们学做游客的故事。

这大概是我做的唯一一本特辑,但我的地下室里还堆满了旅游生活的各种古董残存。20世纪60年代的记忆是几箱尘封的正片和30卷8毫米胶片。大部分正片是经过精挑细选、认真取景的风景照,胶片则只反复强调一点:移动——早期影片中的人们总在不断挥手搞怪。之后的旅游生涯则留下了为数不多的几盒录像带和成箱的彩色快照,默默等待收录进制作精良的假日特辑中;诚然,这已不可能实现了。另外还有几件早先买的纪念品也一并从客厅被扔到了地下室的杂物堆里。

这样的地下室,或者阁楼,遍及整个旅游界。多少个糟心的冬日夜晚,人们被迫翻看朋友们的相片集,草草浏览亲戚们的假日特辑,耐着性子陪观没完没了的家庭录像。"总想把度假记忆与人分享",成了旅游笑谈里经久不衰的主题。更讽刺的是,无论男女游客多么热切地记录假期生活,最终都丝毫派不上用场,那些相集、视频迟早被抛之脑后,不再示人。故而常常引发了这样一种观点:人们沉迷于对度假之旅的录制和记录,却根本没时间体验旅行中的风景。杰梅恩·格瑞尔随团到中国旅游时,一刻不停地抱怨火车上同行的团友,称他们是"一堆包裹":大家一只眼紧贴向摄像机中的景色,另一只眼盯着旅行指南,任眼前壮美秀丽的中国风景匆匆溜走。

假使普鲁姆崔先生把克劳德镜搁置一旁,塞浦路斯的游客也把摄像机装进包里,他们会全身心投入领略风景吗?他们不必权衡是否一定要记录假期之旅,而要考虑的是旅行中心无旁骛有多必要。旅游生活从来都充斥着不成文的规定和对"适度"观念理解的冲突。那些决意要购买像"巴黎观光游""夏威夷直升机环岛游"一类现成旅游视频的游客恐怕会掀起新一轮的批判。倘若实在想要带一段旅游视频回家,至少也要带自己亲自拍摄的吧。

人们在批判对记述假期生活的迫切渴求时,往往会遗漏重要的一点——记述的乐趣可能不在于搜集下个冬日要展出的纪念品,而仅仅是记述本身。比如,录一段视频,在明信片背面随手写下几行话,记一段旅行日志,冲一卷柯达相片,等等。无论旅行记述要投入多少精力、最终命运又将如何,记述本身就是一种体验。

从这个角度看,这两个世纪以来,旅行的记述现象带来了大量艺术创作,如果放在其他情境中很难想象会得到这样丰富的成就。这是一个普通游客的舞台,即便他们不是艺术家、作家,也会毫不犹豫地尝试画一幅水彩画、拍一张叙事照片、写一部旅游日志、录一段纪录短片,或者拿贝壳干花做一幅拼贴画;在这里,你是自己的导演、编剧、美术师。

在这段记述历史中,随着旅行作家、诗人、风景画师、电影制作人和国家地理摄影师等各种身份的变换,业余的旅行和专业的商贸总在持续不断地发生交互。交互的形式和类型随着各种技术折或风尚潮流的兴衰不断变化,继而使不同的记述表现形式有了等级之分,一些旅行纪念品因此被打上了低劣俗气的标签或者成了批量生产的廉价货色。早先新研制的水彩写生工具方便携带,非常适合业余人士,这就为当时的旅行家涉足美术领域创造了机会。同样,快照技术将风景照片融入大众生活;落日油画印到了风景明信片上;相册代替了速写簿,继而又让步于视频库。这些记述形式要么活力持久,要么快速消亡,还有一些又重得流行。

二、可视化形象

"如画""崇高""全景"带来不同的取景框架,同时也提供了多种景观欣赏模式,在某个事件场景或某一刻视觉景致的布局、描绘和组织方面均发挥了各种各样的作用,同时为情感和体验的沟通提供了具体形式和概念模型。由这些传统说法发展起来的大量形容词至今仍出现在对旅游事件和景观的描述中,特别是在旅游广告设计中这种持久影响尤为明显。例如,人们依旧会形容"道路蜿蜒""森林茂密""流水潺潺""村庄静默"以及从酒店望去"景色动人心弦"。

艺术史中,如画兼具古典主义绘画和浪漫主义绘画的特征,在旅游产业却另当别论。罗兰·巴特(Roland Barthes)在读《蓝色导游》(*Blue Guide*)时,对如画定义被过分淡化就深有感触,"如画景致隐藏于任何地势起伏之处"。如画渐渐只剩下一个空洞的概念意义,或者更确切地说作为旅游景观和情感认知的文化连接,变成一个残存的、时不时被人提及、一遍遍被荒唐定义的概念。但不论如何,如画仍与我们同在。我们可以跟随它两个世纪以来的脚步,看其如何在新环境中生存变迁,如在大西洋彼岸的呈现。随着"美国式崇高"渐渐表现出对各种技术奇迹的崇拜和对醉人自然景色的迷恋,我们看到,美国的如画标准也在转变。类似的,随着如画元素融入城市,多种都市如画景致应运而生。

几乎各地都将如画作为评估和等级筛选的准则，如画的语言也随之成为一个早期国际标准的范例。从某种意义上来说，旅游产业的全球化即以此为起点，并涌现出如吉尔平一样的人士，教给人们如何对旅游景观进行取舍。

如画的发展史也是一场衰落史。如今我们仅从照片上获取对如画的看法，又往往把它当作衰败老旧的陈词滥调。但我想要说明的是，在林纳西尔姆和普鲁姆崔这样的旅游先锋眼中，如画"不单单是一幅景致"，更是一场活动；关注点不只在双眼，更在于调动所有感官。对崇高的理解也是如此，或许更有甚之。

我们之所以认为这是些用图示化的景观来体验旅游的方式，一定程度上是因为 19 世纪出现了许多将旅游体验转化为图像的技术。这些技术手段价位不高但构思新奇，如影响力最大的照相机，它能流行全球的关键全赖于其产物之一：风景明信片。

三、希望你也在这里

如果有游客不幸在瑞典某最大相片冲洗店丢失了一卷胶片，店里会给他们一张列有各种热门度假主题照片的搜查列表，游客只需勾选出与所丢胶片内容描述一致的主题，即可找回照片。其中两类主要的类型分布是：

自然风光（山脉、海洋、草地、森林、阿尔卑斯山、湖泊）
景点（教堂、遗址、纪念碑）

这张瑞典度假景观列表看似简洁明了，但背后的选图取景着实要费一番工夫，当然我们也已见识了其中的一部分流程。

大部分人可能自然而然就学会了将风景重构成不同的景观图像，但接着就会发现自己无法解释这种再学习现象。迪士尼在许多经典拍照地布置了提示语，即便有人对这种做法有诸多不满，但其实相当一部分游客已经有意无意地接受了这种提示——照相一事早就提上日程。19 世纪，一到三星（后来扩展至五星）的摄影奖励机制在世界范围内兴起，刺激了游客学习探索那些值得观赏拍摄的景点。

19 世纪，在各式低价相机和简易技术问世之前，拍照仍是相对昂贵的休闲娱乐方式；然而不久图片影印即成为极其重要的旅行工具，其中的风景明信片

43

至今仍具有极其重要的商业价值。

有人宣称世界上首张明信片是1889年巴黎世界博览会上展出的埃菲尔铁塔相片明信片。自此相片冲印开始成为朝阳产业，世纪之交的几十年更见证了明信片发展的黄金时代。1904年，仅在瑞典就有5000多万人口邮寄了超过4800万张明信片，交换和收集图像明信片成为风靡一时的兴趣爱好，更有专为收藏爱好者开办的杂志供其订阅。许多馆藏至今留存着当时的明信片邮集。如今我们身边充斥着各种各样的视频媒介，已然很难理解这种收藏狂热。只不过在21世纪初印制图像依然是稀缺资源，风景明信片作为一种低廉又有吸引力的图画媒介，填补了图片空白的同时又满足了人们对影像的渴望，因而成为人们构想世界的重要手段。瑞典人认为纵观瑞典明信片100多年来的发展，他们能很快就识别出几个发展快速的鲜明主题和热门类型。它们都是真实瑞典的缩影，集中展现了这个充满情感的国度。许多摄影师聚焦新题材，学习引人入胜的构图规则，即便有错误，市场也可以快速修正；游客则对什么是美景、什么是迷人景致有了新的界定。三星级的美景不再只是被简单列在指南书中，到附近纪念品店也能买到印有这些高品质美景的明信片。作为一种新兴的大众传播媒介，明信片可以让人们把风景带回家，也可以邮寄分享给朋友，更推动了大批游客变成摄影爱好者。

许多图像明信片主题在诸多方面表现出长久持效的生命力，其中又以风景类明信片作为典型。几年前，我在瑞典一家纪念品店买回一套常规正片，上面只简单标注了"瑞典 I"和"瑞典 II"，不过有相当一部分的明信片配图居然采用了一个世纪前的"古典主义构图法"，如拉普兰瀑布、湖边的红色小屋、筏运（早前的一种贸易），又如身着传统民族服饰乘船前去礼拜的达勒卡利亚人（Dalecarlians）、沿山坡驱赶驯鹿的萨米族人（Saami），当然还有午夜阳光的景观。

落日始终蝉联20世纪全世界最受欢迎的明信片主题。基本结构都源自旅游体验和风景画作，但不同地方的落日景观也各有千秋，如瑞典、摩洛哥、美国……这些地方的落日景观呈现方式就不尽相同。

人类学家曼达·塞萨拉（Manda Cesara）在非洲考察之旅的记述中，回忆起曾有非洲当地人结识了一位行为古怪的欧洲朋友，总是不知疲倦地坐在门廊上，拿着杯夕暮酒等待落日。他对此很是不解，"为什么人人都要坐等日落呢？"瑞典的乡村居民也有同样的困惑，在目睹了第一批前来探索风光的城市中产阶级游客后，他们会问，这些城市人为什么要历经艰辛爬上山腰就看那一眼风景呢？

落日全景图满足了人们多种的心理期待。独自一人或是与同伴静观日落成为一种致敬美学的表现、一场完整、祥和的深刻体验。寂寥无声，残阳将尽，眼前这幅景致带给人的是十足的归属和宁静。这种感受好似"时间静止"或"自然时光流淌"，又形同归属仪式，回到虚无的过去抑或体会更真实的存在；而怀旧、归乡、时光倒流、自叩心门等情感也都有可能成为其中的一部分。

忧郁和渴望也能作为表达的构成元素，尽管这在今天看来格外迂腐。在1909年的瑞典，日落景观的言下之意是"唯望今晚与你同在！"落日之意是为恩爱伴侣而营造的亲密浪漫的场景，或者密友间也可以"希望你同在"。落日不再只是一种景象，也可以用来代表某种心绪；后来人们给图片附上表明情感的台词，二者间的联系更加明显。20世纪90年代早期，"想你"成为在瑞典广为流传的日落配文；图片与文本结合相结合，可以道出那些难以言明的心绪和情感。

落日是19世纪风景画钟爱的题材，但频繁出现在绘画作品中又被过分绘以鲜亮刺眼的色彩，落日被重新冠以"庸俗"的含义；而电影制作人频频让男女主人公在落日余晖中走向幸福或忧郁的结局使之又成了陈腔滥调；旅行作家对落日的运用也存在种种问题：

我永远也不会忘记日落中的埃特纳火山之景：落日光芒暗淡洒向山顶，整座山脉隐隐约约看不真切；接着似有余晖反射，一缕灰烟重塑山形，粉色的光芒笼罩着整个地平线，又渐渐消失在灰蒙蒙的天际——这景色令人之厌烦是我在《艺术》和《自然》里见所未见的。

这段话出自伊夫林·沃（Evelyn Waugh）1930年编写的《标签：地中海日志》(*Labels: A Mediterranean Journal*)。然而正如马丁·斯坦纳德（Martin Stannard）所言，这不过是篇刻意夸张的摹写，仿的是与他同时代的旅行作家罗伯特·拜伦（Robert Byron）1926年对斯特龙博利火山（Stromboli）的描述，又或者说对地中海日落成百上千的记叙也都是如此。刻画日落成了劣等艺术和乏味散文的象征，但风景明信片是一种相对低调的表现手段，故而能保证日落主题长久不衰。

观赏日落仍是不少人追捧的例行活动。丹麦西海岸边，汽车从漫长的沙岸上陆续驶离海滩；人们或三五成群，或独自待在车里同阳光静默相交；随着所有车都离开了，隔壁商店里却兜售起落日景观的明信片。无独有偶，加利福尼亚海滩上也上演着类似的景象，那里的日落也是美妙绝伦足以让观众拍手称

赞。但真要说举世无双的日落风景,还得到夏威夷去看看:

追求完美落日(体验)的游客可以去维雷亚(Wailea)……人们成了维雷亚日落景观的鉴赏行家,把它们划分等级,拍进电影,像是讨论勃艮地葡萄酒和新款汽车一样头头是道。

维雷亚的文艺复兴海滨度假酒店独具匠心地在棕榈树间悬挂了几只吊床,设计简单却将落日欣赏上升为一种艺术形式。这时若有朋友手拿着鸡尾酒,神情浪漫地依偎在吊床上,你大可以落日为背景给他们拍张照。

四、艺术对生活的摹写

在对度假的选择、品位和吸引力的组织和呈现上,旅游明信片是一种强而有力的手段。不论是在家读到的旅游宣传资料,还是随行购买的旅游指南,是观光途中为寻找拍摄机会的驻足,还是纪念品店有售的卡片,你都有可能做出同样的景点偏好选择。这是一种不断强化的过程,或许一种明显的观景模式守旧特征可以解释部分原因。

下面要举例的这处跟团游热门景点的现象即可体现上述因素的影响。摩洛哥马拉喀什市场古老的手工作坊区有一处缤纷的"染工小巷",那里传统的染织作坊仍然保留下来,纱线斑斓掩映其间,完美地呈现了传统的摩洛哥市井生活。一直以来,它都是旅行手册、旅游海报甚至风景明信片对当地描绘的热门主题。偌大的市场如迷宫一般,导游带领游客团队来到这条小巷时,会适时地停下脚步,示意游客这儿是个绝佳的拍照地。但问题是,随着越来越多的游客侵入,小巷原汁原味的面貌已悄然改变,而越来越多的工坊被改为旅游纪念品商店,现代生产工艺的冲击,迫使不少老染工逐渐离开小巷。然而,为了营造传统的染织场景,以维持满足游客的心理期待,墙上还保留着几股垂下的五彩纱线。

而在不远处,身着红色传统服饰的小贩正拿着黄铜杯等着卖茶水,不过现代马拉喀什的传统茶水已不怎么受欢迎,他们也卖不了多少茶水,不过是等着靠充当游客照片里的原住民背景赚几个迪拉姆。同样,小贩的铜铃声也不再是示意那些口干舌燥的旅客要买水,而是变成马上就要到某一处经典景点的暗示了。茶水小贩是马拉喀什不可或缺的文化支柱,明信片和旅游指南也会确保他们的形象经久不衰。这表明,从某种意义上说,风景一旦通过各种手段成为约定俗成的存在,就很难再从时间中抹去;同时由于当地生活发生变化,又必须要采取一定的场景调节来保持其原貌不受影响。就像我们在其他地方中也会见到不同形式的表现手段，以实现某种必须维持的真实性标准。

不过图像明信片并不只是重现旧时风光，也会自带娱乐精神或拿游客取乐。例如，漫画类、嘲讽类明信片的图案就很花哨、年代感十足，同样有着由来已久的传统。标新立异的明信片类型则一改陈旧迂腐的图案设计，追求专业旅游摄影体现的新式审美或人类学理念，由此形成了新的图像明信片潮流。这类明信片反映了人们对摆脱一切带有刻意安排、伪民俗、经典景观等痕迹的迫切需要。脖子上悬挂一款相机早已成为凡俗游客的标配，方便人们随时有机会拍照。而那些想要和这些庸俗游客划清界限的群体又感到很为难：到底要不要带照相机？若不带照相机，又如何保证能带回不落俗套的旅游图证？

五、景观科学

至少近两个世纪以来，观景模式对人们选择和评估旅游环境、景观的标准起着决定性作用，但这种影响通常又不易察觉。最好的例证就是在环境研究和规划领域广泛使用了几十年，尤其是20世纪70年代非常火爆的景观评估技术。

这一时期出现的大量研究冠以的标题类似"从瞳孔测试看人们对森林景观的审美取向""人类对视觉环境反应的模型构建和预测"等。人们投入大量精力，研究的对象从荒野审美到道路景观设计不一而足，更有不少研究费尽精力从社会科学的琐碎例子中进行摸索，试图找到管理和规划自然资源的有效方法。由此也反映了当时的旅游和休闲娱乐管理急需实例支撑、模型构建和明确的分类方法。那么，如何预测游客的偏好？如何衡量游客满意程度？诸如此类的研究证明"如画"时期取得的经验教训多么有价值。那些能让吉尔平高看一眼的山景成了游客的热门之选，如"湖前一树丛林，远远望去树立着巍峨山脉"，又或者用学术的语言是"树线的正向参照效应"。另外一些研究结果还包括，有过露营体验的人对森林景观会有更丰富的情感表现，受教育程度更高的年长人士更喜欢风景优美的天然海滩等。

还有一种典型的研究（估计现在依然使用这样的研究方法），请2826名丹麦人对52幅不同的森林照片进行排名。位居榜首的照片描绘的画面是：阳光洒向林间空地，蜿蜒小径上一只小鹿跃然而上；但当把小鹿替换成拖拉机，同样景色的照片却位列榜尾。

这种景观的科学探讨展现的是一种对自然体验的极致图像化。在这里，自然仅以二维明信片的形式存在，既不能走进去，也不能听、闻、触，只能肉眼观看。显然，视觉力量作为19世纪关注的焦点，许多像全景图、实体镜、照相机一类的视觉技术应运而生。旅行生活也逐渐随之趋于视觉化，即"旅游凝视"（但这不等同于强权监视，也并非操纵凝视）。曾经有一段时间出现了一些相当密集的试验来考察现存几种截然不同的观景方式，在一次观光游览中融汇了对定影、框图、视觉定位以及扫描技术等多种方法，还要探究各种瞥视、扫视等遮遮掩掩、百无聊赖又或者漫不经心的观察方式。等到了20世纪，旅游产业又逐渐学会推出一种专供"养眼"消费的凝视景观，以满足游客更多的感官需求。

　　从水彩画到影音录像带，丰富的图像表现形式赋予体验和回忆更具体的实物或载体；我们可以依靠大量成熟的文本形式来展现视觉感受，这是许多其他感官呈现难以做到的。当然，我们在构想时不仅用肉眼观察，也在调动其他感官进行综合作用，只不过其他感受的言语表达和技术发展没有达到视觉图像的发展高度。

六、纪念品

　　大部分的游客欲望不高，能吃上几顿和家里差不多的饭食就满足了。例如，英国人到西班牙，就不屑于一切不含马铃薯的餐点，也不喜欢米饭和意面！如果能喝上点儿啤酒，谁会惦记葡萄酒？还有那些所谓的吉普赛人弹奏的弗拉明戈、花里胡哨的纪念品、乡村装束的布娃娃、内嵌托莱多钢的裁纸刀、悬着彩色丝线的塑料响板、皮革酒瓶、橄榄木质碗箱，以及在斗牛士之间印上公牛名字的斗牛海报……他们不排斥来点当地特色，但也绝不会向真正的西班牙生活更进一步。

　　罗伯特·格雷夫斯（Robert Graves）曾对马略卡岛的旅游景色和棘手的旅游纪念品问题都有过评论。光旅游纪念品一事儿，就能汇集了各种不同品味兴趣和直言坦率评判之间的冲突。我还记得童年和姐妹在纪念品店挑选"珍宝"时，父母曾相互传递过意味深长的眼神。即便他们一言未发，也明显是在指我们的品位是孩子眼光，幼稚不成熟。我们的祖母也非常喜欢纪念品，但她的做法就比较"危险"——她什么都带回家，像高级景区的零星小玩意儿、伯利恒的石头、帕特农神庙的石块碎片……她听说 1861 年一位英国小伙在给家人的信中称自己见到了狮身人面像，又学着其他游客敲下其脖子上的一点碎石带给家人，于是也照做了。然而，我们不得不对她这种从众的做法有些担心——长此以往全世界的经典遗迹可能都会因此被损毁殆尽了。

　　与同代其他孩子一样，我也喜欢纪念品，而且每到一处都例行拿一件，这对我来说来意义非凡。学校组织旅游时，父母给的零钱最好够买个冰激凌再加件纪念品，而我们也总盼望父母每次国外之行结束后能象征性地给我们带点礼物。等年龄渐长，我逐渐学到收集的纪念品类型如何随生活需求发生改变。最初的纪念品收集乏味无趣，但那是学生时代的猎奇实践；之后纪念品成了当地几瓶气味奇特的烈性甜酒、某个纪念日在沙滩上拾起的幸运石，以及各种对我来弥足珍贵的事物。于我而言，收集纪念品的魔力依然相伴左右。

　　18 世纪，纪念品市场在大旅行时期迅速崛起。就如之前曾提过的意大利专门用于出口的风景画产业。此外考古发现的纪念品也占据了巨大的市场需求，更带动了当地民众迅速展开对出土古物仿造的产业。像后代的游客一样，早期的旅游先辈们也想带回点儿实实在在的东西，如一幅风景画，或者如那不勒斯的熔岩纪念品就卖得相当好。这些因素也逐渐吸引了当地艺术家、工匠开始专门为旅游市场进行创作，各种"本土手工纪念品"接连涌现。

　　在尼加拉瓜，早期的游客在那里主要搜集的是 1812 年第二次独立战争的战场遗骸。当地美国人抓住商机，以真迹供应商的由头展开旅游贸易，很快，"本地手艺"和"当地纪念品"两种类型变得含混不清。到 1850 年，人们能买到的纪念品包括由当地岩石和木材刻成的物件、珠饰鹿皮靴、树皮制成的小玩意儿、饰有驼鹿毛印染的皮质雪茄盒以及微型独木舟等。从印刷品再到各式各样的小饰品，游客的到来为尼加瓜拉开辟了进口纪念品的巨大市场。从这里，我们或许能看到纪念品全球化的开端，游客无须刻意买一份用当地材料、在当地生产的纪念品，而是可以有各种全球代工、以当地传奇景点命名的纪念品的替代选择，如在纽约的廉价劳动力工厂生产并以"尼加瓜拉瀑布"命名的烙画，或者后来出现的各种如从中国台湾进口的尼加拉瓜主题的钢笔、烟灰缸；尽管在发展的多半时间里纪念品店遭到人们不遗余力的诟病，它们依然顽强发展，日益壮大。苏珊·史都华（Susan Stewart）在其经典研究《论憧憬》中曾试图解释纪念品店的风靡现象，她指出，不管纪念品是从某地购得还是在那发现，它们都承载着当地的魔力；如果不是出来自那片遥远的地方，这种魔力就会顺势蒸发，好比朋友回到家后才寄出明信片，那么收信人的体验就会遭到贬值。史都华还探讨了"拜物化"和"微型化"的形成，不过她的观点中最有说服力的部分应该是对两种过程如何推动叙事文本发展的阐释。

纪念品微型化的主题同样富有魅力。像小型珠饰划艇、仿制玩偶、自由女神像式储钱罐，都如加斯东·巴什拉（Gaston Bachelard）所言有一种奇特的吸引力，好似通往幻想的媒介，又像是体验小中见大的媒介。小物什方便带回家中，同时又"值得思考"——人们常将它们作为叙事的载体，也即是说这些活生生立体的物件对于维持整个叙事文本及图片的流畅平整具有重要意义，要不然就可能变成此次度假之旅的弃物。

不能用来喝水的杯子、无法拿来切长条面包的绘画菜板、永不能脱离楔子的小丑帽——表面来看，不可变性赋予了纪念品唤起记忆的能力，所有物件无一例外只用于储存记忆。但它们又的的确确在不断变化——物性诱人，模糊了它们作为时间和空间之旅船只的事实。爱尔兰巴利米纳镇的一处村庄中住着位卡特勒夫人，民俗学家亨利·格拉西对卡特勒橱柜的描述便是对这一主题的最佳解释。橱柜上摆放着纪念盘、马克杯、身着苏格兰裙的洋娃娃、唐老鸭模型、一手赶驴一手驾马车的玻璃制小矮人，还有圣徒瓷像、黄铜小饰品以及其他数不胜数的小物件，桩桩件件好似示威游行的队伍。格拉西记述了卡特勒夫人如何对她的一众纪念品做现场评述，如何持续不断地护理又重新安排摆放位置——这些纪念品时刻都在活动："与其说纪念品的意义在于实际表现出的内容，倒不如说是它们拥有将经历的人和事印入脑海的神奇能力……装饰品本就是一种结构，其艺术价值不在于自身，而在人们的思考和操控中表现出艺术性。"

这些纪念品虽看起来微不足道，由此产生的叙述和回忆却将这一小小的橱柜推向世界，带给人不小的震撼。到底什么是纪念品？是迷恋、怀旧？是毫无实际用途的物件？还是叙事的触发器？或许这都是答案。在我看来纪念品最显著的特征是其开放性，它随时准备好承接来自四面八方的思想。也许全球遍布着数以百万的微型埃菲尔铁塔，但任何两只都不会承载着一模一样的含义。

七、回忆

"若说旅行对什么有益，必然要数文学"，这是1857年新版《美国旅行杂志》社论的开篇声明。就像次要的视觉表现形式往往会受主要形式的长期压制，我们从纪念品与叙事的密切关系中也注意到，小众类型的旅游文本也常受到如游记、旅游诗歌、旅行指南、整编的旅行日志这样的主流类型压制。也只有像卡特勒夫人的现场述评一样要求人们记述自己的度假生活史时,这类小众文本才得以一见。不过这些小众文本也有许多其他的存在形式,如相册的配文、留作私用的假期日记、顾客账目,又或者作为下班回家或工作闲暇的谈资,以及亲朋好友的回忆录等。

大量文献记载了对主要游记类型的分析,约翰·佩波尔(John Pemble)在描述19世纪英国对地中海的主要出口类型时列出了几个关键词:草图、笔记、日记、资料搜集、掠影、印象、图画、叙事、游览、参观、闲逛、居所、漫游以及旅行。他这种即兴随意的笔触或许是为了避免同那些杰出的旅行作家及两百多年来的游记形式进行比较,而这也能反映出200多年来游记的写作类型和风格还是相对固定的。鉴于人们对游记这种体裁已经做过充分探讨,因此这里不再赘述,我只简单介绍一类小众文本——度假者写在明信片背面的信息。

早期的明信片上常印有"空格内可写信"的提示,后来书写空间逐步向中折线外的现代书写区域扩展,明信片写作随之成为一种极简艺术,遵循标准格式的同时又保留了独有的书写传统。信息内容不外乎是假日问候,问题是要向谁邮寄卡片?又为何而寄呢?

在电话和邮件还未替代书信写作的时代,明信片依然是广受欢迎(而且要求不高)的往来媒介。其中包含几项互惠原则——将卡片寄给那些自己未曾想过的收卡人,期待与收到卡片的人构成人际网络,同时依据套话和选定的话题建立心理期待。这里有一张印着马略卡岛棕榈树和碧蓝海域的经典假日明信片,其背面内容同样堪称典型:

帕尔马,1966.8.9
你好啊!
只想在这个美妙的地方为你送去阳光的问候。我们在这儿晒日光浴,在这儿游泳,尽享生活;这儿的水温有250摄氏度,等我们回家会想念它的!希望你那儿天气晴朗,愿你诸事顺利。
祝一切安好。露丝·赫伯特

通常这一类的假日卡片会比照着上述对天气的谈论和形如"你在这儿就好了""玩得开心""我们都好,你怎么样"之类的套话印好预留信息,留出空白供人们添加所需形容词,例如:这里的天气＿＿,食物＿＿,丈母娘脾气＿＿。

但其中也有别出新意的地方。20世纪时期的明信片背面的文字常常语调轻快,包含许多有时甚至是胆大妄为的笑料,我在读的时候都觉得很震惊。这里边是由明快句式和感叹号构成的世界,其间又包含大量的性暗示。从这个意义上说,明信片的文本写作也属于风俗体裁,在过去一个世纪来展现出超强的持久力。

明信片上的悄悄话是要给人读的。如果说过去的明信片常常是被夹进相册里,那么今天度假者们之间的问候则往往以公开展览的形式呈现。部分明信片贴在冰箱前或厨房布告板上,但更多的是被摆放在办公桌上。至少在瑞典过去几十年来,明信片是办公室、食堂甚至更衣室中最常见的装饰品之一。

旅游研究中,有相当一部分的基础分析文本虽同为主流体裁但类型迥异。尤其像历史建构的研究(就像我的课题),会精心挑选一批游客作为研究对象,但研究极大程度上依赖游客的旅行成果,因而可能导致旅游体验被弱化。第一,我们会再次面临视觉倾向。总体上看,描述眼前事物要比表述其他类型的情感容易得多;而像晒伤处的瘙痒、疲乏的双脚、虫子、辘辘饥肠,又如前夜庆典的宿醉、唠叨抱怨的孩子——除了视觉感受,但凡能表明我们出门在外又不是被迫观景的体验常常遭到剔除。扣人心弦的风景是需要记录,但乏味、失落或是突然想换个地方的感受又该如何处置呢?

第二,旅行的宏大叙事可能虚假的持续性。正如景观视觉化的过程掩盖了风景本身的美一样,旅游叙事的长期套路和原则也可能会混淆各种丰富多变的旅行体验。如果想让这些不成文的套路浮出水面,不妨找一篇明白解释这些原则的文章,如《旅行写作指南:如何撰写并售出自己的旅行体验》(1992),书中提到了情节的设置、丰富的细节、设定"诱饵"、选择能吸引读者的叙述方式以及优质旅行故事应有的结构等多方面的建议和必要性。

第三点是关于旅行作家的社会地位及其对叙事的急切渴望。有几类群体对叙事的渴望和对精心阐释的需求远甚于其他人,即中产阶级游客和那些引领潮流的群体,其中以学者、作家、艺术家为甚,他们犹如同旅行中的引路星辰,他们的描述通常就代表了"游客体验",他们笔下的素描册、旅行日志、指南书已对景色风貌做了大致描述,那些觉着没有必要或者没办法再更深入地记录、详尽叙述自己感受的群体只能选择默不作声。20世纪60年代,一名瑞典作家曾遇到一群老农夫默然静坐于风景中的场景,深受感动;其中一个农夫曾每个夏日夜晚都坐到门廊上,或在冬日里凭窗远眺,慢慢和景色融为一体,当被问及一直坐在那里的缘由,农夫给出的答案简单明了:"那感觉不错。"不过作家又补充道,"这个问题似乎让他有些为难"。1843年来自美国的玛格丽特·富勒也描述了相似的体验,彼时她正和朋友站在山上,望着"一轮无与伦

比的日落,装点了整片世界":

　　小牧童跟着一路跋涉,好奇什么能让我们盯了这么久。侦查了一段时间后发现我们所看也只能是日落,于是也跟着看了会儿,赞叹道:"阳光看起来这样好!"

八、似曾相识

　　"我能学会以清晰、新鲜的眼光看待事物吗?单单一瞥能欣赏多少风景?可否打破固有的心智模式?"这些是歌德在 1768~1788 年意大利之旅中提出的经典问题,且常常循环往复地出现在人们对旅游业的反思中。

　　其中一篇关于旅游宏大叙事的评述提出,我们不可能重获歌德、拜伦勋爵、约翰·缪尔或者其他伟大先驱所言的新鲜感。如今的度假体验充斥着形形色色的组织代理、陈腔滥调和景致图像,已是积重难返:"问题是几乎感受不到生活的真实感。假如我正和朋友在奥兰群岛的悬崖上野炊,生活顿时消失不见,我会不由自主地觉得当下所做的一切只是商业啤酒广告中的环节。"这名新闻记者回顾过往夏日之时,恰逢瑞典啤酒广告片取得巨大成功。这种电视广告借由"完美的奥兰群岛夏日回忆"的主题吸引视众——古铜肤色的年轻演员在浪间穿行,又在船屋酒店旁即席野炊;忧郁的秋日,一对年轻夫妇重游小岛,于是便有了对上述夏日欢乐的伤感回顾。

　　这名记者对虚构小说入侵真实生活的反思始于一次访谈。访谈对象是一位瑞典作家,他认为,所谓 20 世纪的"生活",就是在现实与虚幻边界彼此消融的世界里活着,这种境况是过去几代人未曾经历的。该观点并不陌生,不过,如果她能和林纳西尔姆在福斯马克的花园里散散步,也许会对自己的想法不那么有把握。现实与虚幻的交织,如同白日空梦、飞行幻想,抑或宗教信仰一样历史悠长。而正是现实风景与心中愿景的相互作用,才促使度假景观出现及发展,我们在此中身心同动。

　　各式各样的文化流动推动形成了多民族交融的全新世界,其间幻想和图像成为日常社会实践的重要组成部分。人类学家阿尔君·阿帕杜莱(Arjun Appadurai)为捕捉不同文化流动方式间的互动,设立了多维"景观",涉及人类流动(族群景观)、资本流动(金融景观)、技术流动(技术景观)、意识流动(观念景观),以及信息、图像、叙事文本的流动(媒体景观)。阿帕杜莱的方法适用于探讨旅游产业——这些不同的"景观"如何产生？随时间发生怎样的变化？又如何实现在日常实践中化而为一？

体验感受和媒介技术持续不断地相互作用。游客总拿新出的媒介类型做试验，又尝试不一样的移动、认知和传感技术。每年夏天我都会到瑞典的西海岸岛屿，当地人至今仍会谈论20世纪中叶造访庄园的游客们，对他们的行为充满困惑：你相信吗？那些女士披散着头发坐在海边草地上看书！

"那些女士"用有别于今天的虚拟现实技术将这片风景转化为一个多媒体空间，比方说，将阅读小说时引发的飞行幻想与置身自然的感受交织在一起。无独有偶，19世纪30年代，一名游客面对卡茨基尔湖时灵光乍现："这儿多么适合伴着月光聆听音乐！"现在的年轻人亦然，带着随身听，为他一路走过的风景配上音乐。

过去几十年，我们对音乐、文本及图像媒介的公开消费不断提升。随着我们可预见范围的不断扩大，视觉表现形式也随之增多；我们将这些视觉形式与当下及过去所有的景观体验进行比较，发现从风景画到度假广告中出现的场景，一切都可充当载体。问题在于，这种大规模的形象化是否会导致视觉上的过度刺激，或只是引发了更广泛的联想。

观光巴士徐徐前进，我们透过全景窗上烟熏色的克劳德镜观赏假日风景。自普鲁姆崔时代后，什么是新的？什么能持久？透过克劳德镜，透过摄像机镜头，透过车窗，又或倚着拐杖，所见的风景意味着什么？阅读古典著作，吟诵浪漫诗歌，长年收看音乐频道，又或翻阅旅行团导览册，带着这些印记，领略到的又会是何种景色？

大众媒介传播的信息、文本、图像，以及个人或伟大或微小的度假记忆、假日联想形成合力，共同促成了1996年海滨度假梦的形成。但其中又有多少是基于真正的历史情境呢？1996年，游客坐在水边岩石上，脑海中浮现出一幕电视广告；1787年，旅客站在埃尔阿勒比瀑布前，回想的却是在图书馆里翻看过的如画风景版画——二者间的同与不同一目了然。有哪些先决条件起了作用？个人经历的往事与图像再现技术是如何共同作用，影响我们的风景体验的？

把什么带入旅行体验的问题也引发了我们对于"损耗"的思考。以往的旅行经验表明，许多变化过程是相对微观、具备一定周期性的过程。新兴景观胜地、旅行活动和休闲娱乐成为潮流的过程，会经历探索期、制度化、商品化等几个阶段，在此之后，它们在游客眼中可能会显得老旧乏味、无足轻重。亲切可爱的如画景致也会变得无趣陈腐，甚至让人感到幽闭恐怖；而那些荒芜凄寒的风景反倒令人着迷，简单与空旷变成一种资产，赋予这片风景全新的氛围。诸如此类的发展中，我们需要关注"损耗"：我们为什么厌倦了某些体验？纪念品为什么沦落为庸俗之物？一处风景因为什么而变得乏味？

要想获得答案，就得回到之前提出的问题：什么是体验？从不同语言对该词的语义解释上看，它们都强调了运动。英语中，"experience"源于试验、尝试、冒险；德语词"erlebnis"和瑞典语词"upplevelse"的构成取自于经历、实践、穿过、参与、完成等词。"体验"的重点在个人亲身参与，无论是身体上还是精神上。

"去体验"指的是一种有开始也有结束的情境。在日常生活中，得以构成体验的事物必定是突出、显著而强烈的。体验的产生同时涉及时间和空间，我们置身其中，又全身而退，这在那些需要某种仪式的不寻常体验中表现得尤为明显。体验总在发生，通过实在发生的现实与脑海中呈现的形象共同作用。体验不能拥有亦无法给予，我们是在以一种高度个人化的方式来获取印象，在此过程中，我们使用了大量已知的文化知识和框架；而在分享体验时，我们只能借助各种情景再现与语言表达。用著名的诠释学循环来表达，即体验和表达的双向构建。我们构建联系、展开联想的能力，反思和表达观念的方式，尽皆受制于文化环境。什么是可以表达的，又将如何表达？人类学家艾伦·费尔德曼（Allen Feldman）进一步展开了论题："事件"并非指发生了什么，而是指能够讲述些什么。

在旅游发展史上，人们对体验的探讨具有强烈的规范性，不仅要框定、局限、记录，还要权衡、评估、定级；对体验的描述又有丰富与匮乏、深入与轻浅、饱满与空洞、强大与孱弱之分，对特定体验的定义常常需要借助一些隐喻。我们如何知晓何时产生了体验，更或者到达了巅峰体验？我们可否为体验的到来做些准备，排练它，预演它？我们的感官知觉会为它尽情敞开吗？或者恰恰相反，体验丰富多彩，出其不意，从来不是预先包装好的？自发性就是体验的标志特征吗？诸如此类的问题一直困扰着游客和旅游产业，深陷其中，无法摆脱。一方面，人们渴望更深入更强烈的体验，希望我们的感官能为体验的到来做好准备；另一方面，这种体验应该悄然而至，趁我们卸下防备、毫无准备时突然到来，让人们体会到类似寒流倏然贯穿脊柱时的战栗。积累文化资本、构建文化背景与渴求新鲜感、不受任何外在干扰之间，如何做出权衡呢？

这种两难困境可能引发游客焦虑，当然，这也和把自己与他人的体验进行比较有关，如与歌德或马路对面的邻居进行对比：我的假日体验会达到他们的标准吗？当西里尔·康诺利看到"雅典卫城就像是一副安在残破上颚的假牙"这段描述时，他表示，那本指南书"并不能恰如其分地表达我们的情感"。1856年，美国旅行作家乔治·柯蒂斯（George Curtis）写道："理论上人们热爱乡村，就像热爱诗歌一样；但事实上，就算在那儿待到身心俱疲，也没几个人有胆量承认他们对乡村生活心生厌倦。"柯蒂斯认为，这种"我们应该对乡村满怀热爱，我们应该对山中漫步、树下栖息的生活感到知足欢乐"的观点，便是形成这一现象的原因。

尼亚加拉瀑布和优胜美地峡谷的发展史证实了这种焦虑，也证实了我们身处旅游胜地时不断产生的精神损耗。旅行指南和同行旅客为每一个全景提供了丰富的潜台词，我们必须制定新的策略，确保个人体验强烈且不受干扰。

纳撒尼尔·霍桑（Nathaniel Hawthorne）小说中刻画的游客形象就是个典型的例子。这位游客在1834年临近尼亚加拉瀑布时，故意闭目不看瀑布景象，反而急忙跑回旅店房间酝酿饱满的情绪。事实证明，他的预期太高：当他欣赏到真正的瀑布，却大失所望。其他旅客也会描述各自的沮丧，或是嘲讽那些过高的期望。

1872年，艾萨克·布罗姆利（Isaac Bromley）游览了优胜美地，并前往马里波萨谷巨杉林观看灰熊。为此，他一直做着"细致入微的准备工作"，设想能从中获得灵感，他期盼能"乘着想象的翅膀翱翔"，结果却根本找不到灵感。他什么都想不出，"只心心念念着午餐；至于翱翔，也就只有我那匹倒霉的马能让我'飞'了，它确实做到了，现在我几乎不能在马鞍上转身"。

我们能立即从这类表达失望的叙述、这些对"肤浅体验"或"旅游陷阱"的谴责中读出游客的焦虑，同时找到在久负盛名的景点内提升旅游体验的方法策略，即以强化对抗琐碎化。19世纪，人们对专注和安静的迷恋是最典型的例子，这也是落日体验的核心。它重点关注独处和宁静，同时强调专注，后者在许多有审美消费需求的领域都得到发展。19世纪早期，人们开始要求他人在音乐厅、美术馆保持安静，学会将精神集中在视觉与听觉，心无旁骛地将感官直接投入对音乐、表演以及艺术作品的理解中去。

针对19世纪前往南欧旅游的游客，詹姆斯·巴泽特（James Buzzard）在讨论强化策划时，也提到了人们对安静的崇拜。除了安静以外，非实用性、饱和度、生动性等要素都会进一步提升他所谓的"真实效应"。对那些雄心勃勃、企图让所有要素都发挥效用的游客而言，不仅需要天时地利，也需要观赏者自身保持安静：将自身融入风景。这里强调的是强烈体验的梦幻特质——非实用性要素可推动虚幻体验或者戏剧性效果的产生；卓越的风景不应染上日常的庸俗陈腐。饱和度作为第四种要素，与前两种要素有关，它指的是在意义上"浸透了"的风景或情境，能唤起丰富的联想和回忆，获得一场层次丰富的体验。最后，生动性与如前谈论的风景特质有关。

巴泽特的论述是针对特定的时代和特定的游客叙事群体，并不能一概而论，但其中的一些互变机制仍具有重要作用，尽管它们常以变体的形式存在。在某些情境下，非实用性的优点与其反面表现出的优点多有相似，即日常现实不受干扰时表现出的真实性，如那些日常事务有条不紊、照常推进的城镇与乡村场景。生动性面临着其他审美规范的竞争。回看"蓝色村庄"度假酒店的广告，为确保充分调动游客身体及各项感官，我们发现酒店采取了多种风格迥异的强化策略。在这里，非凡的体验来自潜水登山，品味风景。1998年，摩洛哥打出"让一切感官去探险！"的旅游口号，突出反映了人们对全身心投入的迫切渴望。

不断变化的强化策略背后实则暗含了一种常规思想——体验有益，我们当创造体验。此外，我们应该能够传达它们，用文字或图像将其表达，以可行的叙事类型进行再现，尽管部分叙事类型受制于特定的历史和文化背景。我们自己的体验会受到其他叙述的影响，包括不同的人、不同区域、不同时刻。有时，当我正进行风景体验或身处某个旅游景点时，会发现脑中浮现出一系列问题：如何将此刻变成一段回忆，诉诸一件纪念品，或是写成一则不错的故事？作为游客，我们常常将大量的精力投放到别人的体验上，时而歆羡，时而嗤笑，时而质疑他们那是否算得上"真正的"体验。"真正的体验"，丹麦一家旅行社如此承诺。实现这种承诺不是件难事，毕竟，谁的体验是虚假的呢？

我的看法是，旅游是探究体验产生和转变的有益试验室。在这里，我们从微观层面上发现了如何框定恰当的时间和地点，如何通过各种标记将体验转变成事件或场合，同时，体会到了激活所有感官的需求。

得益于特定景观特征、观念模式、旅游移动技术和表现形式之间的相互作用，度假景观应运而生。部分风景具有供某些游客构建思维景观的独特潜力，因此那些人有特殊的吸引力。风景如画的田园诗有各种令人思绪飞扬的道具；然而，像梭罗这样的浪漫主义作家，则更为人迹散乱、历史纷杂的风景所吸引，这里留给他们足够的想象空间。一如辽阔的优胜美地大峡谷全景带给人震耳欲聋的寂静，继而营造出一方超然存在的空间；尼亚加拉瀑布强而有力的咆哮则带来一种特别的敬畏，让人感受思想四散翔游的自由。风景体验的基础原则涵盖了所有"进入风景"的旅游形式：遍历、穿越、经过、停留、感知、融入，又或者在一处观景点站定，看风景在我们眼前展开。人们倾向于从环境和场景，从靠近、进入、观察事物的角度谈论风景，这掩盖了一个事实：风景体验是由身体和感官的运动带动产生的。

历史视角同样可以体现出往昔之间的连续及联系，阐明某些景观之所以能传达特定文化信息、感染特定情绪的历史原因。我们今天面对一处风景的反应，往往是长期模式化发展的结果，这种发展将风景浓缩成为一个文化矩阵、一个图标。

受这种浓缩的影响，人们单凭一处细枝末节、一点微小提示，就能在脑中勾勒出整幅风景。旅行手册上一棵摇曳的棕榈树、一盏倾倒的鸡尾酒杯，就足以勾起读者满心的假日情怀和无忧无虑的热带生活梦想；而巍然独立的大树形象则会让人涌起满腔的爱国激情，引发对故土浓浓的乡愁。

任何旅游体验都既包含个人独特感受，又包含先入之见与文化习俗。如今，我们作为游客，一边眺望着海滩、草地、山峦，一边欣赏着从古至今他人的感受、图像及联想。这一时刻，历史与现实的交叠难以描述，它甚至以我们难以意识到的方式存在。我们站在同一处假日景观，双脚似扎根地面，思绪却飞向远方，任今昔体验、种种幻想、成见思索在脑中相互对抗。我们因循常规，在各式各样的思维景观中往来穿梭，找寻不同的事物；也许我们投入大量精力解构过往游客的陈规、联想与认知，却依旧无法构建新的完整体验。当旅游产业踌躇满志地想要包装并出售游客体验时，这种两难困境体现得极为明显。体验很难引导，无法预测，它们的可变性也阻止了假日景观的单线叙事。我们能从中获得的往往是一种规范化的体验史，并对"谁在制定规则、谁应在既定环境中遵守规则"等问题予以回避。

九、视而不见

什么样的人会偏离主题，永远不会对旅游产生兴趣呢？有那么几类人的缺席是显而易见的。前几章对游客生活的阐述主要以斐利亚·福克为原型，并未涉及多少鲁滨孙式的探索，这样做指出一种明显的倾向：那就是用绅士的术语精准描述旅游体验，立足于白人男性和中产阶级的视角，将旅行当作殖民探索。旅游先驱者曾是那些上流社会的男性，随着旅游的社会群体愈加广泛，对旅游体验是对是错、是好是坏的讨论越来越多，对教育旅游新群体必要性的讨论也逐步升级。从家长式专制到讽刺式挖苦，我们已经在19世纪男性对女性游客的反应中看到了这种担忧。

与其从不同活动的男女参与人数上分析性别维度，倒不如看旅行中有多少成分由男性框定——观光游览提供了一种标准框架，规定了什么令人满意、什么值得关注，又应在什么时间撤出等事项。男性渴望探险的"广度"——离开家门，去触不到的远方，因此，无论从身体还是精神上，旅行都成了男性一方尽展气概的空间。旅游发展史则揭示了性别分化是如何实现再生和转变的。

随着女性逐渐在旅游业中占有一席之地，旅游成为中产阶级女性可以自由活动的公共活动之一，同时也为审美表达创造了空间。部分男士认为，女性游客的出现和参与会使某些旅游活动和场所变得女性化，每当有女性参与，他们就会撤出，重新寻找男士探险专用的环境。旅行记录的方式同样遭遇了性别变化。20世纪期间，女性游客开始在旅游日记、水彩画、明信片邮寄上占据上风，男性游客则更多掌控着对摄像机的使用。

如今在大多数景区，特别是经典的文化观光区，女性已成为游客的主体。或许理想的福克式游客还未离我们远去，但现实环境已经有了不同。倘若研究员不曾一门心思研究这些变化，那么市场就会自行做出分辨并采取相应的举措。

对那些习惯了传统旅游市场分工，即男性主动、女性被动的人来说，日本旅游产业提供了一幅不一样的画面。在这里，女性，尤其是年轻女性的主导地位是令人瞩目的。她们登上所有旅游图鉴的封面，她们到泰国游泳，到伦敦购物，到埃菲尔铁塔拍照；她们漫步于艺术画廊，享受着异域美食。如今，未婚年轻女士是日本旅游市场的首要目标群体，她们有旅行时间和旅行资本，市场也明白，这些女性会塑造其未来家庭的度假模式。对这种男女分工变化的研究少之又少，玛丽莲·艾薇对日本年轻女性如何进入旅游界（特别是在20世纪70~80年代）的论述是其中为数不多的代表。她展示了这种走出家门、走向世界的旅行模式如何反映了女性体验的变化，以及理想的两性关系和国家政治类型。一方面，旅行象征着女性解放，是公认的女性逃离父母掌控、摆脱家庭生活规则的方式；另一方面，市场利用这些需求进行营销活动——二者构成微妙的张力。

如果说在旅游发展史中，对女性旅游体验的表述明显失衡，那么对阶级也存在相似的偏见。早期对如画景致的探索中，加入代表"简单人物"的形象会使风景更加丰富生动。一位独处的人、一位硬朗的牧羊人、一位树荫下休息的农民，或是一位在溪边张网的渔夫，作为一处无声的细节（犹如英国风景园中的隐士），它们与整个风景完美契合；但作为一个集体，下层阶级本身并不是风景如画的。19世纪后期，当工人阶级出现在旅游领域，精英们的抱怨之声频繁高涨。老牌精英游客注重安静祥和，蜂拥而入的普通人无疑使他们备受干扰；而早先就有人不满他们缺乏教养，不能理解荒野的神圣不可侵犯。噪声是人们控诉的主要对象，从手风琴到手提录音机，无一不在破坏落日时分的宁静。下面这则20世纪早期的英国评论可谓典型案例：

  复活节和圣灵降临周期间，旅游列车几乎塞不下攒动的人群。车上挤满了磨坊工人、车夫等，他们打扮庸俗，衣着邋遢，喧闹吵嚷、酒气熏天。有些女性模仿所谓的"时尚"打扮，戴着一头人造假花，活像个金字塔。男人同样有着荒诞不经的做派；他们如成群的骇人蝗虫飞快穿越林间田地，身上沾着从路上扯下来的蕨根和山楂树枝，在小破酒馆里喝着杜松子酒和苦啤酒，结束这融融的春日；又或者成夸脱地灌着高浓度麦芽酒，大声扯嚷着音乐合唱团的歌曲，东倒西歪地滚向夜班列车。呆滞麻木、喧闹呼号的醉汉真是些让人憎恶的生物，好似猴子充国王，蝾螈都成了比肩人类的天使。

  诸如此类的中产阶级评价表明：精英阶层将后来加入的游客群体定义为侵入者、令人不安者，又或偏离公众行为准则的德行失常者。诚然，旅游列车内的人们持有不同看法。

  在欧洲，工人阶层（不论男女）的出游传统由来已久，通常由俱乐部、联盟和社会团体资助，移民们将这种传统一并带到了美国。当过女佣和裁缝的德国女孩艾格尼丝是世纪之交乘游船移民美国的众多人之一，这一时期，前往纽约的游船日益增多。1903年，她满怀激情地讲述了和朋友多次乘船旅行的经历，"不管是去程还是返程，只要登上船，我们就一路舞蹈"，对于最爱的目的地科尼岛，她亦曾感叹道："啊！这就是我梦中天堂的模样！"艾格尼丝意识到，她在工作中遇到的中产阶级人士并不赞同将船运工具变成活动庆典、跳舞聚会、嬉闹的场地，"问题是，这些上层人士根本不知道怎么跳舞！每每在舞会派对中看到他们，我都忍不住要笑"。在工人阶层看来，中产阶级游客根本不懂得如何娱乐与放松；他们就像忧心忡忡、控制欲极强的看客，普通游客的悠闲随和反而成了一种挑衅。而在普通游客自己看来，唱歌、跳舞、野餐、游逛，这些共享欢乐的方式才是度假体验的核心所在。

  20世纪后期，阶级用语变得温和，中产阶级对集体的不满随之寄托于隐喻。之后我们将看到，这种不满体现在对庸俗游客存在意义的讨论上。

另一种经常与阶级交织在一起的缺失或背离，则与种族有关。第一批瑞典登山者征服了拉普兰岛的最高峰时，萨米族导游并没有出现在团体照里，也没能在庆祝报道上留名；毕竟，他们只是受雇的帮手，而非运动员。而在种族问题更加突出的美国，种族的缺失就更加明显了。

和萨米族人一样，印第安人被赋予特殊的角色，约塞米蒂大峡谷就是一个很好的案例。实际上，约塞米蒂是1851年马里波萨大军在追踪一帮米沃克—派尤特人时的"意外发现"，部族均被捕获，并被转移到新的保留地，军营成员则趁机给追捕其间看到的奇美风光设计了名字，在米沃克—派尤特当地的叫法中混入英文单词。后来，营队中一名叫拉斐尔·邦内尔的成员记下了这场运动的经过，他对米沃克—派尤特部落表现出的态度相当矛盾。邦内尔对将部落成员驱逐的做法不做怀疑；相较于白人游客缺什么就要取而代之的做法，他也从中感受到一种美感："那帮人对放弃自己的家园毫无异议，却一个劲儿地称赞那里的风景。"邦内尔声称，他当时以一种居高临下的姿态告诉部落首领，他决定以自己的名字命名一片湖，奇怪的是，那个首领似乎并没表现出喜悦。邦内尔接着写道："当时我们正将他残余的族人带离这片湖，在专为他们设计的新居留地上，这个曾让人敬畏的部落再不能以民族的身份归来。"

尽管仍有少数米沃克—派尤特人群体继续在这片新的旅游内谋生，但令人吃惊的是，除了白人探险家给原住民挑选的名字外，原住民的过往历史很快就被抹去了。约塞米蒂是人们眼中的美国伊甸园，是一方纯真之地，是一片真正的荒野。拉贝卡·索尼特曾提到，首批抵达约塞米蒂的游客发现这里河水蜿蜒，沿岸草地上生长着葱茏的橡树林，认为这里是英国人公认的如画风景。他们不知道的是，这片风景不是伊甸园，而是一个有着悠久园艺传统的花园。数代米沃克—派尤特人定期烧毁部分景观，为橡树提供优良的生长环境，他们采集橡子用以果腹，同时又要控制灌木丛的生长，以便能够猎杀鹿和其他动物作为食物来源——种种活动造就了这一独特风景。随着部落的迁离，曾经的如画景致开始蔓草丛生。

为了给一个新部落的入侵——浪漫生活着的印第安人形象——开辟净土，将米沃克—派尤特部落强制迁出这片民族乐园是必然的。印第安人那神秘而富有诗意的修辞，与那几个试图留下来，混迹在游客间讨饭吃的穷困潦倒的米沃克—派尤特族人几乎没有相似之处。1902年，西顿创立"丛林印第安人部落"，推出印第安夏令营、童子军、户外工艺品和通俗小说，它们取代了米沃克—派尤特文化。后来，这个部落的文化进一步发展为"印第安人真实生活展览"，组织者们和米沃克—派尤特人签订契约，由其展示印第安工艺品。

旅游景区还有其他形式的种族隐蔽性。安德斯·林德劳森对"美国的丹麦首都"索尔文镇进行的研究显示，这座地处南加州的小镇，每年会有150万游客来此消费"丹麦生活"，潜藏其中的是被称为"墨西哥人"的隐形社群。林德劳森指出，该镇正是依靠他们才发展成为旅游胜地：墨西哥裔美国人和来自南部边境的移民才是维持景点运营的劳动力，但为了不打扰这座主题小镇的金发女郎们，他们只能在幕后默默工作。

不同种族的游客彼此间又是怎样一番景象？这个话题鲜少出现在轻松文学和美国旅游史中。犹太人自世纪之交以来不断遭遇的反犹太主义，就是早期种族冲突的典型代表。早在19世纪70年代，各家旅馆就直言不讳地声明"希伯来人请勿投宿"或者"不接犹太人"，在此后的时期，这种歧视采取了更加微妙的方式，如20世纪40年代迈阿密的一家旅馆，在附言中注明"受限客户不变"（这种歧视催生了著名的犹太人夏日度假地——位于卡茨基尔山脉的波希特带）。如果说棕榈滩的众多旅馆将犹太家庭拒之门外，那么非裔美国人也不会特别受欢迎。20世纪40年代以来，正如克利夫兰·阿莫里所写的，"度假地的传统宵禁令中有一条不成文的规定，任何不受棕榈滩家庭雇用的有色人种入夜后禁止出行"。

非裔美国人在旅游世界的许多地方会感到不自在，甚至连道路都透露着不安和排挤，这是20世纪40年代，切斯特·希姆斯在自传中的表述。即便跻身成功作家的行列，即便开着新跑车，作为非裔美国人的希姆斯仍然是公路过境文化中不受待见的乘客；他不得不横穿美国，从纽约到加利福尼亚，避开沿途的大部分中转站。

从海边度假村到国家公园，这种明显的白人倾向增添了一种怀旧成分。英国人类学家茱蒂丝·奥克利描述了当代人对"康斯坦布尔之乡"的庆祝活动，将其视为19世纪早期英格兰风景和文化的回归，康斯特布尔让这一切闻名于世。她认为，中产阶级白人之所以被吸引至此，因为它展现了一种"纯粹的英格兰时期的生活"；对古老旅游景观的怀旧常常包含了对时代的追忆——彼时"人们各知其位"，河边也不曾有漫步的移民。

阶级、种族和性别方面的问题使游客体验变得模糊，也使刺激不同群体"自由"或"不自由"的出游类型变得模糊。下文我们将探讨"摆脱一切"的鲁滨孙式探索，而这些对立矛盾同样存在其中。

第二篇

逃离与超脱

第四章 消夏木屋文化

一、消夏营地是贵族专属吗

人们为什么需要假期？在林纳西尔姆及许多同时代的人眼中，旅行并不是为了寻求放松消遣。对这些享有特权的绅士而言，休闲娱乐不过是他们日常生活的一部分。19世纪，工业社会将"休闲"视为一种补偿，这种观念得到逐步发展。1903年，卡茨基尔山脉旅游指南详细阐述了下述观点：

我们需要改变循规蹈矩、一成不变的生活，需要为我们的感官带来新的滋养。但是，仅仅依靠城镇住宅提供的景观环境是不够的，即便我们放下了所有手头的工作。一切都必须改变——空气、景色、环境、房间、食物、所遇之人、所听之声……只有改变一切，余生才会完整，渴求之利才有保障。我们从夏日假期包含的伦理道德中获悉上述观点，目前，细心的研究员和科学家们正在对它进行研究。

从19世纪50年代到20世纪50年代，西方世界花了将近一个世纪的时间，才使每个人（或者说大多数人）拥有休假的机会。新社会群体的不断加入引发了人们对优先权的激辩和强烈对抗：每个人都需要假期吗？工人、家庭主妇也不例外？假期有什么好处？应该如何享受这种新自由？要想理解"夏日假期伦理"的形成，我们必须回溯历史。

1682年，德国女伯爵奥罗拉·冯·科尼格斯马克（Aurora von kŏnigsmarck）夫人编撰了一部疑似旅游手册的集子，那是一套以"梅德韦吉的散文集"为标题的信件合集。这样做是为了将信件副本分发到各处豪华宅邸，以吸引贵族人士到梅得维（Medevi）的一处新温泉疗养池，当时那里是瑞典南部的一处偏远乡村地区。

20岁的奥罗拉描绘了一幅巴洛克风格的夏日欢乐世界：河流沿岸男士在献殷勤，女士在行屈膝礼，形形色色的访客、晚餐、罗马人营地、骑士竞技赛、化装舞会充斥其间，真正用来欣赏水景的时间少之又少。如果说作者如此大费周章的描述是想给梅德维送去一股欧洲大陆的气息，那么应该说，对于17世纪多数自然爱好者而言，理想与现实之间的界限是非常不固定的。瑞典的自然风光野蛮丑陋、毫无章法，须得接受拉丁文化的洗礼，成为媲美罗马抑或佛罗伦萨周边山地的景色。在适宜的道具和充分的想象力的辅助下，满布石子的山坡、零落稀疏的森林也能焕发新颜，成为北部的阿卡迪亚。梅德维的其中一处山地被顺利塑造为希腊的帕纳塞斯山，居住着打扮成牧羊人和古典神灵的瑞典贵族，身边环绕着咩咩啼叫的羔羊——这是一幅双重曝光的风景，一个地中海滤镜中呈现的瑞典景象。

梅德维大获成功，成为18世纪斯德哥尔摩社会精英，即贵族和知识分子的夏日游览胜地。尽管如此，它仍然是欧洲大陆上时尚温泉的简陋复制品，不过是在温泉馆周围安了几栋木屋而已（18世纪的乡村风格犹存）。有趣的是，正是这种简化，使梅德维成为早期乌托邦式夏日生活的试验地。

1742年夏天，泰辛（Tessin）伯爵夫人同国王侍从和另外几名贵族坐在一间小木屋里，给她深爱的丈夫，正在巴黎担任国王驻法宫廷大师的卡尔·古斯塔夫写信。信中，伯爵夫人忆起他们在梅德维共度的那些欢乐夏日，那些曾一起"骑马、跳舞、来场即兴派对、搞搞恶作剧、耍些小把戏"的日子；又提到一名老妪对她说的话，"泰辛伯爵当年住在这儿的日子是多么有趣啊，我们之后再也看不到了"。

在巴黎，泰辛伯爵要面对各种严苛的法国宫廷礼仪。相比梅德维夏日里的随性不拘，在这儿，连玩些法国贵族用以消遣的田园游戏都要受到严格的礼仪约束。

到底是什么让像泰辛伯爵这样的家庭以及瑞典其他精英家庭放弃斯德哥尔摩宫殿抑或乡村庄园的安逸生活，前往远离一切的"末日之地"呢？又是什么让他们欣然同意生活在简陋的小木屋里，与马路对面拥挤不堪的病人、残障人士为邻？这些贵族前往此处，只为"一尝甘泉"吗？显然，吸引人来这儿的绝不仅仅是清泉。从某种意义上说，梅德维是瑞典首个夏日露营地，一种更为简单的夏日生活乌托邦在此形成，即全新的小木屋文化。

梅德维隔离了工作、宫廷仪式与城市生活，这为它披上了神秘的色彩。旅

第四章 消夏木屋文化

行至此,犹如步入另一方世界,内阁首相和伯爵也可以变成夏日里撒欢儿的孩子。1731年,作家奥洛夫·冯·达林(Olof von Dalin)在描述梅德维夏日乡村生活带给他的快乐时写道:"比起斯德哥尔摩虚假的人工堆砌、尴尬愚蠢的陈设、矫揉造作的言谈举止,这里的天真讨人喜爱,这里的淳朴让人愉悦,这里的自由带给人惬意感。"

来到这儿的人会以更加感性真实的形象出现——多份童真,少些责任,麻木僵硬的城市人会在此获得新生。在梅德维,日常娱乐应该是即兴的、演绎的,例如表演一场农民婚礼,或者假装土耳其大使馆搬到了这里。人们打情骂俏、家长里短、纵情赌博,在小屋内外跑进跑出,思考着平民百姓的滑稽动作。在一篇论述当地饮用水功效的文章中,泰辛伯爵写道:"一个为了强身健体而去温泉疗愈的人,也应该运动起来,去散步跳舞,去晃动摇摆。"

夏日假期的一些奇效已经开始发挥作用了,但替代暑期世界的制度仍发展缓慢,形式不一而足。论述中,我沿着梅德维的发现推及"小木屋文化"的形成,后者在斯堪的纳维亚和北美部分地区有一段悠久的传统。

我从欧洲游客占据海滨的体验切入,探讨了瑞典西海岸沿岸夏日社区的发展方式,接着转向大西洋两岸,追溯夏日小木屋生活的仪式与惯例。海滨地区与众不同的鲁滨孙式社会生活、中上层阶级颇为封闭的夏日天地、当地人口与不断增加的流动游客之间的文化冲突,无一不吸引着我的关注。

二、饮矿泉

梅德维(Medevi)水疗地是欧洲大陆流行的温泉浴场的乡村版本,之后进一步发展成为可饮矿泉或温泉水疗,在那里可以进行药浴。尽管这些水疗传统历史悠久,但到18~19世纪才迎来发展巅峰,遍布整个欧洲和北美。在此期间,人们逐渐强调海浴的保健功效,传统的内陆水疗地面临来自海滨地区的竞争。阿兰·科尔宾(Alain Corbin)在其著作《海的诱惑:海滨发现(1750~1840)》(*The Lure of the Sea: The Discovery of the Seaside* 1750–1840)描述了这种转变。他在书中指出,探索崇高的过程重新定义了作为旅游目的地的海滨荒野;不过,新兴海滨水疗地发展成为海滨度假的创造性过程,才是本书关注的重点。

许多早期水疗地是贵族人士经常光顾的地方,那里社交活动受到严格管制,等级划分严格,还需恪守各种繁文缛节,如位于巴斯与布莱顿的水疗地，以及它们在英吉利海峡沿岸的各种变体。整个夏季都编排着无休无止的集会、舞会、欢迎会、参观活动和牌局。相比这种严苛的制度体系，梅德维的简单朴素似乎更具现代气息，也反映了早期人们对不拘礼节的夏日生活的疯狂迷恋。

海滨水疗地开拓了一块被认为缺乏美感的土地，其景色对早期旅游先锋来说索然无味。1803年，林纳西尔姆途经瑞典西海岸的瓦尔贝里地区时，认为那里贫瘠得令人反感，毫无美丽景致。此前，他在更靠北的海岸游览时曾说："凡目之所及的岛屿、海岬，尽皆布满岩石，光秃秃一片，连风景如画都算不上。整个旅行途中没一处优美的景色。"其他从内陆来的游客和他的意见一般无二：海岸风景野蛮另类，杂乱无章，有失和谐——实在令人失望。"连风景如画都算不上"是个苛刻尖锐的评价，表明人们从更具野性的自然中寻求浪漫的做法仍停留在早期阶段：海岸太过狂野，人们尚没有能力驾驭。在斯堪的纳维亚半岛，海岸线靠近航道处有大量区域林木被伐，只剩下光秃秃的表皮；放牧羊群又使得新的植被难以再生。19世纪40年代，一位瑞典作家参观瓦尔贝里新建水疗地后抱怨，风景中唯一可见的绿色就是市长佩戴的装饰丝带。不过，随后房地产商就发现，这种环境能开发出大量观赏海景的绝佳地段。

19世纪上半叶，瑞典西海岸建立了第一个海滨水疗地，当时，吸引游客前来的不是风景的宜人，而是海水的医疗功效和海边健康清新的空气。

许多第一次见到海景的游客感受到一股强烈冲击：广袤无垠的地平线、寸草不生的悬崖、荒芜的沙滩、潮汐的涌动——从描述崇高的语言来说，这番景象蕴藏着未知的美学潜力。置身崎岖海岸，你可以切身感受到自然的强大力量。

如科尔宾之前所提示的那样，北欧海滨魅力的形成分为几个阶段。早期对崇高的迷恋过后，人们开始进行浪漫主义的感性探索：踱步在海岸边，感受风拂过发梢，品味唇边海风的微咸，越过沙丘，攀上悬崖。站在海岸最远端的峭石之上，面朝大海，这成为最经典的浪漫姿态。除此以外，航海知识、斯奈山洞穴的浪漫传奇、旧时海盗巢穴、对船员不畏风雨的颂扬等又引发游客新的关注。

海岸被赋予全新定义，艺术家功不可没。他们不仅用新的方式描绘海景，也曾在海边定居，成为大西洋两岸第一批夏日先锋游客和拓荒者。独特的光线，阳光、海水、薄雾交相辉映的风景，低廉的生活成本，古朴有趣的当地居民深深吸引着他们。1870年，瑞典一家热门杂志刊登了一封由艺术家写给虚构

第四章　消夏木屋文化

同事的信：

  我一度决定抛弃文明社会，与自然为伍。我多希望你能来见我，听我所听的和谐之声，享我所享的纵情欢乐，感我所感的深切幸福。我现在的生活不过是一所小屋，一间陋室。房间开着两扇窗，一扇望向悬崖，一扇远眺大海。想象一下，这片风景中到处都是面色潮红、衣衫褴褛的老水手，有的挤在船上抵抗着涌动的波涛，有的坐在小木屋外晒着太阳缝补渔网。于宁静中感受自然的庄严——还有什么比这更滋养心灵呢！

  这位满腹激情的艺术家在斯堪的纳维亚有许多志趣相投的朋友。19世纪末，艺术家们在偏远的沿海地区安营扎寨，现在，沿海的景色变得迷人美丽，是绘画的极佳素材。斯堪的纳维亚的本土画家纷纷从他们在罗马、巴黎、杜塞尔多夫的艺术营地返回故土。曾经认为太过混乱的海岸而今和谐融洽，过去凄凉惨淡的空地而今悠闲平静，以其清澈质朴的形象吸引着人们。

  风景的空旷与简单为人们留出找寻自我的空间，人们在此沉思冥想、恍惚失神。这里又是一方全新的自由天地，没有现代文明的束缚，也没有城市生活的重压，不过，海滨拓荒最初是男人的事业，为的是"远离一切"。这里有一则绅士幻想的典例，于1866年刊登于在一家丹麦杂志上：

  当你安稳卧在小岛后岸的船上，是否有想过迎着惬意的微风奔向瑞典或挪威群岛？想过在岩石和小岛间往来嬉戏，猎几只海鸟海豹，听浪花朝着悬崖咆哮？又或梦想在寂静无声的夜晚，头顶悬崖上的灯塔熠熠发着光，小船静静躺在漆黑光洁的水面上，只听得见鸟儿低声的啼叫和划过桅杆时振翅的声响？静默安宁的夜晚没有外物打扰，心中的声音就会显现出来。倘若你无法想象出这样的昼夜，那便说明你没有自由和力量，体会不到情感和诗意；你不属于海洋，也不需要游船。但倘若你何其幸运拥有这项天赋，条件允许就赶紧出发吧。

三、快请进

  人们对海景新的兴趣与有关海洋环境健康的医疗话语不可分割，如沿着海滩轻快地漫步，海风吹来时用毯子裹住身体，当然，还有缓慢地浸入海水之中，海浴的仪式伴随着大量的医嘱与礼节规定。整个北欧，海浴装置出现在大大小小的时髦沙滩上——马将海浴装置拉入水中后，使用者顺势走到海里，在此过程中，该装置的木质构造有效阻拦了旁人视线。冰冷的海水是强健身心的良药之一——的确，这种冲击有益健康。纵身跃海，这是海滨先锋游客中的勇士们尽显男子气概的行为，正如阿兰·科尔宾指出，有女士在周围欣赏他们的英勇是件美妙的事。

此外，科尔宾注意到，大部分时间用于休养，到海岸边冥想，对体弱多病的人们大有裨益。医生要求病人去海边，通过不断感受自我而进行疗愈；海边度假胜地于是又成了疗养院："多病之人明白，要想康复，就必须时时聆听和感受自己的身体。"通过这种方式，人们建立了新的知觉形式，来到沙滩，不仅学会了聆听涛声与风声，更学会了聆听自己的身体。躺在帆布椅或沙滩毯上全然放松着身心，欣赏着海边风光，这种体验由来于此，至今仍是沙滩生活的核心。

海浴是传统水疗的直接延伸。即使在19世纪末，海浴装置已不再流行，海浴本身得到了广泛的医学宇宙学的支持，这些学说对下海时间、地点及方式都做了规定。这类学说始于18世纪，随着海浴的不断流行，于19世纪后半叶达到顶峰。1890年，瑞典一本名为《身着浴袍：给泳客的卫生提示》的小册子出版，医生在书中给出详细的医疗建议，提醒读者应在海浴过程中保持心境的平和，"既不用去想仆人的麻烦事，也不用忧心股票市场的利率"，如此才能达到精神能量的专注与和谐，实现海浴的目标。书中对于将海浴视为运动项目、每日多次海浴的做法表达了严肃警告，"如此夸张的做法会对神经系统造成损伤"。此外，医生还为泳客的日常节奏做了详细的时间规划，包括起床、沐浴、健走等。不过，露天沐浴仍是一个备受争议的话题，如1909年，仍有位丹麦作家坚持认为海浴恐将使身体完全受损。

回顾历史，海浴常被形容为维多利亚时代的创新，受制于形形色色的防护措施，以及各式各样保证隐私、强调谦逊的规则。一排排海浴装置有序排列，高贵的资产阶级游客们避着旁人的目光缓缓潜入水中。然而，在此之前就存在大量与之相似的传统，如裸泳和跳水，只不过这些单纯为了玩乐，形式也要自在得多。维多利亚时期对海浴的革新也即意味着约束，其中就包含着对女性行为的严格监控。男性提醒家中女眷：躺在沙滩上时，要遮住自己的身体；下水有危险，尤其是对于身体娇弱的女性。大概最好的办法是不要学游泳，把这项消遣留给男性去进行。

世纪之交，瑞典西海岸上自由开放的现实情景，与官方照片中高雅的维多利亚式海浴形成了鲜明对比。1906年，一则报道哈尔姆斯塔德海滩的新闻描绘了如下画面：

  海滩上挤满了男人、女人、小孩，还有马匹和狗，对那些羞怯的女士来说，海浴完全谈不上乐事。一长排赤身裸体的骑手沿着海滩疾驰；女士们则双眼低垂，颤巍巍地保持平衡，直到成功抵达某个有遮挡的地方。

  还有许多其他例子可以展现更无拘无束的海滩生活。海滨游客们开始探索海浪，不过这次，它不再被视为一剂处方，而是一种隐秘的乐趣，一种全新且自由的身体运动。泳客们意识到，海滨生活是自然且纯净的，这体现在许多方面：这里水质洁净，空气新清，远离城市与工厂，烟尘与垃圾；这里天然质朴，是一处享受真正生活的庇护之所。

  这种自由品质的产生，主要源于人们对城市生活中需求提升、压力增大、矛盾锐化等问题的深入批判。来到海滨，你不仅能体会到远离规则与义务的自由，也能体会到远离人群喧嚣的舒心。海滨并不是一处散散步、赏赏风景的所在，相反，这是一处别开生面的情感空间，一处试验场地——在这里，面对资产阶级城市生活的行为标准、常规惯例，你可以质疑、延展，甚至逾越。城市与乡村之间，夏日与冬日之间，慢慢浮现出一种新的极性。

  度假胜地的发展反映了人们从关注健康转变为追求玩乐的过程。19 世纪，英国和欧洲大陆的时尚之风刮过，斯堪的纳维亚半岛各地的海滨度假胜地纷纷出现，不过，此处的体验感绝对比不上那些上流社会的温泉浴汤和度假胜地。其他环境条件也会导致北部的海滨传统与英国、德国、法国略有不同。

四、SPAS、酒店和膳宿公寓

  "你的意思怕不是说要待在城里度过仲夏吧！"一位老人在芬兰首都赫尔辛基偶遇一位当地女孩，对她说了这番透露着惊讶与不满的话。资产阶级人士应该离开城镇到乡村消夏，当然，海滨是更好的选择。20 世纪前后，斯堪的纳维亚半岛上的人们认为这样做理所应当。同时代的一本丹麦医学书中也指出，但凡经济宽裕的城市居民自然要到海浴胜地享受夏日，"远离城市污浊的空气"。

  斯堪的纳维亚半岛上的人对海岸的征服经历了几个阶段。最早修建的海滨浴场是高度排外的度假会所，当地媒体经常会报道某些知名人士的光顾。仿照着欧洲大陆温泉浴场的模式，一个只对精英敞开的世界逐渐形成。

  随着休闲性的增强，许多 19 世纪的传统温泉浴场逐渐改建成了海滨酒店，其关注的焦点也从保健疗法转向度假玩乐,直到1925年,某本介绍西海岸的旅行指南仍在强调这种保健、娱乐、运动相结合的度假模式。其中一处度假胜地这样描述自己:"这里气候温和,空气清新,海滩妙不可言,步道风景优美,落日令人屏息;这里提供多种娱乐活动,打网球、航行、跳舞,任君挑选;此处酒水应有尽有,执照齐全,还有水疗师时刻为您提供服务。"另外一处则标榜自己是瑞典最早的水疗度假胜地,并列出了如下优势:"这里有宏伟壮观的景色,有沿海步道与森林小径;这里能进行放射性保健水疗,选择冷、热盐水浴;还有各种社会娱乐、航海与捕鱼活动;另外,公园里每天都会传出笑声。"

大型时尚的海滨酒店试图达到它们的欧洲大陆模式标准,却从未能在斯堪得纳维亚地区占据主导。20世纪与21世纪之交时,人们就已相信,比之大陆风格的酒店,海滨生活应当更加简单自然;正如这位待在西海岸某小型度假地的避暑游客所写:

我们不用为许许多多的服装模特烦恼,不用再看他们身上数不胜数的套装;我们也躲过了那些没完没了、价格高昂的社交活动。对多数前往大型水疗度假胜地的游客来说,这些例行传统避无可避,有损生活;但在这儿,我们再不必理会。这里的社会生活美好亲切、无所拘束——人人都在做自己喜欢的事情,那些年轻人自娱自乐的方式是如此新鲜淳朴,只有在此简单纯粹的风景中才有可能。

事实上,海滨的膳宿公寓才是真正的北欧特色,尽管它时常备受嘲讽。膳宿公寓没那么流行,但仍有严格的礼仪规定。访客和陌生人的接触是如此密切、直接,因此,将两者区分开就变得尤为重要。每位访客通过在餐厅就餐,置身于住客团体之中,从而了解到自己的位置;与此同时,每位新来者都会受到其他人的详细观察。首次踏入餐厅的人紧张地上演自己的首秀,底下则是一群好奇而谨慎的观众。1890年,一本经典的丹麦海滨小说描述了这一敏感时刻:

新上桌的人们偷偷打量着对方,在想对方能把自己看得有多重要。这种情形不禁让人想起孩子们的舞会——舞会开始前,男孩们挤在一面墙前,女孩们则靠着另一面墙,他们眼巴巴儿地望着对方。人人都急切地想与对方交流,但谁也不知该如何开口。

半个世纪后,一名瑞典记者抒写了同样的心情:

待在新餐厅的头几分钟简直糟糕透了!人人都在打量你,却又要装出一副对你毫无兴趣的样子。你红着脸,谦卑而恭顺地鞠了一躬,其他客人严肃而矜持地回了一礼，却好似在表达哀悼。

其他人都随身携带餐巾盒或餐巾环，要么是贵重材料制成的，要么是金属材质的。这时你会觉着，自己从没想着随身带一个，这是多么奇怪啊！

20世纪20年代，一名丹麦膳宿公寓的住客讲述了这样一桩失礼的举动。照理来说，坐在2号餐桌的一位年轻女士本不应诘责这里的简单服务，却陡然拔高声音发问："难道我们桌就不能吃一次优质奶酪吗？"整个餐厅陷入死寂："走过饭厅的不是一个天使，而是一大群天使。"惶恐不安的女侍慌忙端来奶酪，但奶酪在桌上转了一圈，也只有那个年轻女士敢碰，之后就又回到贵客席上那个它该待的地方去了。

除了明确自己的位置、找到自己的餐巾环，访客在膳宿公寓还能学到些什么？这样一幅等级鲜明、管制森严的膳宿公寓生活照，随随便便就能成为后世讽刺漫画的创作素材；此外，膳宿公寓也为小型社会的建立提供了样板。不同家庭要学会同陌生家庭共同生活，而相处第一晚的种种紧张不安常成为人们描述的对象。不过，在膳宿公寓共处的几个星期里，要面对的最重要的问题不是出席晚餐时着要装得体，也不是自助用餐时要保持正确的取食顺序，而是共建一段与众不同的集体休闲时光，包括举办曲棍球比赛、化装舞会、乘船远足、制造些无伤大雅的恶作剧，以及组织些即兴的晚间娱乐等。这并不是礼数成规，恰恰相反，这是针对冬季都市社会礼仪发起的令人兴奋的挑战；冬日生活根深蒂固的惯例传统与人们对简单、感性、丰裕生活的渴望相互对立，海滨夏日生活即是在这种冲突背景下发展形成的。

在许多女性看来，膳宿公寓生活在某些方面可能是一种解放与自由。已婚妇女逃脱了作为家庭主妇和女主人的责任，未婚女性则不必忍受男性监护人的掣肘，她们在公寓的集体生活中找到了自己的栖身之所。

五、观景房

19世纪末以来，除了酒店与寄宿公寓，瑞典西海岸沿岸附近的度假别墅也在逐年增多。起初，在海边建造房屋的仅限于中上层阶级的富人，这些新来的定居者对住址选择有极为强烈的偏好。

20世纪早期，避暑游客开始到瓦尔贝格镇附近的一处沿海村庄大量囤购土地房产。他们的偏好令当地居民颇为吃惊——最抢手的竟是那些迄今为止都没什么经济或审美价值的地段，如石南丛生、风动四野的山丘，又或崎岖陡峭的悬崖。紧接着，那些能观海景、能望见海岸线（面朝落日会更好）、能步行至海滩的地段受到热捧。在当地经济体系中，海滩不过是他们的田间肥料——海草的供给来源。当地人多以捕鱼为生，却从未学过游泳；游泳是他们闻所未闻的消遣。捕鱼人和当地农民一样，更愿意把家屋建在崖后，以躲避海风。大多数当地人对这种能在客厅眺望海上全景的想法感到陌生：在他们眼中，日常工作里与大海的接触已经足够多了。

无论是20世纪初搭建的小木屋，还是20世纪三四十年代功能主义的盒装房屋，新兴的避暑别墅都具备一个共同特点：将玻璃阳台和玻璃观景窗作为整所房屋的设计焦点。由此，20世纪上半叶出现了一种全新的定居模式，房屋的选址以海景、地平线风光、日落景观等稀有的风景资源为导向。游客们学会了向西观望。

"观景视野"依旧是当地避暑游客的重要资产，尽管在房地产市场上，景观房已越发稀缺。沿海区迅速展开的造林运动使风景视域不再开阔；这也意味着许多夏日前来的旅客要花费相当多的精力保护海湾上的植被，又或强烈抵制"阻碍视线"的新开发项目。

避暑小屋的先锋一代主要来自城市精英，但在20世纪20~30年代，社会基础扩大至中产阶层的公务员、学者与办公室职员。他们修建的别墅不比精英阶层恢宏张扬，但这种相对而言的简朴反映的不单单是节省开支的需要。新生代们认为自己代表了一种更现代的夏日生活态度，他们看不惯早期游客虚伪矫饰、古板拘谨的传统惯例，迫切渴望与之划清界限。他们经常嘲笑维多利亚时代的礼节和习惯：女士们撑着伞在海滩上缓缓踱步，男士们则身着白色西装，坐在酒店阳台上喝着白兰地，欣赏着落日风光。

新兴中产阶级以一种与众不同的方式给夏日带上殖民色彩，他们穿着实用的便服，热爱运动，时时保持健康的生活习惯。夏日生活就应该简简单单！即便没有城市文明的种种舒适便利，在别样的环境中生活也是很好的。在这里嬉笑玩乐便是头等大事，远足、骑行、航行、游泳、滚球、羽毛球，每一天都要排满各式各样的活动。夏日生活是城市冬日过度文明现象的健康解毒剂，度假者重拾童趣，获得嬉闹的本领。孩子们一脸惊讶地看着冬日里正襟危坐的长辈们丢开外套，脱去背心，在草地里翻筋斗，在沙滩上捉迷藏，又或在海浪中嬉戏。

对简约的追求也意味着人们对传统民居的兴趣越发浓重。第二次世界大战后，老式农舍和渔村变得备受追捧，不过，通过窗边饰物的多少，你就能轻易判断住在里面的是度假者还是当地人——新中产阶级的审美观念是"适度"。

20世纪60年代，随着沿海别墅群的迅速扩张，酒店和寄宿公寓渐渐无人光顾；毕竟，许多家庭更愿意选择待在自己的夏日别墅，或者租来一处屋舍，享受不被打扰的隐居生活。直到20世纪70年代，瑞典各地共计50万所度假屋，大多数房子位于海滨，那里分散居住着800万瑞典人，游船数量也与房屋数量大致相同。

夏日度假者们挨家挨户地买下了整个沿海社区；那些买不起又找不到老屋租住的旅客们便会着手建造新房，他们往往会仿照完美的瑞典式度假风格——一幢红色的小木屋，草坪中央插着一支旗杆。

六、遇见当地人

比起和当地居民的冲突，寄宿小屋用餐厅里的等级冲突显得苍白无力。

在1900年的前后几十年里，沿海社区的入侵引发了多种稀奇古怪的冲突，城市上流阶级与遭到排斥隔离的穷人们直面交锋。许多沿海社区是全国最为破落不堪的地方，难以想象当时瑞典还有比这里更大的社会、文化、经济鸿沟。"真正"的当地百姓被视为奇特异景，正如上文提到的艺术家信中说的那样。1858年，在一本关于瑞典西海岸水疗度假胜地的旅行指南中，瓦尔贝格附近的当地人并不那么"风景如画"：

放眼望去，眼前不是小得可怜的田地就是渔民小屋，除此之外再无其他人类居所；外面围着几个晒得黝黑、半裸身子的小孩，他们在沙滩上和猪一起游戏。如果能遇见几个当地年轻居民，那他们就是那种在这般环境里该有的形象：眼中没有火焰，灵魂丧失生机，思想缺乏敏锐。他们生活的自然环境在这些年轻人身上留下不可磨灭的印记。他们是极度贫困、潦倒落魄、精神贫瘠的产物。

之后，人们对当地人的看法变得更加复杂。瑞典旅游俱乐部发布于1903年的年度刊物，将他们称为未受人类文明荼毒、"身处下层社会，但质朴、健康、可敬的人民"。在这片小岛，一整个冬天都在应付"满嘴不满抱怨、紧张不安的上流社会群体"的人士能让灵魂得到慰藉。

但是，人们对这些底层人民生活的自然状态持两种截然不同的态度。文化的缺失可能是冒犯，甚至是威胁，游客唯恐自己的小孩从当地孩子身上学到粗鲁无教的举止。1872 年，一篇新闻报道控诉当地孩子"粗野无礼、行为不当、语言无礼"，并要求夏日游客看护好自己的孩子，使其免受影响。

"其余人"的画面也因此分为两派。一些中产阶级旅客自认他们的出现应具有健康向上的文明效果，希望将得体的礼仪举止传递给那些粗野村民。另一些人则发现了一个有着不同文化价值观的世界——当地居民的生活引发了他们的自我批判和反思：部分城市精英认为自己"过度文明"，被惯例和习俗捆绑着。

当地居民用丰富多彩的民间传说，创造出他们眼中的夏日游客画像。沿海地区的人们讲着愚不可及的都市人和行为不端的女子的故事。曾有这样一个故事，说的是某位旅客不想租船，坚持要自己航行。他向船里掷了一块巨石作为压舱物，结果吃惊地看到石块和船先后沉入海底。他对码头上观望的当地人说，"石块似乎把船底砸了个洞"，而人们也只简单地作答，"看起来是的"。这种叙事传统通常属于耍诡计的类型——聪慧敏锐的村民胜过不切实际、狂妄自大的城里人。另一则故事中，游客获允将狗牵进饭店的做法惹恼了当地人。饭店老板以一句"当然可以带家畜入内"驳斥了人们的指责，接着，就有几个男孩拽着一头不大情愿的奶牛进入了餐厅。

斯堪的纳维亚海滨别出心裁的共享住宿引发两者间更实际的交锋形式。那些不愿去寄宿公寓或者没法自己修建小木屋的旅客，转而租借当地住户的房间；比起酒店和寄宿公寓，租借当地民居的价格相对低廉，度假生活也更无拘束。生活在离普通人更近的地方，这可能是一种更加程式化的想法。一个丹麦人回忆起她的军官父亲在 20 世纪早期说的话："每年春天，我的父亲都会去考察我们要到哪儿度过夏日，这样做是为了更加了解自己的国家、了解普通的乡村生活……一同在健康的自然里生活。"

需要钱的当地人会搬到棚屋或地下室。同许多其他地区一样，瑞典西海岸有一项古老的乡间传统：当地人要搬到夏日寓所，过一种条件更原始的生活，这种习俗使得房屋租赁变得易于实现。当地许多民众的记忆中，邀请城市游客令人兴奋——突然之间，你就能在小院里看到精致的城里人了。当然，社会边界是不可逾越的。在许多情况下，当地孩子可以与客人交往，但他们必须清楚自己的地位。当地人可以从他们"封闭的观察台"中打量城镇居民奇特的生活习惯。一名挪威人还记得 20 世纪 20 年代的童年场景：

我们盼望度假者的到来，但我们不可能和他们待在一起，只能幻想一下他

第四章 消夏木屋文化

们生活的世界。我们躲在灌木丛后，看着衣着亮丽的孩子们嬉笑玩耍，看他们摆弄着走廊里的留声机；我们对自己的本地口音、穿着打扮感到羞愧，尤其是脚上的鞋子，让我们连上前的勇气都没有。

在描述相互隔离的两个世界之间的奇怪对峙时，一名来自瑞典西海岸的渔夫感慨：

哦！我们对夏日旅客多么恭敬！他们来时穿着白色的亚麻套装，我们之间的差别显而易见。不过，这对当地人的生活方式丝毫没有影响，我们的生活方式他们负担不起。想想看，这里的女人戴着一顶上流社会的帽子会是什么样子？不，绝无可能！他们是两个世界的人。

就算当地百姓不得不根据夏日旅客的习惯和愿望做出些调整，但在大多数海滨浴场，人们还是会遵从一位渔民的儿子从他母亲那儿得来的建议："让他们拥有他们的，我们也可以拥有我们的！"

对另一名渔民来说，最强烈的记忆是他们生活水平的巨大差异。夏日旅客带了罐头来，又把穿旧的网球鞋送给当地孩子。在他们离开后，人们企图从屋子和花园里搜出点他们奢华假日后的余留物什。

当地人确实需要钱，但同时在这段关系中感到深深的挫败。不过，他们的愤恨不满很少公开。旅客可以抱怨当地百姓沉默寡言的阴沉态度，抱怨他们回应简单、反应迟缓，但他们通常注意不到主人无声的抗拒。他们的村庄，甚至他们的家都被一种异族文化占据着，度假者们穿着拖鞋，涂着防晒霜，开怀大笑，拥有大把的钞票，对沿海居民的生活充满了友善的兴趣。度假者希望"贴近百姓"，这让他们看不到这桩心愿中居高临下的本质。

滨海地区的文化交锋同时创造了一种新的文化反省。几个月的夏日生活中，双方各自目睹了一种截然不同的生活和思考方式。沿海区民众见识到原本遥不可及的城市模样，而资产阶级群体也动摇了自身形象，连职业生涯最安稳的人都可能突然产生不如人的感受——相比于渔民，他们在面临夏日生活里的实际挑战时显得笨手笨脚，需要慢慢摸索。同样，当地居民从这种入侵中恢复过来，低人一等的感觉会随之减缓。女性在这场新兴假日经济中占据主动：房间租金的协调、杂货摊和小餐馆的运营几乎都是女性在负责。20世纪50~60年代，当地居民的生活水平有了质的飞跃，这对许多人来说是一项重要的标志性转变：现在他们不必搬到地下室或者棚屋，待在原来的住处就行。相反，棚房可以租给游客！

七、新老游客

　　早在 20 世纪初期，海滨夏日生活健康向上的思想意识带动了一批夏令营的涌现，它们专为内陆城市工人阶级的孩子开办。20 世纪 30 年代，工人阶级家庭海滨度假的机会仍然很少，不过，随着 1938 年法定两周假期的颁布，越来越多的劳动工作者前往海滨度假。此时，寄宿公寓仍是中产阶级的舞台，并不算作工人阶级的备选住址。不过，许多工厂和工会会为它们的员工或成员提供招待所，在那里，他们可以和其他同事以及自己的家人待上一两个星期。在这种新奇的集体假期中，人们展开各式各样的活动，包括游戏、远足、游泳、晚间合唱、打扑克等。

　　最开始工人们还有些犹豫：和同事一起度假真的可行吗？会不会没完没了讨论工作上的事？事实驳回了这些反对的声音：新的集体家庭模式随之诞生，一同出现的还有捕鱼和划船这类夏日技能。

　　第一个法定假日带给人们强烈的自由感：整整两周的时间任由支配，实在不可思议。收拾顶帐篷、打包些工具，骑着自行车出发去海滨，这是这一代工人群体不可磨灭的回忆。这是种让人如痴如醉的自由感受，好似世界突然敞开，视野陡然宽广；工人家庭在遍布中产阶级度假小屋的海滩上搭起自己的帐篷。随着战后社会的日益繁荣，工人们将自行车更换成轿车，海滩上因此出现了流动性更强的新型旅游形式：

　　驾车把泳客变成了游民，他们靠车辆和帐篷纵享夏日欢愉。这些人只要找得到海就下水，毫不顾忌当地有没有村庄可供落脚。没有随从记下他们的名字，也没人知道他们要去哪；城市、乡村、工业城，假日里的人们如飞鸟遍历整个内陆地区，时而停驻沐浴阳光，接受任意一处海滩的邀约。

　　上面这段话写于 1958 年，说的是当时新冒出来的这类游客正逐渐侵占西海岸。各地涌现出五花八门的营地，甚至在地方当局看来都已经多到失控了。人们对战后日益扩张、流动性增强的旅游业看法不一。在传统的中产阶级人士眼中，假日生活需要有固定几周的时间待在寄宿公寓，每天到古旧的小路上悠闲踱步，同时，公寓的常住客人应该是各自戴着独特餐巾环的那些人——新客的入侵对这种极其舒适的假日模式构成威胁。

　　当瑞典旅游交通协会在 1959 年召开会议时，这种新的冲突主导了辩论。

第四章 消夏木屋文化

在这场争论中，露营和自给自足的旅游者成了致使传统旅游机构破产的罪魁祸首。当地业主同样发出警告，但凡"驾车流浪的家庭"涌入热门地点，定会把那儿变成"假日贫民窟"。

早期驾车旅行的热潮过后，露营地开始慢慢分化。许多露营地是针对家庭客户的，那些躁动不安、热衷派对的年轻人不得不另觅他处。"野营"除了指临时搭建的简易营帐，也开始指代景区边缘地带无所拘束的青年生活。长久以来，媒体对帐篷内和周围发生事情的评论往往骇人听闻：

赤身裸体的年轻人或三五成群或成双结对地躺在沙滩上，眼神苍白、懒懒散散地看着原著居民缓缓划船经过。海面上漂浮着用完的浆果纸箱、巧克力和口香糖包装袋；打开的罐头、破裂的瓶子以及更多诸如此类的物品则展示着他们吃过的食物。从他们身后能瞥见几顶低矮狭窄的帐篷，大小只够两个人躺着；更或者只能坐在里面。此时，一声女孩的尖叫划破了昏沉寂静……这声音是突然从便携留声机里传出来的。在此度假的城市青年正重归自然。

上面这段文字写于1941年，尽管读起来很像之前提到的对约塞米蒂大峡谷的抱怨，诸如此类的文本类型却流行了相当长一段时间。同样，在1943年的另一段描述中，这种广受城市青年喜爱的露营地被形象地称为"一座动物园，半点也不适合人类"。野营存在的最大威胁是它创造了另一种脱离成人社会掌控的青年生活，20世纪60~80年代，不断有媒体报道野营地发生的骇人事件。

那时，"体面的"露营者几乎不用帐篷。20世纪60年代之前，拖车作为现代流动能力和探险的象征从来都是一种专享载具。10年间，随着工人阶级拥有的财富不断增多，拖车的流行度大大提高（同时声望减弱），同时，拖车式营地改进了传统露营地固定不动的模式。每年夏天，许多家庭通常会回到自己的保留营地安营扎寨，循序渐进但切切实实地将营地周边环境变为私有领地——打造围栏、布置小花园——以此宣告自己是这儿的常住游客。故此，许多露营地从游民中转站变成了常客之家，但夏日景区面临的社会矛盾依然存在。

我们在世界上大多数别墅文化中遇到了类似的紧张局势。瑞典西海岸的夏日殖民史有其独到的地域特点，但同样反映出大西洋两岸的某些一般模式。

八、木屋文化

字典中，对"木屋"一词的解释是"粗陋的乡村居所"，但"夏日木屋"

涵盖的范围要广得多，如私用园地里的窝棚，又如 1895 年纽波特海滩上修建的著名度假别墅"听涛山庄"。山庄内的壁炉上刻着法文座右铭"我不怎么在乎财富，但也不要错过——最终聪明才智会战胜一切"；山庄有 4 层共计 70 间房（其中 33 间为仆从房间）。保留"农舍、农舍主"这类称谓是件怪事，但对美国金融精英富丽堂皇的度假村而言，此事又要另当别论。这里的"夏日别墅"指的是欧洲或北美的乡村二手房，可以是修缮过的乡村木屋，也可以是农舍、维多利亚时代的别墅、狩猎小屋、功能主义的盒状房屋，又或是活动板房等一切形式。瑞典西海岸沿岸的木屋社区在世界各地都能找到与之十分相似的建筑，尽管分布极为不均；不过这也不足为奇，多数木屋社区临水而建，立于海岸、湖边，又或者建在山里；总之最好不要过于偏离屋主生活的城市中心。瑞典约有 25% 的家庭建有自己的乡村别墅，在斯堪的纳维亚半岛其他地区比例同样很高；法国占有的比例稍低（大约 16%），但仍保持较高水准。奇怪的是，在常被人视作夏日别墅经典据点的英国，拥有别墅（dacha）的人口仅占几个百分点。东欧夏日别墅的传统同样悠久，如俄罗斯乡间别墅既包含带家庭菜园的小棚屋，又有专为旧时权贵建造的府邸，无所不覆。美国乡村别墅的传统始于新英格兰海岸，所占比例接近 4%；而加拿大的乡村别墅最开始集中在安大略高地的湖群，从多伦多到那里非常方便。

　　从文化角度来讲，加拿大、美国以及斯堪的纳维亚半岛的夏日别墅传统在生活方式和标志性气质上有着明显的相似之处，多半由在酒店和寄宿小屋（度过）的夏日假期发展而来。起初，拥有自己的夏日居所只是小众精英人士的个人抱负，但在 20 世纪早期，其社会基础得到进一步扩展；此后，随着娱乐空间需求的提升，许多旅游区的夏日别墅数量再次缩减。1891 年《国家》杂志记录了美国人根据英国传统从度假胜地到农舍、木屋、乡村的依次迁移："夏日迁居旨在寻找一份独属乡村的宁静，远离业已老旧的时尚中心……贵族人士的夏日别墅正逐渐成为无与伦比的度假胜地，偏远地区则成了大众的探索世界之地。"

　　这里的"大众"依旧指的是中产阶级教授、学者和经理，他们正逐渐作为别墅文化的中坚力量。后来，定居的游客遵循"回到自然"的传统，在度假生活中强调私密，以家庭为中心，远离拥挤嚷扰的度假人群；他们到斯堪的纳维亚半岛咏颂遗留的农民文化，在加拿大则赞叹着边境纷繁的往昔。

　　在这些别墅文化中，与众不同的夏日世界形成了。在这儿，人们可以整日躺在沙滩上，可以随意观光出游、举办晚间派对；可以参加各种体育活动，可

第四章 消夏木屋文化

以泛舟捕鱼、航海出行，又能玩玩曲棍球、羽毛球这样的夏日运动；除此之外，还能徒步行至野生浆果丛，乘帆或划桨登上附近的小岛。集市和展销会等场所机构，还有快艇比赛等活动赋予了夏日生活鲜明的结构。夏日木屋生活的轻松自由和充满仪式的度假地生活形成鲜明对比，然而，没过多久，这种生活也逐渐形成了一套模式。

周期性和短时性是这些别墅文化最显著的特征之一。度假别墅一年中有多半时间房门紧闭，牢系着百叶窗，里面摆着门廊长椅，外面长着蔓生野草——厄尔·帕莫利曾这样描述美国西海岸的海滨社区。盛大的离镇仪式宣告着夏季的开始——这可不是离开几个周，而是整个夏季！实现这种出离的条件有二，一是有以北美和斯堪的纳维亚半岛为典型代表的学校长假，二是要有不外出工作的成年人的到场看护（从传统上来说是妻子）。一家人通常会在别墅里待上几个月，要养家糊口的家庭成员（丈夫）待的时间会相对短一些。

早期阶段，夏日乘火车或汽船迁居是件不得了的事，下面述说的大约是1910 年斯德哥尔摩群岛上的情景，"等到六月学校放假，汽船之类的大型移动运输工具载满了各式各样的家庭日用品，大到家具、床具，小到银器、餐具、设施和盆栽——远超一艘船的负荷"。刚一抵达就得唤醒别墅一冬的沉睡，夏日大扫除也随之成了专有的例行程序。拉开百叶窗前，你会闻到一股冬日的怪味儿；那就打开窗，吹进些夏日的空气，揭掉覆在家具上的罩子，沿着窗台清理死蝇，务必确保那些冬天的老鼠窝都已清除干净。

汽车让出行变得更加方便，但旅程中繁文缛节仍然存在。我还记得 20 世纪 50 年代全家到夏日别墅出游时，我忍不住好奇我们到底往沃尔沃车里塞进多少东西。往车里打包东西不是件轻松的活，得在必带和不必带的事上讨价还价，给自己辩解——父亲会备感压力，不停地质问我们，"你真有必要带上这东西吗？"最后还得自己偷偷塞进一些。常常出发晚点，车子载着超重的货物还有四个孩子、一条狗和许多在包里最上层晃晃悠悠的盆栽植物飞驰上路。从斯德哥尔摩到西海岸，8 小时的车程有其自身微观层面上的惯例传统，如众姐妹中总有一人会在某一特定时刻晕车，一家人又总到同一家老餐馆吃一顿讲究的午餐，最好连菜单都和上年 6 月的一样。细节上，我们也得保持行进中的惯例："嘿！我们总在这儿停一停"——总有路过的地标或者早在上个夏季就变了样的东西能够作为参照。行驶途中我们也在重温早前夏日领地的时光，临近海滩时大家就准备好玩"看谁先看见大海"的常规游戏；等差不多要到时，父亲就会停下车，任我们一群孩子一路奔向度假别墅。只是把车开到指定地点，肯

81

定算不上重回夏日。

人们通常对这样的来来往往有着强烈的记忆。一到这儿，就开始了开垦夏日土地的仪式。小孩子在齐膝高的草丛里飞翔，视察自己的领土；这处宅屋等待着，打着盹儿，好似凝结在时光里，依旧维持着上个夏日的模样。一年已经过去了，但在某些方面，夏日生活节奏否定了这种时间的流逝——厄休拉·勒吉恩曾在其关于描写加州北部海滨度假区的故事集中提到，一名女士在检查自家别墅的厨房时体会到了时间错位的奇特感受：

"一切都在周期循环，不然也在螺旋发展。自上年10月，整个厨房就已感受不到时间，当然也没有12个月之谈"。她完全是站在自己的行迹上做出判断，这种感觉并非"似曾相识"，而是"似曾经历"，也即在此之前的许许多多个10月和现在一般无二，因此她在不同时间走过同一段路。

假末离别同样有例行的传统。季末派对的情感设定是：在郁郁寡欢的道别氛围中，最后一次走向度假地的各个角落；合上百叶窗，快速冲个澡……

回到夏日，意味着生活节奏和运动方式的改变。身体重新回到夏日游荡闲逛的状态，如果用隐喻的手法形容，便是降级换挡、休息放松；又或者像1926年一名住在卡茨基尔山的度假客写的那样："我们在这小小的山间农场感受洗濯灵魂的美妙滋味，多少消释了谋求美好明日的压力。"

在这里，钟表上的时间没那么重要，生活也不必有繁多期限。客人、亲属或家庭成员在城镇乡间的频繁往返打破了许许多多的常规惯例。翘首等待挣到钱的家人从城里归来，是这种生活节奏的重要一环。大约在1910年，有一趟通往卡茨基尔山的"丈夫专列"，人们在对它的描述中写道："乘客呼喊着妻儿与宠物的名字；女人孩子则殷殷唤着刚来的丈夫或父亲，有人兴奋雀跃，有人高声尖叫，好似火车着火了一般。"

"丈夫专列"在别墅文化的世界里来来回回，直到家庭专车——小汽车的出现。许多孩子仍记得，漫长而自由的暑期先是和母亲一起度过，接着等父亲到来阖家团聚，各式各样的活动接踵而至。周六傍晚，各家父亲照例从城镇赶来，卸下疲惫焦虑，"松垮地摊靠"在阳台或是日落时分的沙滩。这样一幅画面是对20世纪上半叶夏日别墅的典型回忆。次日清晨，各项活动就此开始。按照中产阶级劳动分工标准，父亲要进行无数次考察，提供无穷尽的项目和英勇任务：不要只是坐着，让我们干点什么都行！

汽车和5天工作日的模式把许多夏日别墅变成了周末小屋，城乡间的班车依然存在，不过之前那些夸张夺目的形式已有所减少。20世纪，中产阶级的城市生活和别墅生活处于两种强烈的极端。城市有正常的工作节奏，而到了别墅，工作便消失不见，更准确地说，工作变成了休闲娱乐。许多人会在屋内、船上或花园中劳作，但这不是城市中的工作——这是一种爱好。然而，最明显的对立体现在对夏日生活的审美中。

九、夏日美学

当我们看到湖边或河岸岩石上伫立着一座质朴的小木屋，我们觉得这是一幅美景；同样的小屋若置于城镇，就会是既有违美感又冒犯市政法令的窝棚……夏日别墅就该有夏日别墅的样子，邀请我们在夏天特有的简单舒适中重塑自我，如此一来，我们就会发现眼前房子看起来不错，称得上美丽。无论是谁在夏日别墅里住上一周、一月、一整个夏季，再看到它的照片时只会满心渴望，再次感受到水拍打独木舟、渔线上的拖船拍击水面的声音，甚至还能闻到烧焦桦木的气味。这样的房屋不再单纯是一处居所，而切切实实代表了一种全方位的体验。

这是20世纪70年代加拿大的乡村别墅美学，同时又是一种国际通用版本。夏日别墅在外观、感受、用途上应表现出不同的特点，许多别墅也都被命了名字。无论在加拿大还是瑞典，都能找到像"鹰巢"这种富于浪漫的名字，还有一些更是异想天开；在瑞典，最常见的命名往往为了敬献夏日女神和太阳，比如"阳光洒满的山坡""向阳地""阳光林地"，似乎凭这些神奇的名字，就能祈愿一处终日晴天的假日乌托邦。

法国哲学家加斯东·巴什拉（Gaston Bachelare）在其著作《空间诗学》中提到：夏日别墅本质上类似于乌托邦境。书中探究了家中的微妙关系和心理状态、潜藏的轻盈空灵，以及如何为种种幻想和时间之旅提供庇护。巴什拉倾向归纳概括家的含义，更确切地说，摒弃历史上对"家"的界定，而就夏日别墅这种特定住所来说，他的方法行之有效。

夏日别墅在一年中有多半住的是形形色色的憧憬和回忆，故而成了瞬息万变的幻想空间，同时又表现出内外结构设计和屋内及周边日常生活之间的一致。正如1977年，美国某名夏日别墅爱好者所说，"适合的夏日度假地就好似一件旧羊毛衫，给人温暖亲切的舒适感"。夏日生活里简单朴素和无忧无虑缺一不可。

建造这座梦幻之屋有许多起点。英国文化历史学家尼古拉斯·格林

（Nicholas Green）着眼于 19 世纪中叶早批迁居乡间别墅的巴黎民众，提出了其中几点。他在对农村地产的广告宣传和市场营销进行研究后发现，人们最先关注的重点便是一分为二的生活，并时刻强调别墅地通往巴黎的便捷交通。出人意料的是，有关房屋设计、内部构造、房间数量一类的信息并不多，反而是房屋独特的外部结构得到特别关注。此外，还有些特色亮点——一方面，从屋内能直接看到乡村景色；另一方面，房子四周的围栏安全可靠，花园也建有遮挡的门墙："种种特点都让人联想到私密的个人世界，尤其能保障妇女儿童的安全，同时也暗示房屋主人可以沉浸在个人的情感和体验中。"

"沉浸"是这种别墅文化的核心，让你完全被吸引到一片不同的世界，同时产生新的审美感受。世纪之交时人们就已明显表现出对于简约的崇拜。1914 年，加州杂志《日落》曾写道，"西北海岸的沙滩生活依旧简单质朴"。但这种简约的度假特点逐渐走向程式化，甚至越发简易了。在瑞典夏日别墅设计中，白色代表夏天的颜色；屋内装潢主要选择浅色和轻便材料，如柳编家具；装饰品要简单，不能铺张。相比贵族阶级的城市居所，这种差异的确显而易见。后世沿着这一主题继续深化——为了与房屋的简单装饰相衬，人们的衣着和社交生活都很随意，如赤脚走在草地上，一时兴起办场户外派对，不用盛装打扮（据说在 20 世纪 60 年代的瑞典海滨社区，轻易就能辨认出夏日旅客和当地人——前者连周日也穿戴整齐）。生日庆典在夏日度假地与城市的规模也天差地别。在度假地，庆祝可能是即兴创作的戏剧演出、音乐曲目；在瑞典，花环成了夏日庆典的典型标志，不论年迈的老者还是年轻人，大家都会在发间饰以花环。

夏日童年中看似微不足道的琐事依然能勾起人们的种种回忆。艾略特·巴特（Eliot Porter）来自波士顿的富裕家庭，1912 年，在他 10 岁那年，父亲购买了缅因州的一处小岛开发为夏日度假地。当时，搭乘他们家摩托艇"海马号"往来小岛的游客络绎不绝，一大家子每顿饭都围坐在 4 米长的桌前。桌上未铺桌布，他还记得父亲在桌前主持晚餐宴席时曾将盛满食物的餐盘打落到光洁的桌面上，游客则试着让翻滚的盘子停下来。当然，洒了杯中牛奶、餐点不合胃口的情况也偶有发生，"但这种习俗从未被抛弃"。在对孩子规定严苛的家庭中，这样的仪式则成了夏日冒险。

痴迷于简单自然、无拘无束的夏日生活可能也意味着放弃使用现代化便利设施：坚持使用煤油灯或手摇泵；任由野花生长而不除草；简单冲个澡，坐在外面晃晃悠悠的长凳上洗洗涮涮等，都属于这种值得享受的生活方式。之后的几代会对安不安电视的问题产生争执：如果别墅里摆上一台电视，回到屋里就会生出时间倒转、回到城市的错觉。

别墅文化在发展过程中产生了"瞬息"和"持久"的奇特组合。夏日生活可以让你轻松地即兴发挥,例如简单的解决方法、廉价的材料、临时的安排等;但木屋美学更强调持久和稳定。旧时购买的无聊纪念品、干枯的花枝依然摆放在原处,不会随意移动;一摞摞的旧期杂志和神秘故事一定要陈列在书架上;戴着从祖父那传下来的旧草帽,又或发现件旧毛衣也是件兴奋事。这种夏日审美在某种程度上是反美学的,不过,孩子是一成不变的夏日生活的守护者。城镇里的房屋可以进行翻修或更换,但要重建或者卖掉乡间别墅就得另当别论。由此,往事总是存在于夏日生活与旧物中。

对持久的重视也在向我们诉说对夏日小屋强烈的情感寄托。1925年,《了不起的盖茨比》(*The Great Gatsby*)一书的作者曾言夏日别墅不是必须有的,但在我看来他的话毫无道理。从情感角度来说,第二个家常常被人们放在首位。这种强烈的寄托或许得益于城市交通行业的发展。对许多人来说,夏日度假地是一个可以扎根深挖的领域,它让人渴望探究当地的历史和传统,并尽力融入环境。对当地的了解成为一种文化资本,可以用来区分新旧游客,又或许能偷偷掌握些许秘密,比如绝佳的捕鱼地点、浆果丛,又如和"真正的当地人"建立亲密友好的关系。在瑞典,"我的野草莓丛"象征着"钟爱却隐秘的夏日景点"。他们的身份可能是高度国际化的,但也可能是高度本地化的,在当地历史协会的会议上,他们可能是当地文化遗产最热忱的守护者。

这种在夏日景观中开辟一方情感空间,费心打造文化归属的做法,也使其他游客变成了某种意义上的入侵者。那件"旧开襟羊毛衫"只适合部分人穿。一位瑞典妇人表示:

在别人的领地上总让我觉着不自在。很少有地方会被征作别人家的夏日度假地——它们显然是别人的家。在陌生的房间默默取出行李,在新铺好的床上微微弹试;窗外传来阵阵声响,那些在此处有家的感觉的人,让我感到悲伤。人为什么长不大呢?

十、我们与他们

关于莫恩—亚索尔夫妇,我能给你讲点什么呢?

莫恩—亚索尔夫妇来自马里兰州的巴斯尔塔,我就出生在那栋房子里。他们在克卢斯有原宅基地，老宅的门框已经弯曲，楼梯也已经破损。

每年6月，莫恩—亚索尔夫妇离开马里兰，等到8月再回去。他们正从客厅的镶板上刮下九层涂料，指给我们看他们为改善这处地方做的一系列事：他们清理木屑，用挖掘机开出一条宽阔的车道，再找人给地面铺沙；他们还买了一匹马。莫恩先生进行石墙作业时砸伤了手。他伸出手，不无钦佩地赞美它们："瞧瞧这一双手！"他的衣服上沾染着淡淡的气味，那是老房子熟悉的木屑味道。而他的墙随着第一场霜冻发生了弯曲。

安妮·普鲁克斯（E. Annie Proulx）在短篇小说《电箭》（*Eletric Arrows*）中描述了当地人对这些城市居民的看法。莫恩—亚索尔夫妇用栅栏圈出自己的新土地，与此同时书写了新历史："克卢斯是一处地产，而地产是属于我们莫恩—亚索尔夫妇的。"此外，他们对本地知识的渴求简直到了贪得无厌的地步。例如，什么时候采摘黑莓时机最佳？老羊的脚印看起来如何？这是面向西方的吗？干草运送得怎么样了？

莫恩—亚索尔夫妇遭到了当地人的抵抗，其表现形式在其他不同的别墅文化斗争中屡见不鲜。夏日旅客常常是社区整治中不知变通的政客，许多"真正"的当地人对此大为恼火。在瑞典渔村，当地渔民打算更换现代化的捕鱼装备，扩建港口设施，但这在别墅里的住客看来毫无必要，他们总是捍卫传统古老的捕鱼方式。为发展贻贝养殖，当地渔民在海湾新安置了一排排蓝色塑料桶，对此有游客抱怨道："要是他们能选择更天然的材料该有多好啊。"1906年，美国东海岸一处相对时尚的度假村中，别墅屋主再一次打算阻止汽车的通行，但这次当地人群起而攻。

冲突有时会是完完全全的正面交锋，有时则是无声反抗或默默撤离。一项对佛蒙特州某处村庄的研究强调了这一点。在这里，当地人正在进行一场非常激烈的战斗，奋力抵抗夏日旅客占据这片土地。在之前引用的案例中，夏日旅客担心当地文化会败坏自己孩子的品质；来访学校的研究人员曾问校长是否会担任代课教师，校长给出的回答是：当地民众认为自己的孩子已经从夏季游客那里受到够多的外界影响，他们只想雇用当地教师，用一年中剩下的时间里竭尽可能降低这种影响。

以同样的方式，当地居民扔掉了颂扬当地生活的教科书，不再提及游客、夏令营，植物观赏人和假日集市。当地人有意将这两种文化世界区分开，他们普遍的看法是，"那些夏天来的人"不会懂得像这样的村庄到底蕴含着什么，他们无法忍受这里的严冬，也不堪此地春日的泥泞。

从夏日生活富足到冬日经济紧缩的转变,更加助长了许多别墅社区由来已久的怨恨。夏日旅客离开时,当地商店柜台上山羊奶酪、晒干西红柿和其他城市小吃的包装也一并消失不见;许多商店关门倒闭,冬季长期的失业取代了夏季的高强度工作。绕着社区走一圈,就会看到多数老房子漆黑一片,它们弃置原处,等待来年夏天游客的到来。

当地人可能会以阴郁的面色、寡言的沉默,又或之前提到的恶作剧笑话来表达对夏日旅客的某些抗议。缅因州有一则广为流传的故事,讲的是一名度假者在从班戈通往巴尔港的路上停下车,询问当地人自己走的路线是否正确:

"不知道。"当地人答道。接着度假者又问离这儿最近的城镇有多远,以便到那里后再问路。当地人还是回答:"不知道。"度假者恼火起来。"你是不是什么都不知道!"那人摇了摇头,说:"也不是——我还认得我的路。"

像这样的民间故事通常会四处流传,在许多本土环境中不断说起、回忆,有时又会从"其他"当地人——老一批夏日旅客——口中说出,这些人更愿意将自己视作当地反抗运动的一员,与真正的当地人一同抵抗"那些夏日旅客"。

部分研究人员认为,别墅社区往往会在一处乡村环境中创造出"两个民族",两种截然不同的本土文化形象之间相互对抗,就像佛蒙特州(Vermont)的案例。不过,有许多发生在瑞典的例子,现实局面要比这复杂得多。

十一、夏季谁做主

我对 20 世纪 50 年代的童年记忆,与这种无形的界限、无声的等级制度构成的复杂社会景观遥相呼应。在"我们的海滩"上,多数家庭会用毛毯、玩具、野餐篮等标记自己偏爱的地点区域。我们认为自己是老一代人——为什么?有些家庭甚至在那里生活了几十年!"新来者"不一定是新来的人,他们的"新"特性是由他们的差异性来定义的。他们是成功的商人,新屋要配上完美无瑕的草坪和精美别致的杜鹃花丛。我们默默羡慕他们的孩子,从摩托自行车、快艇到滑水板,总有各式各样昂贵的小玩意儿,但我们不得不安慰自己,认为他们不适合待在这儿。其他闯进来的都是些观光客或周末露营者,他们提着精致的便携收音机来到海滩,不过声音过于聒噪;女士常穿着粉色的内衣晒太阳,看起来很不端庄。20 世纪 50 年代,"等级"一词弃之不用,但等级观念一直都存在。人们会谈论那些友善的家庭、优秀的孩子,以及优质的活动,或者暗示哪些人不属于这片夏日世界。在所有权问题上，别墅主人关心的不只有产权，他们也担忧夏日生活的归属问题，以及如何以特定的生活方式捍卫所有权。

  一直以来，夏日别墅生活属于谁、包含了哪些生活方式的问题一直受到持续不断的争论，新旧差异此消彼长。整体上看，推动经典别墅文化发展的中坚力量并不是中产阶级的全部人群，持有的文化资本多于经济资本（常表现为受过长期高等教育）的人才配得上。20世纪的夏日天堂，与入侵者的战斗常常是与"暴发户"的战斗。交锋的内容集中在像允许高速游艇或水霜滑板的使用、企图否定高调消费等诸如此类的问题。从许多方面来说，这也是不同资产阶级生活方式以及"新""旧"精英之间的斗争。1948年，克里兰夫·艾默里（Cleveland Amory）在其描述美国最后一片宏伟度假胜地的著作中，对这种冲突做了总结，他写道：

  老牌的度假人士十分笃信现在的度假区存在一种难以琢磨的理论，通常来讲，后来的游客团体进入（社会上的）度假胜地时会依照如下顺序：首先是前来搜寻优美风光、探索孤寂的艺术家和作家；接着是前往寻找质朴生活的教授、牧师以及所谓可以长期度假的"坚定人士"；之后，则是"友善的百万富翁"，他们来到此地，为自己的子女觅一处可以简单生活的良地（如之前"坚定人士"所过的生活）；第四代游客则是"不守规矩的百万富翁"，他们企图同第三代富翁建立社交关系，结果却只建出一栋栋价值百万的别墅与俱乐部，那里举办着需要盛装出席的晚宴，完完全全摧毁了这里的简单生活；等到最后一代到来，这里只剩下无尽的糟糕。

  新英格兰海岸沿岸的发展模式要比上述提供的结构略微复杂。多纳·布朗（Dona Brown）记录了马萨葡萄园岛（Martha's Vineyard）的早期历史，该岛如今大概属于纽波特的度假胜地，但最初不过是一方简陋的岛屿。葡萄园岛原是19世纪30年代卫理公会（Methodist）教徒举办夏日集会的场所，50年代发展成野营者扎堆的帐篷城，后来，这里逐渐变成夏日度假社区，许多家庭在此修建了夏日别墅。尽管如此，这个社区仍然为自己不同于新港而感到自豪，因为那时纽波特的主要居民还是些兢兢业业的店铺老板和技师工匠。在这里，"乡村别墅"一词表明了朴素生活、家庭生活以及无拘无束生活的重要。

  葡萄园岛上的卫斯理·格罗夫区（Wesleyan Grove）发展成了"别墅小镇"，这是一种遍布整个新英格兰海岸的非宗教性度假社区。工人阶级观光客通常会乘坐汽船、火车、电车前来海滨，玩上一天，或者度一个周末短假；随着这些

第四章 消夏木屋文化

人数量的不断增加,度假社区也成为保证隐私,躲避工人观光客的避难所。19世纪末,临近都市中心处发展起一种由露天啤酒店、野餐公园、游乐园构成的新景观。海滩和消遣场地的压力日渐增大,随之引发"安稳派"与"运动派"的冲突,就如之前看到的瑞典西海岸案例。别墅屋主认为一日游旅客、观光客、自行车背包客,以及后来的自驾露营者都是出现在夏日世界里的不速之客。1886年,肯纳邦克港海滨公司向潜在买家保证,他们会"做好一切防护工作,警惕短途旅客闯入";此时,"短途旅客"已成为工人阶级观光客的代名词。

一名女士还记得,20世纪70年代,当附近工业城镇的观光者乘船前往西海岸,踏上"他们的"小岛时,当地夏日旅客的反应:

我们把船看作"峡湾间谍"(比如"吐峡湾"),因为人们从船上蜂拥而出,而我们正躺在沙滩上盯着时刻表,"太棒了,他们很快就回去了!感谢老天,待会儿小岛就又只属于我们了"。

那帮人从包里取出便当盒、冰盒、沙滩排球、浮水圈、五把阳伞以及各种各样的物件。人人终日躺在沙滩上,一旁的孩子尖叫着,一会儿要吃冰激凌、一会儿想喝柠檬水,无所不要;而我们这些海滩附近的住户大部分时间会待在屋里,只有游泳时才会下楼,游完即回去——仅仅是下来泡一会儿,看看周遭一切也足以让你会心一笑。

退而隐居于别墅是老牌富裕游客的一种逃避形式,或者像一名夏日长居南安普顿长岛的住户所说:"我也不怎么待在城里。每到夏季,满街都是席地而卧的摩托车手和背包客。至少这儿的海水还被没他们污染,海滩也还美丽可人。"时代和环境背景不同,冲突里的阶级因素也随之发生改变。许多建有夏日别墅的家庭最先关注的便是隐私:度假就是要在空无一人的海滩又或自己的宅地享受平静。在他们看来,海滩、野餐区、拖车营地里密集的据点,繁多的社交活动好似外星生活。人们选择露营生活,一来出于经济需要,二来是想要享受强烈自在的社交生活;中产阶级户主则常常秉持着一种怀旧思想,感怀早前的黄金时代,眷恋过去平静安宁、简易随性的集聚生活,他们自然不能接受露营者的思想。

由此,对领土的掌控是别墅文化中的敏感话题。1946年,加拿大一名评论员仔细研究了这种倾向,他写道:

仅仅住在湖边是好的,但这并不意味着一切。真正理想的夏日居所是拥有整片湖,这样就没有人能够打扰……他想要走遍美好的事物,告诉自己"这就是我的,哪怕我想排干湖里的水也不会有人拦我"。

海滩使用权、通行权、开阔视野的争夺战不断侵蚀着别墅文化。在瑞典西海岸的许多渔村，老路往往会穿过临近厨房窗户的院子，从窗边看着路过的村民，和他们招招手是个不错的调剂；但那些购置了地产的城市居民对于这种近距离接触有着完全不同的看法，他们坚持要封锁道路。德国富人在租用并购买丹麦西部地区的夏季土地产权之初，曾企图在常去区域以及没有明确通行权规定的地带竖一道"禁止非法入侵"或"私有财产"的标牌，这一做法成功激怒了夏日住在那儿的"当地人"。

别墅文化社会特征的转变还体现在地产价格上。斯堪的纳维亚半岛相对丰厚的土地资源和后期的城市化发展给予当地中下层阶级、工人阶级家庭更多获取夏日别墅的机会；许多人继承了自家在乡村的土地，又或从亲属那里低价购买。一些农场或本地房屋看起来像被圈起的马车队，亲戚们回来后，就在老房周围搭起拖车。与美国的情形一样，房源减少导致房价上涨，如今斯堪的纳维亚半岛上的海滨位置正变得越来越稀少。

海滨据点自发展之初就有精细区分，对"我们"和"其余人"的定义同样随着时间的推移和群租的不同不断变更。瑞典西海岸的旅游景点的确呈现出复杂多变的社会景观："当地人"既有富裕的农场主，又有清贫的捕鱼家庭；游客既包括城市精英，又包括工人阶层的年轻群体。他们在对此进行区分、划定边界时，各自的身份也在不断发展重塑：城市居民和当地民众，老牌游客和新生游客，房屋主和露营者之间身份在不断转换。

到了20世纪末，这种区分在大西洋两岸已失去了意义。在许多海滨度假区，当地人和夏日旅客之间难以形成清晰准确的界线——哪些是当地人？哪些是退休的城市夫妇？哪些是归来的当地男孩？哪些是新来的年轻家庭？划分新旧、城乡、局内人与局外人的传统模式并不能在这种社会景观中达到良好效果。

无论是何种组合方式，别墅文化都涉及领地争夺：谁既享有房权，又拥有海滩上的一处风光？夏天究竟属于谁？虽然当地民众、老牌的夏日旅客以及周末露营者走在同一片土地上，但每个人走过的心理景观往往大不相同。

十二、梦境

乔治亚·柏克欧夫（Georgia Bockoven）在其畅销小说的前半段写道，"来到海滨别墅，你绝对不愿再离开"，下半段接着说"海滨别墅是安宁的夏日天

第四章　消夏木屋文化

堂，远离俗世纷纷扰扰；四个家庭在这里找到内心炽热的情感，彻底颠覆原有的生活"。小说以度假别墅为背景，描绘了圣克鲁斯附近的一处小型海滨社区的浪漫生活，讲述了种种冲突矛盾与微妙的社会关系。每个家庭返回度假别墅开始新的假期时，即进入了一处奇幻的风景：

朱迪从口袋里摸出钥匙，打开别墅前门，但没有直接进去，而是在门槛处驻足观望着门内的一切：落日余晖透过百叶窗的丝丝缝隙洒向房间，滞留的空气中灰尘弥漫，无声地等待着主人的归来。

和许多作家一样，乔治亚·柏克欧夫在开头段巧妙地运用了别墅文化营造的梦境，但他们在这种象征性的度假世界中处于中心位置，会在实际使用频率上给我们带来错觉；借用历史学家约翰·吉利斯（John Gillis）的话来说：夏日别墅是我们的房子，但不是我们赖以为生的地方。

在这方只有为数不多中产阶级的世界，夏日别墅似乎是度假的一个自然组成部分——"每个人"都热爱瑞典海滨的红色小屋，"每个人"都从加拿大湖边别墅划着小舟缓缓而来。即使身在现代乡村，也很难分清怀旧与现实之间的界限，市场营销不断利用人们对往昔夏日的憧憬，营造与之相符的生活方式。我们游走在"臆想中的怀旧世界"，在这里，你学会了怀念那些你从未拥有过的东西。燃气装置曾做过一则广告："记住与家人围在篝火旁时的温暖火光"——如果你应承记得住，广告上承诺会再次带回那一点暖光。

整个西方世界里，真正拥有度假别墅的度假者寥寥，古典时期漫长的夏日体验只限于极少数群体，不过，别墅体验依旧燃起许多人对假日的幻想憧憬。为什么是别墅体验？又是怎样的渴望使夏日别墅成为不可多得的幻想天地，在白日梦、科幻小说、广告宣传中接连出现？

几种不同的憧憬将夏日别墅塑造成一处乌托邦。首先是对失乐园与黄金时代的怀旧之情。彼时的夏日生活简单实惠，许多家庭有时间长期度假。在这种憧憬下出现了许多对"传统"假日生活的描述，像美妙的野餐、航行、草帽、白色亚麻套装。他们用极其国际化的方式刻画了一个非常本土化的世界。甘特、拉夫·劳伦等当代市场弄潮儿极为擅长挖掘这种怀旧情绪。

此外，还有对忧郁感的眷恋。总的来说，夏日假期与夏季本身短暂到让人绝望，这方乌托邦从夏季伊始就开始消散。我们看得到夏日转瞬即逝的标志，体会到了种种情绪，我们就像是大卫·厄普代克在短篇故事《夏日》中刻画的学童：

8月的第一周，夏季有一瞬的停留，在开始和结束间游移：光线还未转换，树叶依旧葱茏,夜晚依然温暖;林间田里,蟋蟀嘶嘶鸣叫,夏日薄雾模糊了远处群山,轰鸣闪电取代了爆竹回响;学校难以想象地空荡,但仍能觉出一丝昏沉惆怅。

这种转瞬即逝、甜苦交加的夏日感想,触发了人们对很久之前学校漫长暑假的怀念。每当人们描述别墅里的童年或者最喜爱的夏日回忆时,用语常常变得感性——在回忆中,他们嗅到了那年夏天的气息,听到了往日之声,也看到了那时的情景。

如果用一种关键隐喻表现这种传统别墅生活的文化构造,我会选择"身心一体的回归"。但问题是回到哪里? 1963 年,艾略特回到了他阔别 8 年的夏日小岛,写道:

实在难以置信,最终我又回到了岛上。一切都还是最初的模样。树木一如既往地挺立……房前草地被踩出了一条依稀的小径,依旧破烂不堪的棕色地毯;空气中飘散着浓浓的云杉、羊齿苋的气息,还有厚重的盐味。所有的紧张不安瞬间离我而去,只余愉悦。我只想放松地躺在草地上,仰头看那树顶、蓝天。

这种回归式的怀旧之情是活跃在别墅生活里的独特存在。不知何故,夏季似乎不易忘却。对许多人而言,回归不单单是重归自然、重温质朴生活的幸福,更是重返童年。1941 年,美国记者埃尔文·布鲁克斯·怀特(E. B. White)带着年幼的儿子回到缅因州,来到他孩提时代居住的湖边木屋。次日清晨,当两人一同垂钓时,一只蜻蜓停在他的钓竿上:

正是这只蜻蜓让我毫不怀疑地相信:一切都是最初的模样,年复一年不过是幻境,这里经年未变……我身边的小男孩静静望着蜻蜓,我的双手正握住、双眼正注视着他的钓竿,恍惚间已然分不清手中拿的是谁的钓竿。

形形色色的事物都保留着过往的模样,但它们在这场心灵之旅中有些微妙的改变。广告界同样在挖掘"重回过去"的主题。20 世纪 90 年代,瑞典国家铁路成功发起了一场意在"乘火车回到童年夏日"的运动,乘坐火车返回乡村,无论在时间还是空间上都构成一种怀旧仪式。

那些梦幻般的小屋、海滨别墅、湖边小屋、第二家园,都凝聚着巨大的精神能量。事实上,每周在圣克鲁斯海滩上租一间海滨别墅小住两日,或住在共享公寓、拖车营地,又或拜访亲友的别墅,已经是当下我们所能做的一切了;无论如何,我们都希望别墅文化中经典的完美夏日度假地场景能够重新上演。如果我们自己从未有过"别墅中的夏日",至少我们可以为自己的子女提供这种体验——他们应该有美好的假日回忆,这意味着一种传统的延续。或许,完美夏日的梦幻场景会让我们记住自己并不属于那片风景：

> 夏季生活让我们猛然洞悉自己一无所有。人们吃惊地意识到海边没有自己的房屋，东西海岸没有自己的露天阳台……也是在夏季，我们才发现自己没有土地，确切地说，我们居住在乡村，应对的却不是我们的风俗习惯；我们身在其间，如异星人一般自说自话，自娱自乐。

十三、完美夏日

别墅文化吸引人之处在于提供了一处安全可行的乌托邦境，人们可以借此发现自我，探索同他人与自然的关系。这是一处安全的实验室，不是吗？单独和孩子待在一起，女性可以过一种略微不同的生活；同时又能和当地女性接触，这些女性往往在丈夫面前地位更强势些。对孩子而言，别墅文化让他们有机会感受从未见过的父母举动，如沿着饭桌滚餐盘、在海滩上扮鬼脸。成年人借此重燃孩子气，真正的孩童也可短暂脱离父母、老师或其他长辈的管束，在这里建起秘密基地，于更广阔的风景中探索自身。在许多中产阶级家庭的孩子看来，当地人之间、长辈与孩童之间、男性与女性之间更为平等的关系，代表了一个迷人的另类社会。

但是，住在夏日别墅中的女性也不得不为崇尚简约付出代价——不使用自来水象征着额外的辛苦劳动。男士则需要扮演好"假日父亲"的角色，不管是屋顶漏水还是野外寻宝，父亲必须能应付一切。正如我之前指出的，他们的实际技能很少能与当地人相比，这是个棘手的问题。

别墅世界因而也变成了争议项目的试验场。女性主导的环境充满了花环、野餐篮，这会让男士感觉自己是游客，或者达不到父式假期的预期；反之，男性世界无休无止的实操项目和探索让女性们如缚监狱，就像玛格丽特·艾特伍德（Margaret Atwood）在其诗歌《无聊》中描绘的，女性在协助丈夫做手工活时觉得"无聊透顶"：丈夫锯木时，她要耐心地拿着木材；丈夫测量时，她又要在一旁拿着绳子；她还要为花园除草，或者静静待在船上看丈夫划船，待在车里看他驾驶……在这处别墅乌托邦里，有对白日梦不计其数的臆想和渴望，因此，冬日期待和夏日失望之间总是冲突不断，短短几周的假期可塞不下那么多的冬日设想。此外，别墅生活也会带来幽闭恐惧，这里过度聚焦了太多漫无目的的闲逛者。理论上来讲，夏日生活中家庭的每位成员都应安然悠闲，彼此不该发生冲突,而某些明确的诱因则可能导致不同结果。阿特伍德笔下无聊的女主人公"迫不及待想要逃离这该死的地方",许多作家同样借由夏日别墅的题材,抒发些个人谴责,抱怨一下家庭纷争。暑期让许多人变得赤手空拳——敞开胸膛的同时也容易受到伤害——丢弃了旧有的防护和冬季传统,又于漫漫长夜在门廊边上喝了太多白葡萄酒,两相结合很容易产生危险。夏日是亲属重聚的时节,但同样会引发隔代矛盾和亲戚间的争宠:谁掌控着别墅中的生活?中年人突然发现,在这儿,年迈的父母不断告诉他们该做什么、怎样去做,自己又一次成了受管束的孩子。

奥沃是一名瑞典中年人士,他从夏日假期伊始就感到焦虑不安,于是开始盼望回归城里稳定的工作与生活节奏。他在接受记者采访时曾说:

别把我想成只会焦躁不安、度日如年、迫不及待回办公室的人。但真见鬼,夏天有那么多非得要做的事,我没法儿过一个真正的假期。

他觉得自己有太多要做的事了:给花坛除草,给窗户刷漆,看望老朋友,结交新朋友,亲近孩子,做个更好的爱人;还有放松休息,成为崭新的自己。

好像我身体里住着两个人——穿着短裤享受假期的奥沃和办公室里穿着西服死气沉沉的奥沃。整个社会弥漫着对夏日生活的巨大期望,但结果只能是误入歧途。

十四、运动的魔力

作家乔治·桑(George Sand)早在19世纪就断言,对别墅还是宫殿生活的渴望会是人类群体等级划分的标准。许多研究者认为别墅生活是对文明社会的批判,是对日复一日纷繁城市生活的一种替换和补偿。但不论是持批判观点,还是持文化补偿的观点,两者都忽视了一个事实:这些不同的生活方式其实是相辅相成的,正是这两种房屋、两种环境之间存在的缺口,才使它们共为整体,这是一种十分完美的融合。住在夏日别墅,人们同时期待着回到城里的"宫殿",无论它是城区公寓还是城郊别墅。

这两种极端之间明显转变的关窍在于"移动"——与其说去一个不同的地理位置,不如说是去"他处"的社会空间;起决定性作用的也不是旅程长短,而是启程与奔赴的仪式感本身。外在的移动是实现从冬季之人转变成夏季之人的先决条件,即走向梅德维(Medevi)和拖车营地所认为的更加自由、更加质

第四章 消夏木屋文化

朴、更具童真的生活。对许多人来说，夏日旅行也是跨越时间、返回童年的归途；它让许多人做足文化方面的储备，进而有机会在不同的情感中纵情体验。从 1903 年赞成假期的观点中可以发现，移动是对政权全面更迭的方案要求的基础。空气、食物、阳光，两地之间并无区别，但一桩一件给人的感觉和体验却不尽相同。移动本身使人敞开心扉，带来不同的体验，同时让人变得感性。

这种鲁滨孙式生活探索的距离无须遥远。一位萨斯喀彻温省（Saskatchewan）的麦农在距加拿大大草原 25 千米处有一栋夏日别墅，他常常在那儿悠闲地喝着啤酒，注视着雄鹰，遥望远处的农场。第二居所为其他构想和各式活动营造了一处与众不同的空间。我在瑞典一处渔村时，一位老渔翁的妻子告诉我，初夏的某天，他们一家人搬离家宅，穿过院子住到了棚屋里，她向我诉说她有多么渴望这样做。他们在夏日厨房里的生活原始质朴，更重要的是先前的位置发生了移动。这是一种与众不同又更加自由的生活，短短的小院距离同样成为一种探险。

95

第五章 地中海包价游

一、跟随布罗代尔（F.Braudel）去海滩

整个地中海形成于空间运动中。任何进入地中海的事物——无论战争、战争阴影、时尚、技艺、流行病、贸易，或轻便或沉重，或珍贵或常见的任何东西——都可能被地中海的血液之流所俘获，跋涉千里，被冲上海岸，再被带走，不断流经各地，最后被带到某处海岸。

若是沿着地中海海滩漫步，你会穿过承载着地中海文化的浮游物和喷射流，此情此感，正如上文引用到的法国历史学家费尔南·布罗代尔（Fernand Braudel）描绘的探索旅行精神一样。

沙滩上带蓝色盖子的1.5升标准塑料矿泉水瓶意味着，没有矿泉水，地中海之旅就不大可能实现（"建议您不要喝当地的自来水"通常是导游们的开场白）。瓶盖旁边是潜水呼吸管的黑色橡胶喉舌，一管空的妮维雅防晒油，一把或许曾经捍卫过特基拉日出的粉色迷你短剑，一只蓝白相间的德国凉鞋，混杂着众多邮轮泄漏的废油块，当然，还有各种你能想到的塑料碎片，无数从海滩走向泳池酒吧的脚步将它们踩得稀碎。

塑料作为一种联结新型地中海经济的元素，由海风和水流从一个海岸带到另一个海岸。无论是假日公寓宾客从西班牙太阳海岸边超市购买的早餐包包装袋，还是莱斯博斯岛（Lesbos）或梅诺卡岛（Minorca）番茄温室屋顶上融化的黄色厚塑料，海滩上遗落了成千上万个塑料袋的细薄碎片。这些已成碎片的塑料袋，经由海风吹散，被阳光晒得干脆，交织在石头和草丛之间，任由微风拍打，流浪于沙滩上。

布罗代尔会如何看待沙滩上成堆的塑料呢？在他的研究中，16世纪宏伟的地中海历史就已开辟了崭新领域，发展了社会、经济和思想史，这段历史的主角不是国王、将军或外交官，而是大海、干旱气候、风流、货物运输、人员往来，以及牧羊人和水手的生活。在这本1949年面世的书中，全新的地中海全史向读者展开，他记载了种种详情，如谣言何去何从、威尼斯船长的航行路程、冬季暴风雨带来的影响等。

海滩上发展的旅游贸易向人们零散讲述着这样的故事：一如菲利普二世所在的时代，货物交易、思想交流、人际交往、气候转变与季节变化，已将今日的地中海地区整合为一个联系密切的经济文化体系。尽管海岸和岛屿之间流通的不再是橄榄油、威尼斯布料或胡椒，但这里仍旧充满着复杂性。

随着大众旅游时代的到来，大量防晒霜、旅馆饲养的猫咪、供游客骑行的骆驼、玛格丽特鸡尾酒、乡村节日、如画全景、民间舞蹈团、耍蛇艺人和布祖基磁带都出现在了地中海区域。在这样一个极为稳定且同质化的框架内，旅游业不断开发新目的地，新社区和新本地文化。当然，现代旅游业也在寻找着异国情调。

这里阳光洒落，沙滩铺展，海水涌动，人们若想了解旅游业这一巨大产业，当从海岸开始。随着全球旅游业的不断壮大，从这里盛兴的旅游模式随后被出口复制到世界其他地区。

布罗代尔的研究开展之际，地中海旅行团模式也于同年面世。1949年，第一批包机游客降落在法国南岸科西嘉岛（Corsica）。但直到20世纪60年代初这种旅游模式才但真正流行起，那时，英国、德国和斯堪的纳维亚旅行社已开始大规模运营。运用布罗代尔式的研究途径追踪游客流量，了解先锋线路和目的地如何发展、达到高峰、而后销声匿迹，了解新的线路和最喜欢的目的地如何出现，我们便能知晓旅行团的构成和行程线路。

地中海旅游业的发展包含多个阶段，每个阶段都仍对现今的旅游行业产生巨大影响。实际上，地中海旅游业开始发展的时间点，正是布罗代尔研究历史的终结点。17~18世纪，地中海世界逐渐衰落，当时，欧洲的经济和文化重心逐渐转移到了西北和大西洋沿岸地区。随后几百年内，这样的地域发展失衡越发严重。之后，地中海世界便分为欧洲的外围区域和闭塞区域，移民成了这里主要的出口产物。另外，由于这片区域已成为北欧精英人士寻求经典文化熏陶的目的地，游客便成为这里的新进口商品。至此，地中海重回历史画卷，在这片圣土上，时光穿梭回那个承载着古典文物与文艺复兴辉煌的早期时代。在法国贵族的枪矛带领下,自法国到意大利的大旅行传统便开始了。从16世纪旅游的缓缓开展,到18世纪末旅游胜地的最终确立,至今已形成根深蒂固的传统惯例。当时,塞缪尔·约翰逊曾发表过著名讲话:"从未到访意大利的人将始终自卑着,因为他未曾见过一个人所受期盼去看到的壮丽景象。旅行的主要目的是看到地中海的海滨。"南行之旅不仅是穿越时光之旅,也是寻找西方文明根源之旅,亦是意义重大的启蒙之旅。这趟旅程为来自北欧的年轻男性贵族们提供接触南欧地区的上流社会、完善自己言行举止的机会。而这些事情,早在三个世纪前就应该开始了。

二、古老的南部

1697年12月15日,27岁的瑞典人奥洛夫·瑟尔修斯(Olof Celsius)在佛罗伦萨攻读学业。因墨水冻结,他难以研磨写日记。不幸的是,和所有旅人一样,他虽知要避开炎热危险的夏季,但却在极为寒冷的冬日来到了佛罗伦萨。不过他所住的宫殿内,花园池塘中的冰结得厚厚的,给了他两周时间享受在佛罗伦萨滑冰的乐趣。

他在佛罗伦萨首次居住的住所中发现床上沾上了血迹,有人介绍说是早些时候两名居住于此、瑞典年轻贵族与城市警卫队展开激烈交战留下的,但是,"我不太相信",他写道,"也有可能是他们跟人厮混留下的印迹。"

在旅行活动制度化为"大旅行"的时代背景下,瑟尔修斯加入旅行者们组织的新兄弟会,从一个目的地辗转到另一个目的地。这次旅行的目的在于完成学业,途中,他们创作了大量游记、旅行指南、素描画作以及谈不上精良的诗作。手册上有各种各样的说明,有点类似于那本专门为年轻旅行者所写的千页德语手册《旅行的艺术》,但没有那样详尽。

佛罗伦萨是这趟行程的必经站点之一。年轻绅士们常带着介绍信旅行,由此便可得到当地居民的盛情款待。欧洲社会中,少数精英阶层人士随时准备帮助同胞,提供建议,与对方交谈,或提供住宿等,旅行团机构正是利用这一点发展壮大。即使与法语竞争语言地位,拉丁语仍是当时欧洲的通用语言,因此,佛罗伦萨人民很早便习惯了接待外国游客,但随着游客数量的不断增加,当地热情的减退也在情理之中。

1817年1月,法国作家司汤达(Stendhal)来到佛罗伦萨,他早已从书籍和图像（即1821年"大旅行"期间，展示于希腊费洛帕波斯纪念碑上的蚀刻画，现展览于伦敦布里奇曼艺术图书馆）中深深了解它了，对于亲眼得见，他感到无比兴奋。他脑海中的佛罗伦萨如此清晰，无须向导，他便清楚路该怎么走。他径直去了著名的圣母百花大教堂，教堂内部奇妙无比的陈设与艺术品与他心中的意象相吻合，他受到了"精神冲击"，感觉头晕目眩、心跳剧烈，随后，他跌跌撞撞地走出教堂，瘫坐在广场边的长椅上。由此，才有了后世俗称的"司汤达（Stendhal syndrome）综合征"，来描述游客们游经于此一时间被这里云集的文物古迹冲昏了头脑，产生头晕目眩之感。

司汤达小憩后，继续探索着这座梦想中的城市，他发现这座城市里有太多英国人的痕迹。"佛罗伦萨无疑是个外国游客满蹿的大型博物馆；每个民族都带有其独特的举止和传统。"他讽刺着这些愚钝的外来者，历数他们怪异的行为举止，向人们讲述着当地的贫穷乡绅是如何报复"阿尔比恩的奢靡"。

今天，各国民众来到佛罗伦萨，在大街小巷漫步。西里尔·康诺利（Cyril Connolly）曾描述过自己于1963年参加大旅行的现代版本：

直到现在，在一轮又一轮的雨水冲刷和阳光倾照中，在教堂和别墅里、在工作和娱乐之余，我的佛罗伦萨周真正开始了。观光仿佛是一份工作，每个人像打卡进办公室一样进入博物馆，带着新鲜感而来，再带着充满嘈杂耳语的神经质离开。即使如此，仍有几个房间未按原定计划参观完，旅客们觉得碌碌无果，满意感仅相当于战时的"国家机关要人"。实际上，在像佛罗伦萨这样的城市中，一路游历而来，不难发现，许多前人都忙于做出评价，直到几乎无话可评。

推崇奥洛夫·瑟尔修斯（Olof Thersus）和大旅行传统的后人们，不仅包括在城市中漫游寻找同伴的年轻随行者，还有进行现代版"大旅行"的美国和日本大学生群体。如同17世纪的情景一样，他们带着父母的祝福来到这里。对中产阶级的教育来说，一段时间的休学或一次欧洲之旅仍被认为是一笔不错的投资。17世纪90年代的流浪者和20世纪90年代的随行旅人都在旅行中认识了世界，找到了自己。

大旅行的经典时代处于18世纪，在此期间，越来越多来自北欧其他国家的精英人士加入英国贵族行列。这次旅行通常包括巴黎，罗马、威尼斯、佛罗伦萨、那不勒斯等意大利主要城市，并在此原计划中增加其他行程。

大旅行的目的地集中在意大利，18世纪很少有游客会去游览西班牙或希腊。虽然出行条件极差，仍可以选择翻越阿尔卑斯山或经由地中海沿岸到达意大利。天气太过恶劣，18世纪的英国人对坐着三桅小帆船出海旅行抱怨不迭。就像在菲利普二世的时代，海上旅行通常意味着漫长且难以预测的等待——等待风向改变航向调转，等待暴风雨后的风平浪静，等待船只到达彼岸。

越往南走，路况越差。很少有游客会冒险前往西西里岛。一位英国人在1792年描述他待在西西里岛的日子："整个国家没有一辆车，小路仅能容纳一只骡子经过，四处散落的小屋简直像霍屯都的牛栏……我们真的厌恶极了西西里的道路和酒店。"

三、地中海化

拿破仑战争之后，地中海旅行的社会基础得以扩展。英国上层中产阶级逐渐成为统治群体。与他们的贵族同胞不同的是，他们无法获得当地贵族的帮助，但幸运的是他们遇到了库克（Thomas Cook）先生。自19世纪40年代初参加游行工作和短途旅行以来，库克先生于19世纪50年代后期便开始了大陆旅行。随后几十年内，他成立机构，通过更低的价格与更好的旅游计划，与行业中没什么名气的竞争者联手，将国外的奇异体验本土化，为大规模的南方旅行打下坚实基础。库克由此成名。那时，似乎随处可见库克精良的旅游代理业务，他总能随时为旅人们提供酒店住宿、导游服务及车票购买，甚至能解决不管是在那不勒斯还是在士麦那（Smyrna）发生的旅行冲突。因此，至1895年库克去世时，就算称"库克代理业务已遍布整个文明世界"也不为过。库克业务的实现得益于铁路时代，虽然1830年从伦敦到罗马的旅程并没比罗马时代快多少，算上乘坐公用马车或出租马车旅行的时间，这趟旅程总共也要花费3周时间。也是从那时起，出现了更快更舒适的旅行工具——汽船。汽船让旅行时间缩短一半，也让到达地中海周围的新目的地成了可能，如从西部的马拉加到东部的伊斯坦布尔。100多年后的今天，铁路给我们带来了巨大的旅行革命。如今早上离开伦敦，次日就能在尼斯吃上晚餐。

尽管意大利仍然排名第一，旅行线路带来的新可能性也改写了地中海地区的游客版图。由于缺乏旅游基础设施，西班牙和希腊参观频率仍保持低位；巴勒斯坦作为历史和宗教朝圣的热门地，广受欢迎；作为殖民地，埃及也很受欢迎。1898年，托马斯·库克在旅行手册中提到，埃及首都开罗"不过是伦敦的一个冬季郊区"，这样并非得益于库克先生的努力，而是苏伊士运河和东方线

第五章 地中海包价游

路合并的结果,这种组合给邮轮或休闲交通带来了创新。

1896年版的《东方航线指南》(Orient Line Guide)宣传其定期途经苏伊士和地中海到殖民地的巡航线路,盛情赞美现代旅行的奢华。远洋巨轮像是一座漂浮的豪华宫殿,船上的生活"安全而奢华"。曾经令人恐惧的航程如今成了一种心旷神怡的海上度假生活。会客厅和餐厅里弥漫着由厚地毯,优雅镶板和天鹅绒椅子堆砌成的、令人安心的富丽堂皇。每天晚上,船上都有体育、游戏、音乐会和跳舞活动。在这里,沉闷不复存在,游客无忧无虑:

无论是长途铁路旅行的喧嚣疲惫、陆地酒店的不适、食物紧缺,还是卫生环境欠佳,在这里都不复存在。每个清晨,船只都会庄严地将船锚抛在某个异国城市的港口,游客们在船上享用英式早餐后,便上岸探索当地风景。他们有足够的休闲活动时间与游览机会。一整天满足的观光之后,让他们深感欣慰的就是,他们再次坐在餐桌旁惯用的座位上,身边皆是朋友熟悉的面孔。游客们探索海洋、岛屿和城市,始终在船上体会宾至如归的感受。

即便百年之后,邮轮广告的营销语言依然极为相似。有了轮船和火车,英国人甚至在南方最偏远的角落也有了殖民地。就像当地人和其他游客抱怨的那样,英国人似乎无处不在,把整个地中海都变成了英国化的地方。英国人带来了教堂、可供借书的图书馆、英文报纸、板球以及各种奇怪的英国食物。罗马的第一个犹太区便是18世纪英国人建的。到19世纪末,甚至连阿尔及尔都几乎处处是英国的冬季殖民地。殖民地中最让人眼前一亮的莫过于女性游客,除了和家人同行,她还独自出游,或与女伴同游。像库克先生这样的旅游代理机构为中产阶级女性出国探险提供了可能。

与大旅行的先锋们不同的是,1911年的新游客们来到这里是为了了解古典文化,探索南方异国风情,"将自己地中海化"。再往南走,你会遇见全然不同的自己,如同去往斯堪的纳维亚海岸线的先锋们一样,从过度文明和城市压力的约束中放松下来。然而,为了健康考虑,夏季到地中海旅行是完全不可行的。

人们对健康的关注也促进英国医疗基础设施的发展。1899年公布的清单中列出英国医生的分布情况:罗马7名,佛罗伦萨7名,那不勒斯2名,威尼斯2名,阿尔及尔(Algiers)1名,马拉加(Malaga)1名,里维埃拉(Riviera)39名。虽然意大利仍占据强势地位,但里维埃拉现已成为最受欢迎的旅游地。大多数医生在尼斯学习工作,这座城市也在学习中迅速适应了旅游业的发展脚步,同时也反映出尼斯作为旅游胜地出现的一些问题。我们可以在尼斯继续跟踪探索地中海旅游业新模式的形成。

101

四、学会与游客一同生活

　　18世纪时，尼斯还只是个不知名的小镇，在前往意大利的大游行途中仅是个不起眼的停留站。那时，里维埃拉的白色沙滩和岩石也还不是赏心悦目的风景。英国作家约翰·菲尔丁（John Fielding）在穿越这片荒芜的海岸时，内心无比想念满目翠绿的英格兰。沿着里维埃拉穿过尼斯的人们对当地的恶劣旅行条件怨声载道。正如1777年一名英国旅客抱怨的那样，马车行驶在那样的路上感觉太糟糕了，有时甚至骡子和山马都无法行走。1763年托比亚斯·斯莫列特（Tobias Smollett）将尼斯描述为一个极其悲惨之地，所见之处皆是贫穷落后境况，"所有人要么是小偷，要么是乞丐"。但他也发现尼斯的优势在于冬季中期的阳光犹如5月份英格兰的眼光一般温暖。到18世纪末，尼斯已转变成为英国病残者占据的小型疗养地，他们在尼斯享受着温和的冬季和清新的空气。于是，这里作为英国人的聚居点慢慢发展，在城镇一隅逐渐形成相当封闭的小世界。当时的尼斯即将走向"欧洲疗养院"的发展之路。从10月下旬或11月初抵达尼斯，次年4月返回北欧，这些群体在尼斯创造了一个越冬旅居季。其间他们有大量时间都在疗理自己的健康，或者参加越来越多的社交活动，像散步、乘坐马车，聚会、跳舞和博彩等。

　　对于当地市政部门来说，大量涌入的游客是天赐的礼物，但是新问题也随之产生。这些强大的外来群体根本无意融入本地生活，尼斯不得不自行完善，以满足这些人的需求。

　　英国人喜欢沿着海边散步，而当地人则愿意待在市中心的林荫大道上，因此，19世纪20年代，英国人主动建造了步行道。1860年，随着尼斯的管辖权从意大利移交给法国，旅游业开始飞速发展，当地人开始向越冬群体出租房屋。作为首批奋力宣传宜人气候的旅游胜地之一，尼斯采用了经典策略，即与那些阳光不足的内陆地区作对比来凸显自己的优势：本市冬季的阳光不但比巴黎多3倍，还比其他任何地方都灿烂。这种策略如今已被广泛应用于所有度假区中，通过罗列内陆客源地恶劣天气状况的排名，提醒度假区的游客自己有多幸运。

　　1860~1914年，尼斯成为欧洲发展最快的城市之一。旅游业不但是劳动密集型产业，而且极为依赖廉价劳动力；这些劳动力多数是从意大利招募而来，继而形成了尼斯的另一种贫民窟。

当地官僚人员和产权人都面临着挑战——这个被称为"安格莱（Les Anglais）"的陌生部落想要什么，如何满足这些旅游人群的特殊要求。越冬群体虽无权投票，但可以决定自己的去留。如何确保下个冬季他们还会回来？这可是一群等待娱乐、有大把金钱挥霍、有大把时光潇洒的人群。1890年，沿里维埃拉游历的游客中有约90%被归类为租客。虽然从数量上看还是以英国人和法国人为主，但绚丽夺目的俄罗斯伯爵和大公爵才是最显眼的国际化元素，他们为躲避圣彼得堡的严冬，在尼斯建立自己的大教堂，喝着成箱的甜香槟欢娱度日。

在财富和社会等级层面，游客们远高于当地的资产阶级，他们来到尼斯只是为了取乐，而非参观罗马遗迹或疗养生息。尼斯从一个伤残者休养地逐渐发展为欧洲贵族阶层（和皇室成员）的冬季高级游乐天堂，其间必然经历过一些重大变化。首先，游客要求现代化的便利设施：饮用水、卫生设施、干净整洁的街道（当然，目前干净整洁还不够）。当地文化也需要整治一下，当地狂欢节必须清除一切通俗文化中的低俗成分。

其次，游客需要娱乐设施。1875年，这里曾计划开展鸽子射击项目，旅游社区也自建了个溜冰场，并计划建造一座博彩中心（由于当地不少有人知道如何取悦游客们），新酒店的建设借鉴了其他高端水疗中心的设计及活动样式，引进企业家、管理人员及酒店舞者来招待贵妇们。

旅游经济既是馈赠，亦是冒险。由于淡季游客骤减，尼斯经济危机严重，当地居民对此抱有极强的矛盾情绪。游客是为这座城市带来财富，但一年只有几个月；让他们总是将游客的需求放到第一位很不容易。不过，只要到了4月，当地人便可欢送游客们离开。

里维埃拉沿岸越来越多的社区逐渐变成了冬季游乐场。英国人建造的步行道被复制到其他许多地方。含羞草和棕榈树这样的异域植物被移植到里维埃拉，成为当地传统景观的一部分。另外，惊心动魄的博彩和后来兴起的赛车运动也被纳入扩建计划之中。

五、美式别墅里的夏日

在法国里维埃拉宜人的海滩上，在马赛和意大利边境线之间，矗立着一座壮观的玫瑰色大酒店。防御墙般的棕榈树给泛着潮红的外墙增添了几分冷酷气息,一直延展至它短小但耀眼的海滩前。10年前,在英国游客4月去往北方度假后,这里空无一人;但近年来,这片海滩已成为名流、时尚人群的避暑胜地。

斯科特·菲茨杰拉德(F.Scott Fitzgerald)的小说《夜色温柔》(Lender Is the Night)一开场便讲述了里维埃拉新兴游客生活的经典故事。1925年6月,17岁的罗斯玛丽和母亲到达酒店,在海滩上探索丰富的假日生活。在这里,她遇到了小说男主角迪克和女主角妮可.戴弗。她被他们无忧无虑的夏日生活吸引,便问道:"你们喜欢这个地方吗?"人群中一人替他们俩答道:"喜欢!必须喜欢……这儿就是我们创造的。"菲茨杰拉德将自己和妻子塞尔达写进故事里,同时将小说献给了密友杰拉尔德和萨拉·墨菲,只是当他们发现自己就是戴弗们的部分原型时,并没有觉得有多开心。1924~1929年,这两对夫妇一起在昂蒂布(Antibes)度过了数个夏天,由此产生了书中描述的许多细节。

菲茨杰拉德说得不错。在艺术家费尔南奇·莱热和帕勃罗·毕加索、作家多萝西·帕克和约翰·多斯·帕索等一众法国和美国朋友的帮助下,墨菲夫妇确实在许多方面创造出了里维埃拉的全新夏日生活。

在布罗代尔对地中海旅游历史的研究中,季节变化节律起着重要的作用。夏天是停滞不前的季节,人们紧闭百叶窗,躲避炎热和夏日疾病,更幸运的人则逃到凉爽的山间避暑。游客们遵循摄氏温度法则,远离炎热的地区。在这儿,8~9月就见不到什么游客了。旅游高峰期和气温变化完全错开了。

20世纪20年代初,随着夏季的临近,里维埃拉就开始陆续关闭。"这里四季阳光充足",虽然游客海报上这样宣传,但这里的冬天就和内陆的夏天一样。早在19世纪末,里维埃拉试图发展夏季旅游热潮,不幸未能实现。正如一名英国女性在1880年所说,只有意大利人才傻到夏天跑去海滩。

1922年夏天,墨菲夫妇带着子女来拜访了科尔·波特租住在昂蒂布海角的城堡。彼时,杰拉尔德·墨菲继承了遗产前往耶鲁大学学习之后,返回到巴黎当画家;他的妻子莎拉从小住在欧洲。夏天的镇上空无一人,电话服务仅在每天限定时段开放,娱乐设施仅有当地一家每周营业一次的电影院。虽然天气炎热,但墨菲夫妇发现了一个海藻密布的小海滩。"我们在海滩上挖出了一角,靠在那儿享受日光浴,随后我们认定,这里就是我们的梦想之地。"

他们说服当地一家小旅馆在夏天继续营业。通常旅馆经理们会在5月的第一天关闭旅馆,去意大利阿尔卑斯山管理那里的夏日酒店。随后,墨菲夫妇决定买套房屋,重新整修,并将它命名为"美国别墅"。在这儿,他们开创了独

第五章 地中海包价游

有的里维埃拉度假生活版本，并吸引了周围大量客人前来。杰拉德和萨拉把他们的夏日生活看作一件艺术品。他们购买当地日常用品，给别墅作了装饰。萨拉开始在院子里从事园艺；杰拉德则踩着凉鞋，穿着短裤露出晒黑的双腿，身着传统法式条纹水手服和白色工作帽——他这身装扮立即引领了时代潮流。

新式的夏季海滩度假生活从这里诞生了，他们嬉笑打闹，畅快游泳，出海航行，他们在泳池旁喝着鸡尾酒，听着留声机中演奏的爵士乐，他们可以随时就餐，可以与伴侣尽情玩耍。萨拉回忆道，"这就像一场盛大的集会，每个人都年轻朝气；当然也需要极大的宽容——只要他们没有在街上狂欢，吓跑过往马匹，我并不关心他们的所作所为"。离开沉闷的老家，在这里你可以尝试做一个与众不同的自己。

墨菲夫妇还去盛极一时的瑞昂莱潘（Juna-les-Pins）游览了一番。当地一位餐厅老板曾看过电影中描绘1924年迈阿密海滩派对的场面后，萌生出创造新美式娱乐风格的灵感，这后来帮助他的事业实现一飞冲天的成功。

里维埃拉的新潮流从传统的赵冬模式转向了夏日海滩。除了游泳，晒黑成了新的娱乐流潮。20世纪20年代，英国铁路报曾如此形容："来到里维埃拉，阳光就是生命。"日光浴最先由德国人和斯堪的纳维亚人提出，是北方人的一项创新。1924年夏天，一位在荒芜的戛纳租了套别墅的度假游客回忆道："我们一到这里就开始享受日光浴，要知道日光浴在当时可是新鲜事物。日光浴种类繁多，也有夸张至极的类型。晒日光浴是一门学问，需要花点时间和精力研究，研究上几个小时都不为过。"

日光浴和其他娱乐活动又为里维埃拉吸引来一波新的财富、青年人、波西米亚知识分子和艺术家。假日生活应当休闲放松、妙趣横生、充满速度激情。沿着海滨飞驰兜风，路向博彩中心或夜总会，已成为游客每日休闲活动的一部分。与旧式精英人士不同的是，新波西米亚人更欣赏本地乡村文化，将之融入自己的生活方式。无论何时，他们更愿意去当地咖啡馆，而非闷热的旧旅馆休息室。勒·希格里夫（Le Hig-lif）曾在此逗留过一段时间。1931年起蔚蓝海岸（Cote d'Azur）的酒店经营者聚集投票决定在整个夏季保持酒店开放，即使还有不少人表示悲观。

随着里维埃拉的脱胎换骨和昂蒂布这类度假胜地的日益流行，作为旧度假天堂的尼斯仿如被遗忘在隔世之地，那里成了了无生趣的旧城区，只剩老人们沿着长廊散步，新一代游客去那里只是去购物。半个世纪后，尼斯只剩下大批疗养社区。上了岁数而又富庶的英国人、德国人和斯堪的纳维亚人，都往南迁移聚到这里。20世纪90年代,仍有游客去盎格鲁商业街那儿的海边游泳,只要他们能够穿过6条拥挤的车道。自19世纪起曾无人问津的古老意大利贫民窟,被改造成后,吸引了不少游客。新移民劳工来自北非,种族主义的国民阵线在当地政治中有很强的地位。沿海公路已成为南欧交通最繁忙的高速公路之一,仿佛一堵密不透风的墙。

同所有黄金时代的游记一样,20世纪20年代的里维埃拉旅游新体验潮流不断攀升。"每个人"都涌向里维埃拉,试图效仿波西米亚式与艺术家式的生活方式,其中不乏好莱坞巨星、权贵新贵、二流艺术家等。在西里尔·康诺利(Cyril Connolly)1936年所著的小说《岩池》(The Rock Pool)中,幻想破灭的男主角内心怨怼地走上瑞昂莱潘街头,他抱怨穿着廉价地摊货在街上骂骂咧咧的女人,控诉咖啡馆里的服务员和汽车销售员。那些能独占一片海滩、享用一顿不那么昂贵晚餐的日子已不复存在了。

人们渴望着重回黄金时代,那时,年轻人可以享受无忧无虑的生活——菲茨杰拉德(Fitzgerald)的作品准确捕捉了这种介于神话与记忆之间的惆怅心绪。书中的潜水者们回到旧时的海滩时发现一切都变了样,不禁感慨道:"少有人在这片蔚蓝的天堂里游泳……多数来自高斯(Gausse,酒店名——译者注)的游客脱掉松松垮垮的睡衣后,一点钟就进入了宿醉状态。"

那时,里维埃拉的海滩文化已完全成熟,并准备传播到整个地中海地区及世界各地。它是法国、英语,尤其是美国文化的混合产物,或者像杰拉德·墨菲(Gerald Mruphy)总结的那样:"即使它出现在法国,也一定混合了些美国经验。"

六、包价游先锋

如果说19世纪中产阶级对南方的朝圣是基于库克先生与蒸汽革命的结合,那么,大众旅行的真正扩张则发生在第二次世界大战后,始于巴士旅行,后来扩展到包机旅行。

第二次世界大战结束后,人们压抑许久的旅行逐渐渴望爆发。随着经济复苏,北欧地区除了中产阶级,工人阶级的富裕程度也越来越高。比起库克先生及其旅游代理公司的高端定位,旅游市场需要更多平价、舒适的旅行。

大巴车成为满足平价舒适需求的关键技术。北方人南下旅行,需要乘坐包

第五章　地中海包价游

租大巴进行漫长且令人疲倦的旅行——这还不是去价格高昂的法国里维埃拉，而是去意大利旅行。大巴可直达有着百年历史、基础设施发达、主要面向意大利人开放的度假胜地、面向亚得里亚海的里米尼海滩。

跟团巴士之旅发展成为一种制度，至今仍影响着许多包车旅行的理念与形式。如今，包车通常被视为一种过于封闭和略显无聊的度假方式，简直专为老年人或焦虑不安的小资产阶级而生。巴士上的游客似乎成了旅游等级阶层中的最低层，好似一群躲在有色窗户后的温驯绵羊，从未只身涉险，与现实接触。

然而，20世纪50年代初期，前往罪恶之城巴黎或里米尼海滩的巴士之旅被视为一场冒险，电影或杂志大肆宣扬，正如好莱坞着力渲染灰狗巴士旅行的时代一样。巴士旅行给"旅行团"的形象发展提供了进步的阶梯，即使旅行团典型的刻板印象、人物榜样和旅行仪式仍然存在。首先，巴士旅行给旅行团分配了种种人物角色：相亲相爱、第一次出国旅行的老夫妇，疯狂摄影的工程师和他那提不起兴致的妻子，挑剔抱怨着浴室条件的未婚姑娘，学识渊博、总会来回检查账单的中年会计师，眼中只有彼此的年轻新婚夫妇，寻找新酒吧的快乐醉汉，闹笑话的司机，打扮时髦的年轻向导……

巴士旅行的微观物理学有其自身适用的社会心理学。在穿越欧洲的漫长旅途中，巴士作为走马观花中的固定去处，立即成了旅客们的第二居所。"巴士之家"特有的家庭式氛围、味道和小细节，使去往新鲜未知的地方、观光、享用午餐、酒店或休息室住宿等探险行为，都变得更加容易起来。让人安心的颠簸、温和的气候、有色的窗户都让这种在未知世界中置身避风港的感觉更强烈了。当旅客们习惯性坐上固定的座位时，这种家庭氛围就能迅速升温：里面有我的座位、我的行李架，通常还有挂放毛衣和旧太阳眼镜的区域。在此期间，团队凝聚力得到急速培养，小团体迅速形成。当然，互相插科打诨、闲聊侃天、礼貌相待和彼此尊重也是这种文化建设的一部分。

巴士给旅行团提供了合适的空间大小，小到足以形成凝聚力，又大到可以避免不必要的接触。人们隔着过道闲聊便能建立关系，也能在司机的烂笑话中嬉笑歌唱。外面的世界"对我们是不友好的"，这样的生存规则也适用于其他巴士旅行团，他们在停靠期间相互投以质疑或批判的目光。最后，在海滩边下车时，团客们已联结成一个紧密联系的团体，每天观光旅行后在海滩、酒店大堂或那趟巴士上重聚。巴士之旅为那些不如中产阶级富庶或不具有独自出行技能的人们打开了通往欧洲的大门。

巴士上的热情与团结为旅行团勾画了积极形象（尽管外界对它风评不佳，

还是有从未参加巴士旅行的人跃跃欲试）。巴士旅行团形象延续到后来的包机旅行中，并继续以更多形式得到称赞和传播。随着游客在旅游方面更加明智，在偏好上更倾向个人主义，加上实际旅行条件的限制，这样的融洽氛围已经很难再重现，也不再具备强烈的吸引力。但直到今天，仍有旅行社在推行这种团结一致的浪漫，人们仍可共同投身于几十年前建立的这种经典旅行形式中去。

七、大海、沙滩、阳光、性

与美国工薪阶级不同，随着生活水平的提高，北欧民众往往愿意花费更多的精力和金钱度过越来越长的假期，并不惜助于冷谈判和政府立法的手段。相较于高薪，北欧人更喜欢工作时间短一些，他们是新教职业道德的典型，最终拥有世界上最长的假期。20 世纪 70 年代，欧洲共同体的体力劳动者工作时长平均减少了 10%，带薪休假的时间增加到 4 个星期。

新的度假市场亟待开发，但只有更为优质舒适的旅行才能吸引大量游客涌向地中海。第二次世界大战给这些偏远岛屿带来了新的资产：飞机跑道，随着包机航班开始向北部度假者开放这些岛屿目的地；加上喷气飞机和在线预订系统这两个条件，巨大的潜在市场火速扩大中。虽然早前受到斯堪的纳维亚半岛尤其是德国巨大的市场挑战，英国人仍是旅游开拓者。

如果说尼斯、昂蒂布和里米尼是南部海滨迈向现代度假的第一步，那么马略卡岛便是 20 世纪 60 年代初包机旅行的先锋目的地。当时，游客人数迅速增至上百万。马略卡岛的成功并不是交通经济和当地海滩供应的简单结果。随着旧的、大型的、负债累累的原有房产的解体，外部房产开发商很容易进入本地市场，囤购了大部分海滨房屋。经典的地域分区出现了：海滩是酒店和酒吧所在地；山间村落作为观光胜地，餐厅、咖啡馆和纪念品商店设在其中。马略卡岛唯一的三星级景点便是弗雷德里克·肖邦和乔治·桑德曾浪漫逗留 3 个月之久的村庄（尽管不得不吐槽当地的设施）。商户们通过巧妙的营销方式，把这一噱头宣传到了极致。

马略卡岛发展初期的繁荣引发北欧人们对这种新型旅游形式的激烈讨论。从 20 世纪 60 年代初期瑞典大众媒体的报道中可以发现，众人的反应毁誉参半。

批评人士认为地中海度假基于 5 个 S：阳光、沙滩、大海、性生活和烈性酒（往酒里兑廉价酒是斯堪的纳维亚的特色）。报纸刊登了订酒顾客的愤怒信，

第五章　地中海包价游

其中载有关于包机游客如何挣脱束缚的大量报道，描述游客基本是从解开安全带的瞬间便立刻投入娱乐生活。男女分工也十分明确：男人喝酒，女人犯罪。马略卡岛和太阳海岸的酒吧里、海滩上，到处都是酩酊大醉的男人和不知羞耻的女人。

"性"逐渐成为美妙的主题中心。人们对于拉丁妓女的谴责常带有种族和阶级偏见，像极了专为青少年和女性杂志撰写的配图小说。从一本自1960年创刊的青少年周刊中可以看到，在马略卡岛上的冒险之旅中，金发碧眼的旅游女神安妮卡一直遭到阿尔弗雷多的追求，这位男子满脸络腮胡、相貌英俊但不值得信任；最终，一腔衷情、有着亚麻发色的克莱斯抱得美人归，他赶走了阿尔弗雷多。之后，这两名年轻的瑞典人又都回归到平静的生活中去了。

早期争论的焦点在于享乐主义，以及游客放纵欲望和激情的方式。身份体面的旅客如何在短短几个周的假期里堕落至此？正如一份报纸在1962年惊叹的那样，"瑞典妇女怎么能面无羞赧地回家呢？"

另一桩时有发生的丑闻与旅游业务中的欺诈行为有关。在大量关于受骗及遭到滞留游客的报道中，人们发现这种新的冒险形式比预想中的还要惊险刺激。人们最喜欢谈论的话题是瑞典游客的容易受骗、不正当旅社的弄虚作假以及当地酒店老板的欺瞒要诈。

20世纪60年代早期，来自瑞典特别是英国和德国的游客将西班牙作为主要的包机目的地，其中又以马略卡岛（Majorca）和太阳海岛（Costa del sol）开发的大型度假村作为首选，旅游人数从1960年的600万飙升至1975年的3000万。海滨区的房产价格依旧相对低廉，生活成本亦保持在较低水平。弗朗哥独裁的铁血手腕常常隐没在游客之中，政府鼓励建设大型度假地的做法实则更方便监视游客带给当地民众的影响，评估两者之间建立的联系。马略卡岛由此成为新兴团体游的典型。20世纪70~80年代，前往地中海沿岸的度假人数大幅扩增，人们不得不寻找新的殖民领土。结果发现西班牙有一片隐形宝藏——远在大西洋的加那利群岛（Canary Islands）。这里能找见一种极具价值的新资源，即温暖的冬日阳光。北方的度假者逐渐意识到，倘若有价格便宜、距离适中，同时又有阳光保障的目的地，何不在寒冷的季节逃离北方，到那里待上一周的时间。

加那利群岛大可满足以上要求，此外，喷气式飞机的研发也为此提供了新的条件。起初，乘喷气机还是一种昂贵的旅行体验，但很短时间内却涌现出一批新的旅游精英群体，即"喷气机一族"。他们可以在周末到撒丁岛黄金海岸，游览巴哈马群岛，在纽约办聚会：这种真正流浪全球的生活让他们与众不同；休闲但昂贵的套装、终年褐色的肌肤、常常敞开的衬衫和低胸连衣裙也让他们极具辨识度。

航空公司对新兴喷气机的持续投入造成飞机座位过剩，但旅游公司却能对此做低价填补。一时间，离加那利群岛那冬日的灿烂阳光只相隔4~5小时了，北方游客开始陆续闯入这片原本与世隔绝、游客稀少的大西洋岛屿——准确来说是一片无人之境。

八、常年在加那利群岛的苏埃卡之家（Casa Sueca）消夏

马略卡岛早前曾有游客踏足，加那利群岛则完全从零开始。岛上首个旅游集聚点位于中心城市拉斯帕尔马斯周围，没过多久，拓荒者们就开始搜寻其他尚未开采的原始地带，尤其是那些贫瘠、干燥、类似沙漠的沿海地区，那里有持续可靠的冬日暖阳。

20世纪60年代，肯尼斯·莫尔（Kenneth More）对特内里费岛（Tenerife）一处沿海村庄的研究是表现上述搜寻过程的典型。1955年，圣托马斯还是一处与世隔绝的破落村庄，当地1200余名村民靠农耕和打鱼艰难度日，与外界的所有通信都必须越过几座山脉，20世纪50年代，仅有为数不多的男性敢跋涉3天走出村里。货车来此收购经济作物和西红柿，另有一名牧师每周来做一次弥撒。此外这里还有三家业余酒吧、一家面包房以及一家贩卖主食的小摊棚；没有饭店也没有电力供给，当地人每天都会到海滩边兜售渔船上新捕捞的乌贼。岛上其中三组家庭拥有全岛的大部分土地，村庄则委派给某个村长治理。从某种程度上来说，当地村民或多或少认为自己是无能为力的，没有能力接触更大的世界。

有几名游客不远千里到村庄探险，结果发现这里贫瘠荒芜，让人失望透顶。彼时还没有美国佬跨越群山发现这片土地，倒有一名来自瑞典的病弱兽医来此，企图寻一处气候温暖但生活成本低廉的养老地。1956年首次考察后，他回到斯德哥尔摩，说服之前在医院遇到的一众病友来这个名为洛斯桑托斯的地方居住。一伙人于次年抵达，租了间房，取名为"苏埃卡之家（Casa Sueca，

瑞典小屋)"。当地廉价的劳动成本意味着他们可以雇用大量人手帮忙推轮椅、做饭、打扫。一行人受到当地村民的热情欢迎，他们快速学会了西班牙语，并投身于社区改造，整个村庄开始出现变化。

一行瑞典人对当地的面包感到不满，烘焙师因此借来食谱，开始制作瑞典风味的面包以取悦新客；同时，杂货商也开始储存像法克福香肠和咸牛肉这样各式各样的新货物。

接着，又有想要疗养的瑞典人携朋友家人来到岛上。当地为此修建了一座小型公寓，并配给了一部发电机，每日可供电至午夜。为了吸引更多瑞典游客，当地增设了一家影院，又在影院旁盖了一家"美国街头热狗站"形式的小餐馆。一夕之间，村里拥有了旅游基础设施，陆陆续续有其他游客来此游玩。多数家庭享受到旅游收益，如寄宿游客会体验出海捕鱼，又或订购刊登在瑞典时尚杂志上的当地服饰的仿制品；而首部冰激凌机的持有者实现了全天发电，又通过将电力分销给其他村民，赚取了可观利润。

当地人对瑞典人的科技和教育印象深刻，但同时又认为来此度假的游客道德败坏；瑞典游客谈及当地人时，认为他们一方面慷慨坦诚，另一方面却落后迷信。

瑞典人来岛的10年后，洛斯桑托斯发展成一处小型度假社区。超市兜售新鲜肉产，几家新开的餐馆供应当地鱼品的同时还提供丹麦猪肉、波兰牛肉，岛上还有定期通往其他社区的巴士服务。不过，发展同样带来问题：过去村民只是将垃圾曝晒在阳光下分解，但现在垃圾箱散发的气味成了问题；四周充斥着发电机的噪声与浓烟；到处都是建了一半的混凝土建筑。当地发展才刚刚起步，缺乏整体规划。

倘若那名旧时的兽医翻越今天的群山（更确切地说是走沿海岸的高速公路），眼前景象会带给他毕生震撼。现在整个沿海地区是一座大型度假胜地，高层酒店随处可见。一些宣传手册仍会将这座小岛打上"渔村"的标签，但想要发现这种早期定居点的蛛丝马迹，真得花一些时间。走进海滩，你看到一排排各国语言的大幅标语："欢迎光临！"这里不像是度假村，倒像是结构奇特的大型城镇。酒店鳞次栉比，朝南而建且各自以复合泳池为中心；交通设施包括观光巴士、小型出租和送货车；这里没有工作坊，不设贸易商店，只有几家超市、集市和专为游客开设的纪念品店。当地只有来自北欧的退休老人终年常住，其余当地人则住在山里，每天乘大巴往返于家和服务类工作地点。小镇引以为傲的是当地的奢华酒店，贴切地称它为"地中海豪华宫殿"，酒店装饰有耐磨的塑制希腊诸神复刻品，包括泳池周围的 14 座大型阿波罗塑像、网球场的 8 座"维纳斯"塑像，以及守卫在迷你高尔夫球场的"胜利女神"像。

纵观旅游产业的发展史，加那利群岛发展之快几乎无可匹敌，而它的成功主要得益于没有季节变化。岛上终年为旅游业务忙碌，同时，新型养老社区的出现吸引了众多中低阶层和安逸悠闲的工人阶级游客。

九、新领地

地中海地区旅游业同时向西南和东部转移。加那利群岛的声誉好坏参半：这里有充足的阳光和遍地的沙滩，但游人拥挤，缺乏本地特色。因此希腊成为重要的备选地。1951 年，前往希腊的游客不过 5 万人次，10 年后增长至 50 万人次，而到 1981 年人数更是达到了 5500 万人次。随着希腊群岛日渐拥挤，旅游成本变得昂贵，土耳其成为游客的另一种选择，突尼斯、摩洛哥、埃及、以色列等国家同样打着"冬日阳光新选择"的旗号进行自我推销。其中，摩洛哥成为替代加纳利群岛的低成本方案，在这里，无论要体验熟悉，还是感受异域，游客都可以自行决定。阿加迪尔（Agadir）大型度假区可以体验标准的地中海度假生活，而步行至城市其他地区或驱车进入乡村，又会是另一种截然不同的生活。无独有偶，20 世纪 60 年代，葡萄牙成为代替西班牙的新选择。

20 世纪 80 年代，旅游体验匮乏的土耳其进入旅游市场，政府想尽办法吸引游客。一方面，土耳其不得不面临老对手希腊的竞争；另一方面，与希腊相似，土耳其不断促进阳光沙滩、古典遗产以及土耳其境内地中海所独具的东方韵味的融合。土耳其早期原始的自然环境和地方特色吸引了更多游客前来探险，之后为开辟大众旅游市场，这种异国情调不得不被淡化。相对低廉的价格和不甚拥挤的海岸作为两大旅游优势，使土耳其成为许多家庭度假的新宠，同时刺激了大众旅游市场的快速发展（希腊几乎抹去了所有 19 世纪后期至 20 世纪前期土耳其统治留下的痕迹，目前，游客在希腊已感受不到上述这种古典与东方韵味的融合）。

地中海旅游版图逐渐扩展到了过去的东欧集团。20 世纪 60 年代，南斯拉夫、罗马尼亚和保加利亚开始效仿西欧旅游业的成功模式，地处东西欧之间的南斯拉夫最先开始。南斯拉夫拥有悠久的沿海旅游传统，时间可追溯至哈普斯堡（Hapsburgs）帝国时代，当时亚得里亚海是备受精英阶层欢迎的旅游目

第五章　地中海包价游

地。到了新时代，相对保守的大众游客到访南斯拉夫，其中大量来自东欧成员国；自驾或者开着房车前来的西德游客逐渐成为海岸地区的中坚力量。保加利亚的旅游业发展遵照经典的5年计划，自上而下，由国家旅游主管部门在黑海建立度假胜地。

20世纪60年代，黄金沙滩和阳光海岸最初因其旅游价格低廉，吸引不少西欧游客前来。但大部分游客还是来自东欧国家，对他们来说，黑海是在南方度假的唯一机会。他们得设法应付破落简陋的住宿条件，所幸他们手中拥有外币，可以得到最佳的替换方案。

每个度假胜地都有复杂的管理规定，来自索菲亚城的巴尔干半岛旅游局会对它们发出具体的规划指示。各度假区事先向管理机构下达食品和酒水订单，后者则按配额发放供给；若有任何始料不及的游客涌入，都会使餐馆陷入困境。西欧人不习惯东欧的服务文化，常有许多抱怨，抱怨这里的菜单看似选择多样，但实际的主菜只有两种，抱怨这里的服务怠慢又粗鲁。然而薪不抵劳、满腔怒气的员工又有什么理由一定要满怀热情地取悦这些西欧富人呢？

回溯过去30年的变化，我们看到地中海地区的旅游版图随文化、经济、政治因素的影响不断变化。葡萄牙和希腊独裁统治的瓦解得以使这些国家接收新的游客群体，但阿尔及利亚的社会主义政府仍将游客挡在门外。此外，石油危机造成价格上涨，航旅人数减少；黎巴嫩战争关闭了里维埃拉，但为塞浦路斯打开了新的市场；而南斯拉夫战争使当地旅游业陷入停滞。

用贸易行话来讲，重绘目的地版图实际是为了"达到产品生命周期的成熟阶段"。旅游目的地总在不断损耗，洛斯桑托斯的小渔村在变成热门旅游地后，过度拥挤和污染等负面影响随之产生。度假村或将陷入"托雷莫里诺斯效应（Torremolinos effect）"，慢慢变成旅游贫民窟，低廉的价格或当地人所谓的"假日欢乐时光"成了这个地方仅剩的吸引力。

早期对地中海沿岸的开发，很大程度是严格按照自由资本主义中"刀耕火种"的残忍策略推进的：侵入、谋利、撤出、搜寻新的未开发海岸。这一过程意味着在淡水供给、电力、道路以及垃圾污水的处理上投入的资金极为有限。最初的红利爆发过后，当地经济体不得不尽力处理海滩受污、交通堵塞、水源匮乏、垃圾倾倒等一系列问题。40年的大众旅游发展让马略卡岛遭到种种破坏。1990年，该岛声称全岛酒店床位数比整个希腊的床位数还多，当时"托雷莫里诺斯效应"就已经蔓延到马略卡岛海岸，空床位数着实令人惊异。马略卡岛已退出市场，而在马盖鲁夫（Magaluf）这样的知名度假胜地，居住者中最

113

多的却是酗酒的英国年轻人,粗鄙的酒鬼们不断混迹在各个酒吧;许多餐厅只承诺提供正宗的英国美食(例如,炸鱼、薯条、香肠、烘豆)。

早期的投机者可以购买马盖鲁夫的多处海滩,还可以在上面修建酒店。如今,酒店已被拆除,人们尝试恢复海滩原貌,助推地区升级。这项计划名为"马盖鲁夫新颜(Magaluf Dressing Up)",其中包括将地名改为卡尔维亚海岸、植树造林、铺鹅卵石路、打造西班牙风格的购物街区等,无一不是众所周知的商业把戏。

许多地中海海岸和岛屿采取了相似的沿海开发模式。起初都只有海滩,或许还有一处小村庄、一条蜿蜒的沿海小路;接着,沿路并排建起了第一批旅馆、餐馆、商店,坐在里面可以欣赏到海滩风光;定居点逐渐密集起来,风景如画的小路成了交通地狱。旧时酒店也许还能欣赏到海景,现在只能欣赏到车辆大排长龙的场面,耳边则伴着嘈杂喧闹的嗡鸣。新建的酒店不得不搬到别处。

另一种必然结果是客户群体的变化。"伊维萨化(ibizzazione)"一词是指年轻客户群体将目的地变成"海滩和布吉舞"热门景地的方式,如位于西班牙的伊维萨岛(Ibiza)和希腊的科斯岛(Kos)。跳迪斯科的群体下午才睡醒,在此之前,整个海滩都空寂无人;尽管这样,家庭游客和老年人也不愿来这儿。20世纪70年代,嬉皮士社区在地中海周围的许多地方有分布,有些甚至保留到现在;20世纪80年代,克里特岛南部贫瘠海岸上的旧时嬉皮士洞穴本身就是一道旅游景点。从1968年起,到此游览的游客都希望一睹真正的穴居人。

物质损耗—文化衰退对地中海旅游业造成了不可挽回的影响。整个旅游产业的运行需要持续不断的发现探索:原度假地承载超出负荷、消费价格过高、对风景过分熟悉导致视觉疲劳等问题越发突出,人们要不断发现未遭破坏的新目的地。

十、天堂的得与失:原始诗学

卡利亚里(Cagliari)来得突然:形状不明的空心海湾前有一处平原,平原上一座金光闪闪、陡而又陡的裸镇拔地而起,直冲天际。多么奇特、多么精妙,丝毫不似意大利……码头上等着一小撮人:男人大多把手插在口袋里,一派气定神闲的模样,完全不像战后时期那些寄生虫一样的游客,任谁从车里出

第五章 地中海包价游

来都摆出一副对进攻者怀恨在心的恐怖表情。

我们来到克里特岛的主要城镇之一——伊拉克利翁海港。主街简直就是西方拍摄的劣等影片中的场景……

我恍恍惚惚地踱着步,时不时停下来,听听马路中间椅子上留声机发出的喑哑声音。屠夫穿着沾有血污的围裙站在小摊的原始砧板前,一如在庞贝城中看到的形象……

整个伊拉克利翁港都能用画笔描绘出来;小镇如噩梦般混乱,反常得彻彻底底,就像悬浮在欧洲和非洲空隙间的一方梦境,散发着生皮、香菜籽、焦油和亚热带水果交织在一起的强烈气味。

第一则引文出自大卫·赫伯特·劳伦斯(D.H. Lawrence)的《海洋与撒丁岛》(*Sea and Sardinia*)(1923),第二则来自亨利·米勒(Henry Miller)1941年对克里特岛(Crete)的描述。两则引文的体裁类型在旅行文学和度假广告(以及一些旅游研究)中都能找到。现代地中海旅游史沿袭着一种稳定的叙事结构:发现原始海岸、村庄和地区。这种体裁汲取了悠久的文学传统。其中一项核心要素正是这种鲁滨孙式的开头:经典的登陆方式,沙滩上的第一片脚印以及英勇的征服。

宣传文本和旅游指南借鉴了旅行文学中相对固定的情景设置,陈旧俗套的语言以及不同的叙事方式,并将主题贯穿其中。人们对这个地方进行挖掘和再探索,并根据实际情况不断调整对"事实"的理解。旅行目录中,这座风景如画的渔村只有300名村民,实则也能容纳3000名夏日旅客。

旅行目录每年都会更新换代,同样也必须要有符合鲁滨孙式目的地出现,如一片隐藏的优美景地,一处与世隔绝的村庄。1994年,瑞典旅行目录中描述了如下经典案例:

抵达赫里索胡湾(Chrysochou Bay),你会觉得自己是前来拓荒……这个波利斯小镇发展缓慢,几所现代度假公寓和酒店与传统环境融合得很好,并不惹人注意;这里的节奏一如往日,是传统的塞浦路斯风格。

随着人们对"原始"的定义发生改变,标准也随之降低。波利斯没有大型迪斯科舞厅,"只有小小的一处",门外是"昏昏欲睡的山村和空寂无人的海滩"。前来波利斯,"会让你对塞浦路斯产生截然不同的看法"。

对"原始"的定义,不断影响我们对"破坏"与"未经破坏"的定义,同时也引发各种对天堂消逝的失落之感。米勒曾惊讶地发现,某家电影院在宣传由劳雷尔和哈代作品改编的电影,劳伦斯的作品通常表现出对现代社会到来的遗憾；此外，早期旅客也经常是引用的对象，米勒常提到"拜伦时代"，其他作者则会反复提起歌德的意大利之旅。从某种意义上讲，人们时刻都在步入现代，和时间是在1830年、1930年还是1990年没有太大关系。1846年，威廉·沙克雷在评论中写道：

不论在哪里，只要汽船抵到岸边，冒险就会退居室内，所谓的浪漫也随之消失……只要黑人哈桑坐在沙发上品着香槟，塞利姆戴着法国手表，祖雷卡吃了莫里森的药丸，拜伦主义就不再体现崇高，反倒印证了荒谬。

19世纪下半叶，火车和轮船的汽笛成了旅游环境遭到破坏的典型标志。神父亨利·克里斯莫斯几年后最爱说的一句话就是："西班牙最值得一瞧的时刻就是现在。"旅游争论中常见的就是对时间演化的比喻，通常会说你"来得太晚了"；另外，在某些乡村和沿海地区，时间似乎陷入停滞，极为缓慢地向前推进着。

处女地是在不同世代、不同社会经历中被制造和重塑的"地方"，因此，人们对更早的"当时"有一种永恒的怀旧之情，它往往随着时间的推移而移动。时间倒回到20世纪50年代或者80年代，人们会说"我们第一次来到这儿时，甚至连一位游客/一家酒店/一座机场/一所迪斯科舞厅都没有""那时的生活迥然不同"。

在真实性、永恒性和排他性的文化经济中，新的隐藏宝藏必须在被入侵的游客淹没之前被开采、取样。这也是为什么众多导游介绍景点时，会像泄露秘密一样提到它们，如夏威夷的隐藏景点、旧金山地下市场、欧洲的未知之地。一本旅游手册在描述偏远的安达卢西亚村庄时写道，"就在这片海岸，享受最后的南部天堂"，接着又在最后做出警告："保守秘密，众人就不会蜂拥而至。切忌向任何人透露这片憩息的土地。"

对真实性的看法也会发生改变。待在加那利群岛的主岛之一富埃特文图拉岛上，你可能有一瞬间的冲动，只想瞧瞧普通的城市环境，看看当地人上班、购物或喝酒。机场旁的小镇虽然没半点如画特质，但至少足够平庸。

叙事形式、陈词滥调和各种场景在多种体裁之间来回循环的方式，告诉我们地中海旅游文学的形成过程。各处都有文学巨匠光临，如撒丁岛的劳伦斯（Lawrence）、马略卡岛的罗伯特·格雷夫斯（Robert Graves）、塞浦路斯的劳伦斯·杜雷尔（Lawrence Durrell），以及待在摩洛哥的保罗·鲍尔斯（Paul Bowles）等。

第五章　地中海包价游

十一、打造崭新南方

战后大众旅游重绘了地中海版图，原本贫瘠荒芜、人烟稀少的海岸和孤立岛屿等外围地区变成经济发展的中心。它们是地中海旅游业的新生力量，人们在此建立起新的据点与社区，将曾经的沙漠打造为海滩和灌溉式酒店花园，流向北欧的资金和游客因而折返，大规模向南方流去。具有讽刺意味的是，这里缺乏工业和城市基础设施、空无一物、烈日炎炎，却变成了经济资产。要满足游客对地中海阳光的狂热追求，还需制冷空气技术的支持和大量的淡水供给。这对水资源短缺的地区是个大问题。北欧游客来自水资源丰富的国家，与当地人相比，他们使用了大量的淡水。而基本供电设施的开发、水源供给、道路修建、旅游必需品（比如新鲜肉类和瓶装啤酒）运输系统的建设，无一不需要大量的资金投入。

就像布罗代尔眼中16世纪地中海世界的边界是不断浮动变化的，不与地中海实际物理空间相重叠类似，新的地中海阳光带在40年的发展中也在不断扩张和收缩。先向西扩展，而后向南、向东探寻新的海滩、更充足的日照时长以及未开发的海岸。实际上，北欧机场附近有充足的阳光和沙滩，这就界定了机场的边界和中心。旅行目录标出了其现有的覆盖范围：向北，从尼斯西区的英国漫步大道酒店，延伸至罗马尼亚的马马亚海滩全景公寓；向西，从特内里费岛的巴赫拉罗海滩酒店，延伸至葡萄牙阿尔布费拉海滨的迪亚纳玛酒店；向东，从土耳其阿拉尼亚的阳光公寓，延伸至以色列内塔尼亚的所罗门国王酒店；向南，则从埃及洪加达的玛格维什酒店，一路延伸到突尼斯苏斯的全景酒店和位于摩洛哥阿加迪尔的地中海俱乐部。

部分地区遭到过度开发或污染、受到战争与恐怖主义威胁后会面临衰落，因此，旅游版图变化得很快。决定其外围界限的因素有许多，如从北欧出发相对较短（不超过5小时）的飞行时间、标准旅游基础设施——游客不必携带防疟疾药品和应对其他热带危害的必需品。该地区的同质性是旅游业内部逐渐扩散并实现经济一体化的结果。从布罗代尔的历史中，我们看到多元文化相互交流融合，多种制度思想彼此共享，如西班牙的阿拉伯世界，旧时东欧的部分地区以及土耳其等国家虽然有着种种差异，都以同样的方式纳入包机游客共同持有的经济文化体系之中。如果将之视为一种文化范畴，它有什么主要特点？如

117

何实现标准化？又需进行到什么程度？

重回布罗代尔，我们从季节、星期、日等基本的旅行生活节奏开始说起。从对布罗代尔的分析中可以看出，16世纪，季节的极性分布是地中海世界的基本组织结构：冬、夏生活存在明显差异。在冬天，许多经济活动逐渐陷入完全停滞，旅游经济同样中断。但正如我们指出的那样，不同目的地之间，季节长度差异悬殊，且自20世纪60年代以来时长逐年递增。阿加迪尔的冬日阳光旅游季从10月延续到次年4月，此时恰好更多吸引人的目的地进入旅游季。而塞浦路斯的旅游季节是从4月延续到11月，马略卡岛则为5~9月。之后便进入淡季；淡季花销不高，适合老年人前来，因为他们想要一个温暖的夏天，还可以度过雨季。在法国黄金海岸、塞浦路斯和加那利群岛的养老社区，季节波动更不明显。20世纪80年代，前来游览的高尔夫球手人数激增，为许多地中海度假地带来福音；只要当地有水源维持球场绿地，高尔夫球手就能延长冬夏两季的赛季时间——他们习惯雨天。

然而地中海旅游业中最强烈的同质化影响力是"包机游周"，这几乎是所有度假活动建立的基本单位。航班运输的经济性决定了包机的概念是装满一整架飞机，满载意味着低价格，而低价格是（并且仍然是）大众出行的基本条件。惯常的想法是开发数量有限、以一周为使用单位的目的地，如在托雷莫利诺斯或弗拉克里安，每有新一批新游客走出飞机，前一周抵达的游客就准备好坐上回程的航班。很快，这种坚不可摧的经济特征完全占领了市场，地中海度假变成了地中海周假，如果资金足够，还能延长至两周，一种游客每隔一段时间往来进出的独特节奏随之形成。这种原则还意味着酒店在一整周都有稳定的客流，度假游客也可随之享受便宜得多的酒店价格。但随着特殊假日的取消，一周游的想法也跟着消失了。

整个假期计划都会围绕这一基本时间单位展开：旅游管理人员应销售什么类型的项目？又能在一周内带给游客什么样的当地文化体验？"一周内，您可以体验很多！"1994年，某本旅行目录上写道："您能在一周内收获许多体验！"但问题是这种体验到底有多少，以什么形式展开。

十二、似曾相识的异域风情

"永不改变胜者"是旅游行业的老调。当地和某些旅游公司打造的地中海

第五章　地中海包价游

旅行团结构，稳定到让人吃惊的地步。这种模式带给老游客一种似曾相识的感觉：他们很清楚这一周会发生什么。同样，正是先前在马略卡岛和太阳海岸的体验设定了包机游的标准。以旅游国际化的角度来说，从开始时的迎宾酒到结束时的乡村晚会，西班牙的体验构筑了希腊或突尼斯的包机游框架。

机场中能看到的另一种运输手段是观光巴士，它同样塑造了包机游的基本结构。出于交通经济和规模的考虑，包车游客需要乘坐公共大巴出行。本地假期开始时，游客先被送往酒店，接着会有导游对当地情况做初步引导，他们穿着特定颜色的衣服，以区别其他旅行社的导游。按照西班牙的旅行传统，导游会首先介绍今日驾驶员的名字，而驾驶员也会在大巴车门处放一个小盒子作为提醒。接下来的周游项目是欢迎酒会，酒店大堂或附近的餐厅会免费提供当地饮品；同时，游客可以根据饮品的颜色和气味判断着陆地点：桑格利亚汽酒代表西班牙，茴香烈酒代表希腊，马德拉白葡萄酒指的是葡萄牙港口处的马德拉岛，薄荷茶则指代摩洛哥。

包团游的发展源于集体旅行的想法。一边度假，一边观光，这种旅游方式在巴士旅行时就已很常见了。

包机游缓慢发展起自己的观景和活动结构，并且有相当程度的标准性和连续性。欢迎会上，导游宣布的第一项观光计划极有可能是次日的城市半日游，届时，游客们会转转当地景点，停下来小酌一杯后接着游览，游览目的地通常包括当地的工匠社区；如果是在海滩，大概率会包一艘轮船前往某个人迹罕至的海滩探险，在那儿即兴来一场又能烧烤又能游泳的海滩派对。一周的终章将是"乡村晚会"，这也是一项重要的包团游惯例。

乡村晚会的想法是在马略卡岛包团游的早期发展起来的。由村里一名村民或餐馆老板为晚会准备当地美食、葡萄酒及民间舞蹈表演。如今，乡村晚会遍及整个地中海地区，在克里特岛和撒丁岛，牧民会唱歌和跳舞，邀请游客共度一晚；在摩洛哥，则会带游客度过柏柏尔之夜。乡村晚会和包团游一样都是统一包价的内含送往庄园（或者到农场、旧城堡、乡村酒馆）的专车巴士、迎宾酒、各式各样的食物（最好是烤猪）、免费葡萄酒等；游客有机会佩戴当地头饰打扮自己，观看当地才艺表演同时加入舞蹈队伍；结束后则有人负责送回住处。当然，马略卡岛的这种模式取决于当地环境以及大规模运营的要求。旅行手册在推销时仍将之定性为"在真正的本土环境中享受田园诗画的体验"——村民可能会奉上当地特色，也许唱一两首歌，邀请游客加入当地舞蹈，但这时的团体游已经有了完全不同的发展。克里特岛的一则案例典型体现了模式的僵

119

化。在许多公司设在伊拉克利翁的旅行社看来，当地某家餐馆老板已经建立了价格公道合理的希腊之夜：大巴载着游客沿蜿蜒小路直抵广告上刊登的山间酒店，但实际上只是一座像仓库一样的庞大建筑。入口处坐着位身着传统服饰的克里特老人，后面是一批批量生产的"当地风格"帽子。房间里摆满的大桌子上都标注有游客所跟旅行社名字的大幅标签。英国人、德国人、荷兰人还有瑞典人——数百名游客共度当地夜晚；但是不同国家的游客不会混在一起，人人都坚持跟紧自己的旅行团。

  桌上放着一大瓶葡萄酒，旅游团成员刚一落座，就有服务员接连端上大块的烤肉配土豆，像极了学校食堂的风格。房间中央放着一张小讲台，装饰着民俗物件和一个用旅行团通用语标注的"乡村晚会"标志。角落里有一支小型乐队正在演奏，舞台上一群专业的民间舞者正在表演，稍后还会有宾客跳舞和宴饮活动；如果房间太热，就打开仓库的整个屋顶。同样，这种大规模版本通常与旅行社选择的经营方式有关。本地企业家可以随时以低价替任意规模的团体抢先预订，为大巴提供停车位，为游客配备专业的音乐人和舞者。当然，那些希望规模更小一点、当地气息多一点的游客会感到失望，不过现在大部分游客都很清楚应该作何期待。比起"真正的乡村氛围"，夜晚狂欢才是招揽游客的吸引点。彼时乡村晚会仍是俗套的假日象征，又被那些意欲借此机会贪婪享用猪肉、大醉一场的游客戏称为"猪饲料"。是否参加过上述任何一种夜晚，成为区分游客的重要标志。

  剩余的游览计划往往包含同样的流程。旅行社会选择相同的景点，依靠本地企业家提供大批量来源可靠的食品、娱乐与交通工具。比起将大巴派往不怎么熟悉的地区，这种专业处理要安全容易得多。竞争公司提供的游览活动也不会有太大差异，一条常用的旅游路径随之出现。它常常限制了大众旅游对特定地区、村庄和线路的最大影响。

  这种一致性的形成还受到员工设置，即导游的结构体系的影响。导游工作是一张享受阳光、娱乐的门票，一直深受年轻人追捧，同时也意味着相对低廉的工资和较高的离职率。大部分导游都处在不断变动的状态，他们工作几年却几乎没有机会晋升，又往往被公司任意调遣，在摩洛哥、希腊、土耳其等地来回切换。不过，得益于相似的游览流程和旅行计划，导游各地切换的难度大大降低；无论游客最终停在哪里、对当地了解多么少，导游们都能依靠标准章程解决。这场游戏的主题就是互换。

  每当行业开发出新目的地，就会套用已经建好的模板，所需要的不过是一份新的每周游览计划：城市游应定位在哪里？是海边烧烤、当地手工艺表演还是乡村晚会？是否有完善可靠的观光流程？如果岛上或海岸没有当地手工艺品贩卖，就要按照模板要求进行开发。因此，观光计划的模板持续不断地运转，并从之前目的地的体验和适应中得到借鉴。

规模较大的旅行酒店在设计娱乐活动时也明显遵照按周进行的节奏，往往可以看作旅游计划的微型版本：周四晚上提供"当地自助餐"，周五是耍蛇人表演，周六则安排民俗之夜，届时舞者、魔术师以及单人乐队会在酒店做巡回表演。

旅行社从游客对地中海系列目的地的探索中看到某些预期。曾有在马耳他的游客向人类学家抱怨，"你知道吗，这里没有多少文化"，后来又补充道，"尽是手工艺品一类的东西"。另一家旅游公司在保证他们提供的度假胜地充盈着"丰富的当地文化"时，脑中所想的实际是旅游指南上对当地文化的标准分类，有关习俗、节日、工艺美术、历史建筑、纪念碑等各个章节。马耳他的企业家创造了一种更加绚丽夺目的新型民间舞蹈，以此满足那些曾去过西班牙或希腊的游客的预期。文化差异因此不断趋于统一模式。

在人烟稀少的沿海地区，基础设施建设薄弱且"本土文化景点"相对较少，因而制定运作良好的游览计划会遇到更多问题，兰萨罗特的旅游开发就遇到这种情况。这座位于加那利群岛的小岛贫瘠荒芜，岛上没有多少人口居住，不过当地有充足的阳光。这里缺乏有关旧日遗址、历史古迹、手工艺品、如画村庄的文化基础设施，确切来讲，这里不属于适合大众旅游的类型。开发人员可以像在加那利群岛其他地方一样，用成千上万吨沙子营造一座优质的沙滩，但他们必须做些更富创造力的编排，为每周的观光行程设置合适的目的地，例如借用摩洛哥的文化进口商品，销售地毯和柏柏尔工艺品。

兰萨罗特（Lanzarote）的案例也说明了大规模开发新景点存在的问题。该岛毗邻摩洛哥，有许多类似沙漠的地区，于是在每周游计划中加入骆驼之旅的想法应运而生。这就要求营造大片沙漠、进口大量驼群，同时保证公交车通行方便、停车位充足。此外，要实现旅游价格下落而企业仍可获利，每日必须有稳定的客户流入。不久之后，骆驼之旅快速从野外探险沦落为草草了之的"骑骆驼送小旅鼠沙漠一趟"，游客相继失望："这就是骆驼之旅？"

旅游社区以同样的方式实现与这种特别的每周节奏。这些文化区每天都有类似的统一时间表。清晨，从阿尔加维的大西洋酒店到阿拉尼亚的帕沙湾公寓，数千名泳池服务员开始清洁游泳池并加入氯剂。海滩上，拖拉机清理着沙子，海滩服务员则展示着阳伞和供出租的沙滩椅。

　　起初客人声称喜欢沙滩椅，热衷去酒店吃自助餐，如果他们住在独栋公寓，就会去逛逛当地超市或在面包店买点早餐面包。大巴车会途径酒店接送短途旅客。下午晚些时候酒吧开门营业，游客可以享受"滩后饮品"，在那儿度过欢乐时光。旅馆开始准备自助餐和娱乐活动等晚间项目，再过几个小时，迪斯科舞厅也热闹起来。在阿加迪尔和安塔利亚这样的地区，郊区的民间艺术团和耍蛇人会把装备塞进小型货车准备出发去表演。

十三、打造旅游套餐

　　伯纳德乘公共汽车去了当地的购物中心，又走进他来这儿的第一家旅行社。商店的窗户和墙上贴着颜色亮丽的海报，上面画着皮肤晒得黝黑、穿着暴露泳装的年轻人；一群人在海滩上彼此嬉闹，在海里跳进跳出，又或者紧紧抓住帆船上艳俗的索具，爆发出阵阵欢乐。柜台上有一块黑板，上面像餐厅菜单条目一样列出各种假日游安排，例如：帕尔玛 14 天游 242 英镑；贝尼多姆 7 天游 175 英镑；科孚岛 14 天游 298 英镑。等待服务的间隙，伯纳德翻看了一摞旅游手册，似乎个个都是千篇一律的内容：一页页的海湾、海滩、情侣、风帆冲浪者、高层酒店和游泳池。马略卡岛看起来和科孚岛没什么不同，克里特岛与和突尼斯长得一样。地中海似乎以早期基督徒无法预见的方式成为世界中心。

　　戴维·洛奇（David Lodge）小说《天堂新闻》（*Paradise News*）的主人公伯纳德在观察这片度假世界时，不仅记录了季、周、日节奏表现出的一致性，还记录了地中海世界物质环境和其通用语的一致性。

　　这种物质文化共享是不断借鉴、适应不同要素的结果。酒店建筑可能是对本土风格的致敬，但其基本结构体现了一种相当极端的功能主义，与阳光、风景催生的旅游经济及当地房产价格息息相关；为了保证最大限度地接触阳光和大海，酒店及度假公寓的设计都遵循了精准的几何形状。如今，每间客房或者公寓常贴有价格标签，标明阳台上能享受到的日照时长，还有景色的优美程度。如今，许多旅游公司按照早前地中海俱乐部的样式自行设计标准度假村，进一步推动了一致性的发展，这一点即使在最为微不足道的细节中也有体现。整个地中海地区的泳池酒吧都会提供一种标准塑料椅；度假公寓的布局也严重

第五章　地中海包价游

受到标准模式的影响，如客房左边最上层抽屉里肯定只放厨房用具。跟团游期间，游客往往在不同的目的地之间来回穿梭，因而，对于入住公寓或酒店房间要找到哪几种设施，他们已建立起相当稳定的预期和需求模式。

旅游美食也能体现出明显的程式化。在克里特岛南部马奎利亚罗斯（Makrigialos）当地的小酒馆外面，菜单上只简明扼要的写了几个大写字母：

汉堡包　三明治　吐司　烤肉串　牛排
煎蛋　比萨饼　土豆　希腊沙拉

从快餐、海边烧烤到融合法国、意大利、美国、西班牙菜肴的高规格晚餐，随着旅游美食的涌现，地中海每一处几乎都会提供这种菜单。人们会将本地白兰地酒倒入锅内烧出火焰，之后用冒出的焰火装饰甜点，同时配上制作精美的鸡尾酒。餐点本身已包含了多种国际元素，在罗得岛或特内里费岛举行的传统希腊式晚餐中，游客可能会见到羊乳酪、中国竹签羊肉串以及授权酿造的阿姆斯特尔啤酒。

近几年，旅游业创造出一种通用语言，比如出租车、到海滩、香蕉船、平房、戴安牛排、空调全覆盖、酒窖、炸肉排等。同时，英语和德语在多数地区的国际环境中，展开霸权争夺。但文字，尤其是篇幅较长的文本常让人难以理解，倒不如使用简化的图像和符号。餐馆会用彩色照片展示菜单，霓虹灯图标参照了国际度假世界的例行图解，棕榈树和倾倒的鸡尾酒杯让人联想到完全自由欢乐的世界。在这种通用语言中，频繁出现对其他著名度假景点的借鉴，比如迈阿密比萨店、棕榈滩酒店、里维埃拉鸡尾酒吧、夏威夷迪斯科舞厅和加利福尼亚咖啡馆等。

鉴于多数偏远地区的本地产品少之又少（或者种类不符），全球经济为地中海旅游社区提供了多种图像、商品和服务。游客沿着阿加迪尔海滩寻找从海里冲上来的贝壳，但自然生长的贝壳很小，于是当地小贩会跟在游客后面出售更大的贝壳，这些大贝壳通过复杂的市场关系网络，从太平洋几经辗转流入这些商贩手中。印度生产的银首饰、海滩上其他小贩叫卖的门垫也是如此。

进口商品数不胜数：大量用于日光浴的椰子油、带有遮阳篷的白色菲亚特汽车、出租用的铃木摩托车，沃尔沃空调巴士，还有源自芬兰的一人量午夜阳光牌黄油、来自美国斯坦福的血腥玛丽混合香料、德国比尔纳伊斯精华啤酒桶，以及来自大西洋的螯虾和东南亚农场的巨型虾。

但这些地区缺乏的不仅是本地产品，还有对旅游业各项工作的专业人员配给，他们通常是季节性移民，如管理人员、服务员、商店老板、导游、美国电

123

台主播、德国美发师、印度集市老板、丹麦儿童俱乐部的幼儿园老师、法国水肺潜水教练和索马里海滩小贩等。

庞大的产业结构依靠的是灵活的生产系统,"精简""扁平"的组织体系和对长期编制员工及基础设施的有限投资。旅游业产出的是各种体验、景点、活动和探险,因而它们的周转速度比生产实体商品的产业快得多。整个复杂系统的建立并不是基于工厂结构,而是基于国内小型旅游电商的网络化处理,它可以实现整条旅游链服务产品的购买,包括机场职员、巴士司机、当地向导、酒店住宿等。正是在航班座位、酒店睡床、当地交通、旅行规划、当地地勤服务等通用要素的共享作用下,旅游产业才能控制人工、设施等成本。此外,电脑预订系统还能对旅行愿景进行更加个性化的定制。至少在过去,要建立自己的业务(或者破产)都相对容易一些,因此行业竞争非常激烈。

大公司面临的竞争往往集中于价格与成本,为了尽可能降低成本,他们采取的策略包括压低员工薪资、确保能从餐馆和商店老板、汽车租赁公司及其他从旅游团中招揽客户的中介那里赚取抽成等。与大型旅行社相比,当地酒店的议价能力相对薄弱,若被这些旅行社从目录册中除名,会严重限制其诸多可能的市场份额。

部分大公司采取垂直整合,以如"地中海俱乐部"这样的模式生产度假村,多数公司的目标是尽量减少对当地的资金投入;一些相对较小的公司则从高尔夫游、考古之旅等各个方面拓展专业的细分市场。

从某些方面来看,整体呈现的是一种惊人的标准模式化效果。尽管许多公司都在努力营销各自独有的个体形象,但它们的输出却几乎鲜有差别。酒店大堂处,扫一眼入驻旅行社的宣传套餐,就能看出其中的相似之处——家家公司都热情宣传自家特色,提供的却是与竞争对手一般无二的观光旅游、旅行提示以及当地景点。

十四、全球化、民族化和地方化

然而,阻碍标准化进程和大规模整合的因素之一就是民族习惯。尽管旅游产业实现了令人瞩目的国际融合,国界的重要性仍不可小觑。英国人需要英国向导、短途旅行和儿童俱乐部;同样,德国人需要德国员工。似乎只有斯堪的纳维亚人曾有跨越国界的成功尝试:例如,一个瑞典人准备让丹麦向导说斯堪的纳维亚的旅游用语，反之亦然。但整体来看，游客还是想和自己的同胞待在一起，这其中几乎没有民族融合的事儿；与之相反，地中海旅游业却愿意坚持推行其他民族的观念模式。

走进当地的迷你旅游超市（一种形式非常特殊的便利店），你会发现这里的国际劳动分工体现得更加淋漓尽致——商家必须供应能引发游客对故土眷恋的特定民族品牌，例如德国咖啡、瑞典糖果、丹麦奶酪、美国口香糖、英国可可。

某种特定差异也会反映地中海地区的不同历史，提醒人们记住曾经的殖民时代：

比起希腊，塞浦路斯给人的感觉更加西化，英式生活遗留的影响不容忽视。例如，在塞浦路斯条件相对较好的酒店，全天任何时段都可以洗澡，水龙头不会滴水，酒店也不会提供生冷的饭菜。这里交通固然繁忙，人们却不会因通行权高声争论，也不会有希腊人那样不守时的情况出现。

一位德国导游描述的以上细节特征，既向我们诉说了塞浦路斯的殖民过去，也表现出德国人的喜好倾向。细节暗示出，这些地区曾经是英或法帝国的领土，又或曾在它们的势力范围之内。同样，摩洛哥或突尼斯在许多方面都能看出法国人的影响，比如服务员的握手方式、早餐用的羊角面包、泳池服务员的蓝色外套、餐厅账单上数字的书写方式、咖啡杯的大小等。地中海国家中，只有法国和意大利拥有历史悠久、覆盖广阔的本土旅游产业，因此，横跨两国的里维埃拉人保留了更多具有民族风格的事物，涵盖了从食物、娱乐活动到酒店日常活动等各个方面。

整个地中海地区旅游产业呈现出极其不均衡的民族分布特征。例如，英国人聚集在科孚岛（Corfu），德国人是克里特岛（Crete）的中坚力量，另有许许多多斯堪的纳维亚人居住在罗得岛（Rhode）。但在大多数其他目的地，则有不同民族相互融合，也允许不同的民族定式观念共融共处。

1850年雅典：

满眼的英国游客，就是那种在寺庙墙壁上刻下自己的名字、又在旅馆陌生人的书中写下诙谐评论的阶层人群，他们是个常见的麻烦。这些人能够支付高昂的价格，却又沉迷敲诈勒索，凡是不合他们习惯的都要诋毁。他们带着一身尘土离开时，见才学见识和来时无差，道德却变得糟糕。

1900年意大利：

来这儿的普通美国佬简直愚不可及，对美丽、端庄和商店小伙子的礼貌反应相当迟钝；他们在这片古老世界的花园中漫步，却如同野兽一样对它们的价值知之甚少，玷污践踏了这儿的一切……他们就该待在家里，无权踏上这些古老的土地。

1995年撒丁岛：

所幸这里没多少德国人。他们一来就占领了整片区域，提出各种要求，还摆出一副国王做派，高谈阔论，满口胡话。有些话说一次管用，但在人群中反反复复说就没什么意思了。有次我实在生气，就走到游泳池边对其中一人说："你们连输两次世界大战，怎么就不能安静待着！"当然，他肯定心中不快。

在1994年一则英国电视公司为卡林啤酒（Carling）设计的广告中，一名肌肉壮实、晒得皮肤黝黑的英国年轻小伙走进地中海一家酒店露台，看着一群肥胖的德国人在抢夺最好的泳池椅子。他若无其事地将自己印有英国国旗图案的浴巾朝这群人头顶扔去，德国人一脸惊讶，看着它散落在那把最好的椅子上——当然，因为那上面放有一罐卡林冰镇啤酒。在这场早间的旅馆之战中，英国再次获胜！（德国人如此负面霸道的刻板印象主要源自于他们无处不在，那样显眼嘈杂，但又是那么富有！）在我多年的地中海旅游生涯中，我只见过两个国家的人没有在他们的阳光甲板上插小国旗：挪威人和瑞典人。

当地居民对不同国家的人也都持有一些固有的偏见印象。德国人整洁，瑞典人挑剔，英国人风趣，法国人傲慢，之后出现的其他分类则跨越了国籍的桎梏，如帆板运动员（Windsurfero）和印第安黑脚族嬉皮士（blackfeet），这些人来自什么国家的都有，但在当地人中并不怎么受欢迎。

而说到别墅文化，其中的社会关系、等级制度和分类法则更为错综复杂。谁才是当地人，谁才是游客？在萨阿拉（Zahara）的安达卢西亚村，相对于当地村民，只有旅游旺季才来的西班牙摊主被视为另一种类型的游客。和只在洛斯桑托斯（Los Santos）待了一周的游人相比，在这旅居多年的退休老人就可以被称为本地人了。然而本地人和游客间的时间界限要多久才行？似乎是很难回答的问题，也许对下一周才来到的新游客而言，已经来了两个星期的老游客就可以充当本地专家了。

但南方的旅游产业无论新旧，都不能增进当地人与游客之间的联系。虽然古老的因格莱赛贫民窟（Ghetto Inglese）将其边界扩展到不同民族及亚文化的整个区域。但许多游客在太阳海岸（Costa del Sol）或塞浦路斯生活多年，仍不愿意和当地人建立多少联系，倒是与自己的同胞形成了紧密的联系网络。

苏珊·巴克莫斯（Susan Buck Morse）就曾对人满为患的地中海乡村旅游

表现出的他异性进行了探究。她所在的克里特岛村庄中曾有学校老师评论道："塞满游客的村庄就像被强行喂食的动物，等到了爆发的一刻就会生病。"许多其他研究中也有类似这种感觉无法掌控村庄走向的情况。早期的旅游开发是一种发展探索，也是对南方沿岸地区经济改善的保障（因为第二次世界大战后这些南方落后地区只有依靠北上寻找工作才有经济收入，在家乡只能靠农业、渔业艰难维持生计）。随着客流量增加，人们发现，以前那些没什么价值或仅能种橄榄作物的土地却能售出相当不错的价格；最幸运的是那些偶然拥有沿海土地的人，但他们也不是获利最多的人群。外界的投资者和开发商来到村庄，好似突然之间就把一切都掌控规划好了，包括跨国连锁酒店、外地人经营的纪念品商店、旅游公司送来导游等。这种新兴的财富通常也分配不均，大多数当地人最终仍只能从事低薪服务工作。

伴随着游客的更替，之前的原住民社区消失不见，更准确来说，它们不得不撤离。在地中海许多地区普遍采取的策略是先创建旅游前线，再实现保证当地生活的后台区域和活动场所。问题在于，当游客厌倦了前台的虚假，就会开始到幕后寻找"真正的"当地文化。

游客是一种经济资源，同时也是导致冲突不断的根源。这些看起来终日喝酒又在沙滩上裸泳的游客是什么样的人？另外，性交易也成为涉及多方面的问题。

十五、地中海疯狂

在西里尔·康诺利（Cyril Connolly）1936年创作的小说《岩池》（The Rock Pool）中，来自英国的主人公奈洛发现自己受到里维埃拉不同道德世界的影响：

他对地中海的疯狂、未开采地带的组织改变以及碘化沿海区干涸的前滩等一无所知。这不仅表现为极大的道德容忍，也表现为一种近乎醉酒的道德放纵。

早在大旅行时代，南方就已表现出浪漫探险的光环，那种奥洛夫·赛尔西（Olof Celsius）乌斯口中多情的瑞典绅士比比皆是。南下意味着进入一片不同的道德领域。早在18世纪20年代，就有英国报纸控诉英国男性游客的所作所为："他们所有的旅行记录无非是喝了多少瓶酒，有过多少风流韵事。"男性一

127

起进行大旅行,就相当于在旅行过程中处处都可以放开玩乐,以成为回到北方之后的吹嘘之本。受拜伦和歌德等文化英雄笔下多情冒险的影响,南方在男士眼中成了性娱乐的幻想地,即便这些地方只有女仆或农家姑娘。随着19世纪后期旅游客源的不断变化,城市中的妓女数量明显攀升,如尼斯。1876年,继"冬天飞来的燕子"后,尼斯又将其描述为"可怕的放荡女人",从而将问题妥善排除在当地文化之外。但这个城市还有其他形式的犯罪存在。1898年,奥斯卡·王尔德(Oscar Wilde)评论了地中海不同地区的男同性恋传统,称尼斯当地男孩是"林荫道上的贵族军队",又补充说:"里维埃拉的渔民与那不勒斯人享有同样的自由。"

随着越来越多中产阶级人士的加入,人们对南方性政治的讨论愈演愈烈。现在,随着更多女性游客的出现,又将关注焦点转向如何采取措施确保她们不受拉丁性工作者的侵害。从19世纪的道德警告和叙事记录到之前提过的20世纪60年代案例之间,对这些人的描述都体现了惊人的相似:无不是皮肤黝黑、留着八字胡的人、装腔作势、虚与委蛇。1854年出版的小说《多德一家在海外》(The Dodd Family Abroad)中,对英国男人和南方人做出如下几点区分:

我们(英国男人)像一张汇票,一天有一天的价值;他们(南方男人)好似牌桌上的镀金卡,看上去代表了很高额度,本身却不值几个钱。这可能也是为什么我们这儿的女人更喜欢那些男人:她们就喜欢这种虚假交易带来的快乐,但这只会让我们感到担心。

但是,多德一家当时所处的旅游环境和20世纪60年代旅行团所遇到的又存在非常明显的差异。1854年时南方男性和北方女性之间很少通婚,这些方面几乎不会引起男性的担忧。但在旅行团时代的新南方,形势逆转了。性别分工在某些方面发生了变化,拉丁情人不再是幻想,而成了许多单身女性游客实实在在的度假体验。问题不在于当地男人的放纵会对北方人构成道德威胁,反而是北方女性摆脱束缚,主动寻求一场假日风流。她们给沿海社区带来新的紧张局势。

我们已从20世纪60年代的部分评论中看到,这种角色互换引起了北欧男性的强烈愤怒,同样也给难以出行的农村妇女带去困扰。但如果是两相情愿的呢?苏珊·巴克·莫尔斯(Susan Buck Morss)曾指出,在这些环境中,一场看似无所顾忌的性别交往并不像表面那样简单:

无论政治和权力如何平衡,这都是一种乌托邦,人人都是赢家。但是双方展开的是两种不同的诉求竞赛,也无法实现目标的兼容。尽管身体上有亲密接触,但由于文化上的隔阂,这种性别交往行为并不会产生任何结果。

即使当地妇女与这些女游客从未谋面,后者对她们也是种威胁。许多村庄的已婚男性会前往附近的旅游中心做服务员和出租车司机,妻子因而有充分理由认为,他们会借机一睹犯罪现场。男性游客建立起一种违法的制度体系,明确规定了其间的各个角色,如今整个情况更加矛盾。在当地人眼中,寻找本地男人的女性游客不能算作女性解放的榜样;她们不过是些性工作者。同样,这些年轻男士也是在安全的双重标准下行动的。当地女孩必须受到陪护,女性游客则是猎求的目标。此外,由于他们自身的社会经济地位低下,多数人不会奢望随这些女性回到北欧。跟她们回北欧,就意味着接受作为移民男性的低人一等和从属地位。早在一个世纪前就曾有英国男士考虑同可爱的意大利女孩结婚,彼时人们会做出"娶她回家做什么"的提醒,而在这儿这种场景要发生逆转。

在长达两个世纪的地中海旅游的性政治中,我们看到旧时的刻板观念和等级制度的再现;即使新的旅游实践不断发展,涵盖了性别、阶级、年龄、种族等多项组合,复杂权力依然存在。这种对比是很有趣的:前者是比较成熟、位于第三世界的男性性旅游产业,后者是引发激烈争论的女性游客寻求风流之事。导致这种激烈争论的大概是年龄上的颠倒,即年长女性向年轻男士求爱。

十六、新旧南方世界中的蛰居

跨国生活不再是无关紧要的事实,不再是少数高雅女性的怪癖——她们生活在巴黎,却到伦敦洗亚麻服饰,又或定期前往西班牙、德国、法国西南的海滨小镇比亚里兹(Biarritz)或比利时东部的温泉小镇斯珀(Spa)。如今,整个欧洲贵族都过着类似的生活,他们到瑞士或蒂罗尔州攀登群山,乘游艇前往挪威峡湾,在苏格兰高地射猎松鸡,去拜罗伊特听瓦格纳歌剧,又或者在蒙特卡洛赌博;贵族们在塞维利亚过圣周,在尼斯参加狂欢节,乘三角帆船游尼罗河,冬天又在圣莫里茨坐着雪橇滑行……我首先想到的是,所有人混杂在一处其实并不会真正关注到彼此,每个人都在个人环境中按自己国家的方式生活,仍然受自己的各种小习惯驱使。那家拥有伦敦梅特波尔(Metropde)酒店的英国公司,又在离戛纳非常近的地方修建了一家大型酒店,而里面又住满了英国人。他们为什么选择住这里而不到其他档次相当甚至更加上乘的酒店呢?因为这里的墙纸、家具、职员、护舷全部来自伦敦；因为这里提供培根作早餐，供应烤面包和松饼作下午茶；简而言之，这里可以满足他们身居英国家中、享受地中海海岸生活的幻象。

旅居国外的瑞典人其实更愿意待在国内，从他们的旅行方式可见一斑——他们常常结伴旅行，预订瑞典旅游公司提供的围着栅栏、糟糕透顶的社区（只因为可以收听瑞典广播电台），到达目的地后，他们立马寻找其他瑞典人，搜寻瑞典美食、瑞典咖啡、瑞典报纸等一切属于瑞典的事物。

有人可能会奇怪，"他们到底为什么旅行？"

主要原因是瑞典人喜欢太阳，但在瑞典几乎见不到阳光。最根本的问题是：瑞典人并不是真的要参观西班牙、希腊或佛罗里达，他们只是为了去晒太阳，至于哪有阳光并不重要。他们对当地民众、异国语言、新推菜品也丝毫不感兴趣，他们只想坐下来喝杯免税的酒水，让他们的皮肤被日光晒得脱皮，和隔壁公寓里那些心胸狭窄、不怎么聪明的邻居坐在一起紧张地笑着。

上述两段评述相隔了一个世纪之久。第一则评述是国际主义者、奥林匹克运动会创始人顾拜旦男爵（the Baron de Coubertin）在1898年发出的，另一则出自1994年发行的一本瑞典杂志。二者表达的沮丧似乎超越了时间的禁锢。"那些游客呢？为什么即使身在国外还要坚持原有的活法，受微不足道的习惯奴役？"

在不同类型的旅游业之间持续的博弈中，这种抱怨仍然存在。他们犯的第一个错误，便是以传统旅游视角来衡量地中海沿岸的越冬游客。在我探索的假期世界中，参与者有着完全不同的目标。在顾拜旦男爵所处的时代，来自法国里维埃拉的越冬游客和今天在平房或酒店房间里过冬的老人虽是两种不同的社会阶层，但又都具有某些共通的特点：他们不是旅游界的福格斯，而是鲁滨孙；他们在地中海沿岸逃离束缚，放松身心，尽情享受。

时至今日，旧时的精英阶层依然前往地中海，但已经建起了自己的庇护空间，如20世纪50年代，阿迦汗家族（Aga khan）在撒丁岛开发的斯梅拉尔达海岸酒庄（Costa Smeralda）。

自20世纪50年代大众旅游发展初期，典型的包团游旅客形象便隐含一定的阶级属性，他们注重旅游的点到为止、预先安排及集体属性。后来新旅客最先来自中下层阶级，之后又有工人阶级加入。1958年，瑞典一本医学杂志发出如下警告：

有效的假日休息和良好的放松对具备专业资质的人来说非常重要，这类人

第五章 地中海包价游

应避开人员混杂、享受集体服务、有着固定时间表的团体游及包机游群体。像建筑师、医生、律师、管理人员、各类官员、文法学校讲师、大学教授等职业群体，如感到烦躁疲倦，应携家人定期旅行休假，可以选择价格贵一些的飞机、火车、轮船，也可入住一流的豪华酒店。

人们对旅行团的批判是基于传统观念中对旅游的理想设定。相比于冒险，这些新包团游客更倾向于安全，对旅游目的地的真伪也没什么辨别经验。

在这些迟钝麻木的消费者眼中，不论在土耳其、西班牙还是摩洛哥度过一周都没有什么区别，然而人们在批判他们的同时忽略了一点：这种新兴团体游游客也有传统观光客不具备的优势。要实现地中海一周游，首先得有实惠的价格，这即意味着大规模的旅行；其次，它必须能提供一定的基本元素，如阳光、海洋、沙滩，最好能具备本土特色；此外，还必须确保游客摆脱工作和监察，并能随心所欲地做自己想做的事，或者无所事事。在这场大规模南移旅行中，旅行先锋明显察觉到一种摆脱束缚的感受。关键原则是："我们要尽情享受！"假期从机场休息室处就已开始，行李检查好，便将烦恼抛之脑后，而在飞机上享用的第一杯免税饮料通常成为开启这一神奇之旅的仪式象征。

新南方世界的旅游结构满足了那些想出国旅行但又不太懂行的游客的需求。确定性和可预测性两种属性使跟团游成为普遍的旅游方式，绝大多数之前只能将国外之行视作美好愿景的工薪家庭由此也可以出国旅行。且令那些具备国际竞争力、掌握多门国际语言的中产阶级旅客无法理解的是，如果离开导游、游览流程、熟知的餐厅、菜单等组成的可靠体系，北欧工薪阶层就没有去南欧旅行的可能。正如一名瑞典卡车司机所说："坐在西班牙某处阳台上边吃T骨牛排边喝玫瑰酒，再结识些原本不敢上前与之交谈的人，甚至是来自别国的游客，想想看，这简直美妙极了！"在许多北欧国家，地中海区域被简单地称作"南方"，而这个"南方"很容易延伸到包括冈比亚和泰国等在内的其他阳光旅游目的地。"南方"也因此成为一种旅游领域的特定区域，而非某些固定的地理区域。

"南方"意味着形形色色的自由，其中就包括免受其他老练游客监管（或观察）的自由。你可以选择是否要成为旅游团中轻松随和的一员。新南方提供了社交活动的简单流程，游客可以在导游的帮助下和其他人共度户外长夜，和他们建立短暂的友谊，也可以选择独处。这种团体游的结构安排还意味着无须掌握令人焦虑的异域文化技巧，如语言能力、酒店和餐馆的公共行为礼仪等。

131

在摸索如何用菜单点餐时，如果担心有违餐厅礼节，害怕侍应生领班停在身旁，旅客可以选择提供自助餐或菜单中附带食物彩图的餐馆，又或是回公寓小厨房自己做饭。跟团游最初提供的是统一的酒店食宿，但随后旅行社发现越来越多的旅客更愿意享受公寓的自由。

在新南方的度假生活中，游客无须具备出色的语言技巧，因为整片公共区域都会使用简单的标志和符号语言，且大部分以图片形式呈现。游客也可以自行选择想体验几分异国情调，有些客人决定整周待在酒店泳池旁，另外一部分人则选择集体或独自出门观光。

当部分游客指责其他游客不够全情投入旅游本身、不够开放、对冒险和新奇挑战不感兴趣时，他们就又退回到自大旅行时代以来不断发展的标准理念，同时忘记了藏匿于旅游标签背后的是各式各样的探险者——有人外出寻找异域世界、见识些新的人，有人把度假当作一次探索自身、丰富感知的机会，也有人仅仅为了什么事儿也不干。

"新南方"不是一个静止不前的概念，所以我在刻画"旧南方"旅游制度的形成过程时使用了过去式。20世纪80~90年代，新南方的独特性越来越明显。随着跟团游近40年的发展，游客要求越来越高，对自己想得到什么以及准备把资金用在什么上的认知体验也更加丰富。

回想起来，第一代跟团游游客似乎显得天真幼稚，他们当时倾心的市场营销手段放在今天绝对不会奏效。随着大众旅游业不断发展，异域情调逐渐侵入人们的日常生活。北欧人开始接触到许多新奇的单词，像干盐湖、炸薯条、比萨、西班牙海鲜饭、包机、杂货店、桑格利亚汽酒、卡布奇诺咖啡、平房、池栏等，人们将这些地中海特色装饰于瑞典餐厅中，或作为纪念品收集，或将它们载入相册、刻入磁带，并在家庭聚会或工作中予以讨论和展示。

此外，这中间也展示了一个持续的学习过程，学习一种新的度假方式，学习让你的钱花得值。这种转变在旅行指南目录中描述语气的变化上体现得尤为突出：对当地风景含混不清的浪漫描述越来越少，更多是游客信息平淡详细的客观记录，如到海滩的确切距离、街道的喧闹程度、空调的使用时长以及当地9月的水温。当然，人们愈加关注如何保证投入资金的价值以及如何明确个人需求，这就是一种商品化的过程。过去的跟团旅行表现出更明显的集体特征；但如今同一团体中可能包含着各式各样的游客，飞机一降落，大家就立即分头行动。有些人在再次回到机场集合准备返程之前，都不会再与同行游客有任何交际；另外一部分人则会在酒店泳池边和旅行途中同大家频繁互动。新的在地租车自驾旅游比之前古板乏味的巴士观光旅游要有趣得多,急剧增长的租赁需求反映了上述变化。但若把这种包车旅行比作旧时的巴士旅行,则是一种文化滞后,这只不过是一种怀旧的营销方式而已。

即便在天堂中也有毒蛇。不乏许多奸诈之流。大众旅游的规模和结构导致了非常实际的问题,包括交通拥挤、污染、噪声、犯罪以及各种形式的盗窃。同样,这种一周旅行的固定模式也引发了不良服务或对游客态度的冷漠。如在洛斯桑托斯(Los Santos),餐厅厨师明白多数顾客只会在这里待一周,所以为什么要操心烹调的食物是否可口?反正他们也不再回来。

矛盾的是,新南方秩序对旧南方而言也是一种保护。旅游业在某些地区的流行风尚和惯例也抑制了其自身负面影响的发展。尽管如此,随着包机跟团游客摒弃观光巴士而选择在当地租车自驾旅行,又给沿海地区和诸多小岛带来了拥堵的交通:太多租车堵在路上。

十七、流动和运动

"地中海不是一个自发形成的统一体,而是由人类运动、暗含于运动之间的联系以及运动线路创造的。"在罗代尔对地中海地区旅游特征的描述中,将这一南方区域视为一种不断创造与再造的过程。这一旅游帝国随着各种旅游企业的繁荣、合并、破产,在持续不断的市场竞争中历经兴衰,新目的地的开启伴随旧目的地的消失。同样,游客和靠旅游业发家的芸芸众生流动聚集到这里,使这片广袤的地区走向了标准化进程。

布罗代尔笔下的地中海历史在恒定的结构和瞬息的形态之间、在慢速移动和高速移动之间取得了平衡。我们在地中海旅游生活的形成过程中发现了同样分化的两极。如果说地中海地区的农民以布罗代尔所谓的"小麦面包—橄榄油—葡萄酒"这种三角结构为生,那么游客的三角结构就是"旅行周—阳光—海洋",这三者使旅游产业具有相对稳定的结构。但世上并无永恒。由于地中海逐渐遭到污染、深受藻类影响,旅游业为了满足旅客游泳的需求,只能修建了更多泳池和人工潟湖。而今,囿于对皮肤癌的恐慌新生代游客,正慢慢地失去对海滩日光浴的兴致。

战争不断重塑菲利普二世(Philip II)在位时的地中海形态,以20世纪90年代的几个例子为例——当巴尔干半岛遭受分裂,当信条不同的原教旨主义者用炸弹震荡了土耳其、埃及、罗德岛等地稳定的旅游业,游客迅速撤离海滩,或干脆取消了前往的航班。不过,团体游行业表现出极大的弹性和强烈的适应能力,跟团前往地中海的时代远没有结束。

大众旅游创造了不同的地中海世界,也成为地中海大部分地区赖以生存的经济支柱,如在塞浦路斯,大众旅游产生的收益占国内生产总值的65%。大众旅游以多种方式重绘了地中海版图:把外围地区发展成中心,将滞销的商品变成稀缺的抢手货。它创造了快速扩张、发展与走向衰败的模式。与国际开发商的强势相反,地方当局几乎没有什么权力;短期收益往往导致环境污染、开发过度等长期代价,投资者却可以一走了之,转而寻找新的项目。

尽管现实残酷,游客仍然渴望南方,不仅是为了远离阴雨连绵的寒冷,摆脱严苛死板的日常生活,更是为了逃脱令人窒息的成规,寻求多种形式的自由解放。有许多以"S"开头的单词和旅游息息相关:"景点(Sights)"主导了大旅行时代;"海洋、沙滩、阳光、欲望和精神综合征(sea, sand, sun, sex and spirit syndrome)"影响了早期跟团游;现在则要换一种设定——许多跟团游的游客都在寻求"隐居、寂静、简单(seclusion, silence, simplicity)"。地中海疯狂仍然存在,不过加入了更多新的形式。伟大的"R"——浪漫(Romantic)——将所有的体验和机会化为一体,探索自己,探索他人,探索自己或与他人关系……鲁滨孙式的探求正是这种超脱的关键。

第三篇

本土与全球

第六章 全球化的海滩

一、到海滩去

有一次，我在旧货店发现一张明信片，大约生产于20世纪50年代的纽约，上面写有简单的字样："在美丽的海边。"它很好地展现了海滩体验的普遍化，呈现出真正全球化的海滩生活图解。这是千千万万张不带任何"地域"痕迹的明信片之一，仅仅是细沙、大海以及精心布局画面的成群的海滩游客。像这样的图片在世界各地海滨的卡片架上随处可见。我在瑞典遇到它便不足为奇了。

海滩是什么，海滩能被用于做什么事情？在20世纪90年代，乐高玩具生产商创造了一个"跨国度假世界"，该系列玩具在全球玩具业术语中被称为"paradise（天堂）"。如果购买6410号套件（年龄6岁以上），那么就可以用以下基本的部件搭建属于自己的海滩：1棵棕榈树，2个沐浴小屋，1把遮阳伞，2把躺椅，1块冲浪板，1根钓鱼竿，1辆快艇，1个便携式卡带播放器，1家海滩酒吧（配有服务员及充满异国情调的饮品），身着泳衣的男女度假者各1人。这些道具和活动的组合来自世界各地不同时期的场所，如今，随着进一步融合与全球化趋势，这样的游玩场所已为青年、成人和游客所熟知。

如前几章所述，海滩这一概念涵盖了众多地区及历史。在加利福尼亚那样的海岸，海滩生活的情景得以充分展示。在加利福尼亚北部，人们不断寻找着属于自己的一片海滩，一片由悬崖峭壁包围着的小型海湾。随着潮水退去，片片小型海滩赫然出现在一对对夫妻和家庭面前——注意，这得是在对公众开放的前提下。这种海滩让人觉得它为自己所独有。无意中的闯入者得再去寻找自己的一片海滩，不然会被视作一种挑衅。这片海滩若是你的，你就可以在此收集贝壳，挑拣浮木，或在沙砾中筑城堡，尽管几个小时后一切都会被冲走。另外一种截然相反的海滩模式是赫赫有名的加利福尼亚海滩。19世纪70年代，社会学家罗伯特·埃格顿（Robert Edgerton）曾在此开展研究。这片他称为"南方胜地"的海滩在某个晴朗的夏日吸引游客数量达40万人次。

海滩的样式风格各异，从只有自己、沙子、海水，也许还有几棵棕榈树的罗宾逊海滩到像纽约康尼岛（Coney Island）或英国黑泽（Blackpool）那样热闹的假日海滩之间还有许多的选择。但任何一片海滩都可呈现某种文化传统的积淀，譬如从18世纪海滨荣军院的历史到20世纪90年代人们对《海滩救护队》（Baywatch）的狂热追捧。前面章节关于法国东南部昂蒂布海滩的探讨，涉及了从体验崇高到浪漫主义、再到娱乐至上的几个历史发展阶段。对于18世纪和19世纪早期的开拓者而言，海滩主要是人们享受海水浴、快速接触到带有健康气息的海风海水不得不经过的地方。在这里，人们可以安静地漫步，也可以观赏落日，但从没有想过将它视作娱乐场所。

在这段全球历史中，有些海滩面积有限，在人们心中却举足轻重。这些闻名各地的海滩经常被一些鲜为人知的海滩所效仿。早期的例子，譬如罗马郊外的海水浴场（Lido），后来又有墨菲（Murphys）海滩和位于昂提布的加洛佩（La Garoupe）海滩。泛美航空公司1946年的广告标题是"浪漫的里约等你到来"，画面中就有两个女人悠闲地在沙滩上休息。另外还写道："里约热内卢正值夏日！从美国乘快艇到科帕卡巴纳（Copacabana）海滩只有需一个周末的距离。"对于地中海跟团游客来说，加那利群岛上的拉斯帕尔马斯（Las Palmas）海滩形象鲜明，如同佛罗里达的迈阿密（Miami）海滩或加利福尼亚的马里布（Malibu）海滩一样。

二、热带之梦

"天堂式"（Paradise）海滩的组成元素有相应的历史渊源。在里维埃拉，棕榈树必不可少，这种热带植物也已经稳步向北移植。可折叠躺椅是从海洋巡洋舰的甲板上借来的，而沐浴小屋则有各种各样的民族风格（天堂海滩的沐浴小屋带有法式风情）。

但是将海滩视作天堂的观念依赖于南太平洋及热带海滩的浪漫氛围。这一全球流行的观念始于对檀香山附近的夏威夷海滩和怀基基海滩的狂热追捧。夏威夷地理位置特殊,很长一段时间以来,它都是梦幻乐园般的存在。这里的第一家现代假日酒店建于1901年,但直到1955年,每年到此地的游客数量仅有10万人次,只有当票价低廉的喷气式飞机普及时,夏威夷才成为大众旅游胜地。直到20世纪50年代,怀基基海滩上的主要常客还是为数不多的美国精英人群。夏威夷形象的魅力主要在于它是第一个真正在大众传媒中流行的天堂胜地:人们不仅可以从色彩鲜明的明信片和图文并茂的杂志特写中一睹为快,还可以从音乐中体验一二。早在1915年,歌曲《在怀基基海滩》(At the Beach of Waikiki)曾在旧金山的巴拿马—太平洋博览会上大受欢迎。流行音乐版本的夏威夷乐谱开始在世界范围内传播,五颜六色的封面营造出一幅热带海滩的图像——草裙舞女郎头戴鲜花,棕榈树随着微风轻轻摇曳,几对爱侣或相偎共沐如银月色,或赏玩远处钻石头火山的侧影。在热带海滩上度过夜晚成为新的浪漫奇想。唱片中的音乐配上乐谱,就算在家中客厅或当地海滩,人们都能营造出置身怀基基海滩的浪漫氛围。带有海滩风情的歌声与图像兼备,这真是浪漫至极的海滩小夜曲。20世纪30年代,怀基基成为第一片无线电海滩;有关怀基基海滩的广播节目数不胜数,而像"夏威夷的呼唤"这样的大众联合广播节目不时会在全球750家电台播放。

第二次世界大战期间,怀基基海滩上的游客已踪影全无,取而代之的是驻扎或途经火奴鲁鲁的数十万士兵。人们讨论旅游业时,鲜少提及大量工人阶级是在战争期间才获得第一次异国体验,尽管情况相当怪异。驻扎在火奴鲁鲁的大多数美国兵与梦想中的波利尼西亚女孩最亲密的接触就是花75美分买"两张草裙舞女郎的图片",这些图片上的草裙舞女郎通常还不是夏威夷本地人,而是波多黎各或内陆女孩。当地女性的身材与男人们在家乡时便幻想的草裙舞女郎的窈窕身段相去甚远。

后来许多士兵和家人作为游客重回夏威夷和南太平洋。20世纪50年代大众媒体营销积极发力,进一步将太平洋海滩这片梦幻之境打造成吊人胃口的异域伊甸园,园中是扬着诱人微笑的性感女郎。1962年《国家地理》将塔希提岛作为专题,巧妙地称之为"男人的视觉享受";这个颇具影响力的杂志在战后一段时期始终将太平洋地区描绘成一片安全友善的乐园。

自20世纪20年代起好莱坞一直是怀基基海滩强有力的存在。电影大亨和明星只需在众多时尚度假酒店中选择一家度过假期,就能使这一景点带有浓厚的好莱坞趣味；20世纪50年代，夏威夷旅游热凭借《乱世忠魂》（From Here to Eternity）、猫王主演的《蓝色夏威夷》（Blue Hawaii）等电影达到顶峰，那些年间美国抢答竞赛中最受欢迎的奖品常常是一次浪漫的夏威夷双人游。

等到大众游客开始怀揣着坚定不移的浪漫幻想，带着大件小件的行李飞抵怀基基海滩时，这里到处林立着高层酒店，海滩上人满为患，交通拥挤不堪——现实的海滩体验很难做到如电影上的场景一般。

欧洲也有类似的热潮，法国社会学家让·迪迪尔·乌尔班（Jean Didier Urbain）将欧洲的海滩生活称为"波利尼西亚式"，如20世纪50年代波利尼西亚俱乐部就将欧洲的旅游目的地营造成了太平洋浪漫式的景象。

怀基基海滩种植椰树林后，任何正经海滩都必然效仿"天堂"样式，种上棕榈科植物。而"天堂"海滩上的另一种元素——冲浪板也曾出现在怀基基海滩上，但它在推广到全球海滩的过程中略过了加利福尼亚州。

最初游客游览怀基基海滩时，冲浪在当地几乎消失了，后来在美洲人的帮助下重焕生机。当地的冲浪者成为海滩上的亮点之一。他们研发了包括冲浪犬和晚间火把冲浪等各式各样的特技，同时还能让游客体验冲浪。20世纪初前来参观夏威夷的团队将冲浪运动带到了加利福尼亚，但由于海边很少有游客具备优秀的冲浪技术，彼时这项运动的传播缓慢；一直到20世纪50年代，冲浪者以南加州为中心建立了一支相对小众的亚文化。他们穿着泳裤、冲浪经由媒体实现全球发展，诚然并非是通过官方途径。20世纪60年代初，低成本冲浪电影通常会选择高中礼堂或者类似的地方作为拍摄和放映地。冲浪先后吸引了小说和好莱坞电影的关注，后来一些南加州的音乐家成功地将"冲浪音乐"推向国际，冲浪随之取得明显的突破性发展。1962~1963年排名前10的音乐榜单中，"海滩男孩（由怀基基海滩上那些著名的冲浪者命名）"创作的多首冲浪歌曲上榜，表明当时冲浪狂热已是不争的事实。冲浪人数不断增加，更重要的是世界各地新兴起以"冲浪之旅"和"加州女孩"为基调的年轻人海滩生活形象：金发碧眼、古铜肤色的青年，跳上敞篷汽车径直开向海滩享受无休无止的夏日派对。除了适合作背景之外，冲浪板已不必非要出现在冲浪场景中；而冲浪场景也不再是夏威夷人独有，反成了加州独创。20世纪60年代，冲浪带动了另外一种全球出口模式的产生：何不在本地海滩或者自家后院来一场真正的加州海滩派对！冲浪随即成为日常社交的潮流前沿。

三、海滩基本元素

全球化的海滩有三项基本元素：海滩，阳光和大海。它们有各什么特点？这三个看似平常的元素又如何将海滩文化变成一种全球现象？

海滩通常不适合人类活动，海滩行走不是件容易的事；风一吹沙砾很容易扬进衣服、眼睛和食物里。早期的海滨游客主要看看海滩远景，或者避开沙丘慢慢踱步，只到入水时才在岸上快走几步；真想游泳的人则更偏向其他类型的海滩。沙子是一种奇特的物质，不便成形又难以掌控。

直到游泳和日光浴海滩出现，沙子才获得自己的独有属性；它变成了一种轻抚身体的极度感性的元素。自此沙子应出现在真正的海滩上，且以白色或金黄色为佳；它看起来应是干净、纯洁的，将如水的丝滑与如光的温暖融为一体。

度假游客在接触这种新元素之初就发现它有各种各样的用途。早在20世纪初期沙子就和孩子紧紧联系在一起，如北欧研发出小孩子使用的沙盒。孩子需要沙子，沙子同样有益孩子成长。沙子充当了儿童玩乐的媒介，于是在郊区花园和城市游戏场地中顺势出现了被木板围住的小沙丘；在海滩上沙子勾起了成年人童真的一面。大人和孩子们一起享受沙子带来的乐趣，用之建造沙堡、运河、雕塑，或把彼此埋进沙里。挖沙坑成了最受欢迎的消遣方式，人们不时还会想出更为稀奇古怪的活动。

人们对沙质海滩的热爱确实产生了广泛影响，首先是新兴的沙子出口业；并不是所有沙子都能出口，必须是完美的海滩沙，但这可不是哪里都有。世界各地海滩的形成都依赖卡车运来的沙子，摩纳哥的一处海滩就是最早的一批试验者之一。当时埃尔莎·麦斯韦尔（Elsa Maxwell）受雇推广摩纳哥旅游业，她提出了用沙子铺满橡胶海滩的想法，虽然效果不怎么好。戛纳和里维埃拉沿岸的其他度假胜地则从法国西海岸进口沙子，那才有了合乎要求的品质。

正如我们之前所见，海水被视为娱乐元素的发现过程是漫长的。人们身体的运动习惯从慢慢潜入水中变成"纵身一跳"，从受控的克制到孩子气的欢快。人们开始更愿意奔向大海而非走入其中。所有新兴的水上运动都发展起来了。在水里你可以漂浮、滑行、划水、划桨、潜水、爬泳，这是一次重返儿时单纯的愉悦的机会。探索海水的世界如同进入一个不同的宇宙：

浮力的奇妙之处就在悬浮于这种厚实透明的媒介，仿佛被支撑和拥抱着。你可以在水中移动，玩耍嬉戏，所采取的方式与在空中无异……人体可以充当一架小型水上飞机或潜艇，借此研究流动的原理。

此外，在陆上也能享受海水带来的快乐。正如去南方海滩的游客所说，水使你渐渐柔和起来。缓慢涌来的海水、富有韵律的海浪都有一种使人平静、舒缓的效果，远望漫无边际的海平线，是进入白日梦境的最佳途径。广袤无垠的大海敞开一个广阔的空间，使思绪和幻想驰骋其间。远处经过一艘驶向异域的船，在这之外，便是另外的世界。哲学家巴什拉（Bachelard）看到了海岸景观的广度和"内部空间"的深度之间的联系；凝视着地平线，你的眼睛凝滞起来，你什么都没看，却看见了一个隐秘的世界。

凝视海洋并试图表达它的魅力，会唤起一种新的语言。如 1929 年对怀基基海滩的描述那样："乳白色的地平线绵延在海洋的尽头，形成一条宽阔的泛着宝石光泽的玉带，隐约以为是绿松石、蓝宝石、翡翠紫水晶点缀其间；围绕海岸的曲线像一条环绕的茶色玉带，拥向海滨坚实稳固的沙滩。"在正午的阳光下，也如日落时分和月光初现时那样，怀基基岛海滩呈现出美妙的景象：在天空和海洋的交汇处，光影和色彩相互交织。

学会新的水中娱乐项目后，游客们便采取了下一步行动。他们培养了日光浴艺术。晒成褐色的身体以前是体力劳动和粗俗的标志：长时间在户外劳动中暴晒才会被晒黑。20 世纪 20 年代瑞典杂志还在刊登护肤品的广告，宣称能帮助使用者摆脱晒黑的皮肤，重获白皙、时尚的肤色，但几年后，日光浴的新时尚已经蔓延到几乎整个西方世界。在某些情况下，曾经声称有美白作用的乳液也转移目标，以满足顾客的新需求，即让皮肤呈现"棕色，美丽的夏日棕褐色"。

19 世纪末，日光浴在德国产生时是被视为享乐主义的产物。直到 1918 年后，由于新一代年轻人厌倦战争并渴望新的生活，这一项目才得到极大发展。英国人斯蒂芬·斯彭德（Stephen Spender）被这一股风潮吸引，形容阳光是"德国的主要社会力量"，他说："成千上万的人去露天游泳池或躺在河湖岸边，有时几乎甚至是全裸，那些晒出健康小麦肤色的孩子走在那些脸色苍白的人中间，就像国王走在朝臣中间一样。"

在这个先锋时代，作为既现代又自然的生活方式的乌托邦代表，裸体主义和日光浴常常被联系在一起。在德国，"自由身体文化（Free Body Culture）"营地开始举办，库尔特·巴特尔（Kurt Barthel）根据他在这样一个营地中的体验,与其他人合作,将裸体主义带到了美国。那时他们主要着眼于接受日晒,但不必像运动员那般正式。人们认为阳光可以治愈一切。裸体主义者的营地遍布美国各地,周围的社会群体经常对其充满怀疑和好奇。1933年一部叫作《裸露的埃西亚山谷》(*Elysia Valley of the Nude*)的宣传电影拍摄完成。新泽西州的"阳光公园"成为美国日光浴协会的总部,人们希望将整个公园发展成"裸体城市",但是裸体主义从未真正流行起来。裸体主义者的身体是自由的,但正如一位评论家所说,他们的灵魂束缚于紧身衣中,在花了大量时间与彼此争斗的同时,裸体主义者花费了同样多的时间来抵御公众的无知。

不过,尽管人们度假及海滩生活方式已发生改变,但对阳光的喜爱确实流行起来了。有时晒日光浴比游泳成为更重要的消遣方式,"阳光是健康的"也化作新的口号。但英国作家伊夫林·沃一如既往地持批评态度,1930年,他在《伦敦每日邮报》上写道:"我讨厌这整个行业……所有这些似乎都对人有好处。现在人们相信'科学家'说的一切东西,就像过去相信神职人员所讲的一切一样。"

随着阳光成为一股解放的力量,一种在感官上与自然高度契合的活动后,关于日光浴是否健康的争论不久就消失了。阳光同时温暖你的身体和感官,你应该沉浸其中。它会让你既美丽又性感。人们对美的颜色有了新的认知,用一个法语词来说,就是对古铜色的狂热崇拜。波利尼西亚的罗曼史便是如此。当地草裙舞女孩或冲浪的海滩男孩并不是黑人,他们只是拥有着晒成恰到好处的肤色。

晒出完美古铜色皮肤已经发展成了一门越来越复杂的艺术,包括油膏、晒黑的印记和按摩。一家澳大利亚报纸对读者建议到,"实际上,晒得不好很容易出现肤色不均匀的情况,即人们所贬低的'农民的棕褐色'"。它需要时间和毅力,才能晒成迷人的、持久的深褐色。在澳大利亚,"日光烘烤"一词取代了"日光浴",以纪念这一努力(这一风潮在1982年仍相当盛行;在美国,连环画《杜恩斯伯里》讽刺并记录了顾客对完美肤色的追求)。在海滩上,你学会了使用各种润肤露给自己和伴侣按摩,培养了新的身体意识,重新定义了哪些是可以接受而哪些是不能接受的裸露程度。

晒黑的艺术安然地成为约定俗成之事没多久,第一次警告就出现了。20世纪80年代,癌症巡逻队开始在世界各地的海滩上工作,以保护人们免受日光的伤害。在一些阳光充足的地方,晒黑已不再是时髦的事,但总的来说,脸色苍白的北方游客仍在继续他们的晒黑工作。

四、海滩身材

海滩是现代身材审美形成的地方。目光所及皆是身体,各种各样,有衰老的、年轻的,有胖的、瘦的,有游泳的、睡觉的、奔跑着的,也有在翻跟头的,在沙地里打滚的。现代海滩生活给身体造成了负担:除了将身体暴露给阳光、水、风、沙子以外,还要呈现在其他人挑剔的目光下。在海滩上,你可以学到很多关于身体的知识,包括你自己和别人的。半个多个世纪以来,穿着不同程度的暴露身体的泳装,可能我们自己已有些审美疲劳,以至于没有意识到这是一次多么具有革命性的经历。

有一种类型可以帮我们重拾一些早期印象。乔治·奥威尔(George Orwell)在1942年的一篇随笔中写道:"那些无休止翻印的价值1~2元的明信片,印着穿着紧身泳裙的胖女人。"他想起风行于英国及别处的传统明信片的特点是关注海滩上的身体场景。奥威尔善于发现流行文化趋势,但他发现很难抑制自己对这些图片产生中产阶级式的反应。

你的第一印象是压倒性的粗俗。且不说这些颜色多么可怕,仅是那无处不在的淫秽场面已足够令人作呕。他们有着彻底卑微的精神世界,这不仅可以从笑话本身看出来,还可从怪诞的图像、肆无忌惮的直视与品质俗丽的画作中体现出来……图中女人每一个姿势和态度都因刻意而丑陋不堪,她们的笑容空洞而夸张,臀部使她们像霍屯督(Hottentots)人。

当然,奥威尔足可将这些明信片视为一种文化现象,这种现象代表一种不同于他自己的幽默和生活方式。这些明信片向我们展示了一种新的、以身体为导向的海滩文化的形成,这种文化当然不受中产阶级礼仪的约束。首先,这里游荡着各种各样的身体,有的肥胖丑陋,有的虎背熊腰。而且伴有一些粗俗的身体接触,如拍击后背、掐屁股、在公共场合毫无顾忌地亲吻、拥抱。此外,他们还有一些引人注目的行为,比如暴饮暴食、喝得烂醉或疯狂地寻找厕所。这些人在不合宜的地点和时间进行本该私密的活动。这些人的身体不受任何节制,他们放肆笑,做夸张的动作,非常高调。在某种程度上,他们以一种释放的、无耻的方式来打一场对抗中产阶级品位和自控力的游击战。性感的女人们弯下腰来显示自己丰满的臀部,大腹便便的男人们漂浮在水面上,并不介意露出自己"粗俗"的身体。他们在沙滩上尽情享受:"玩得开心,希望你也在这里!"在这个世界上,后背、臀部总是很容易引人发笑,任何形式的裸体都是如此。

关于这个世界的象征意义,我想说的一点是,它颂扬那些享受自我的身体,赞美那些绝对达不到严格标准的身材,这在后来主导了海滩文化。有些人在海滩上自得其乐,有些人的身材被人评头论足。20世纪20年代,"泳装美人"观念伴随着无休止的选美活动出现了,并选择海滩作为他们的舞台。

小明星和模特们在蓝色的大海前摆好姿势让摄影师拍照,女性杂志开始刊登广告,告诉人们如何为海滩季做好准备。严格的节食计划成为这项活动的一部分,给之前活跃于海滩的有赘肉群体造成了恐慌。对于男性来说,这些广告则敦促他们在冬季开始锻炼身体,以确保自己的女朋友不会被某个壮汉抢走,或自己被强壮的男子绊倒。"嘿,你瘦得肋骨露出来了!"这是20世纪50年代初海滩广告中用来羞辱人的话语。其中,查尔斯·阿特拉斯承诺"每天只需15分钟,就能让您在明年夏天焕然一新"。

在某些地方,对完美身材监控的要求之高,使一些人选择远离海滩,或去别的对身材要求没那么苛刻的海滩。但在海滩上身体要做的不仅是裸露或被人评价,还包括探索身体与其他物体——沙子、大海、阳光以及不同形式运动的关系。游泳后的疲倦感也会影响在陆地上的身体运动。人们学会了在海滩上极为特别的走路和行进方式。你的脚碰触沙子的一刹那,一种奇妙而自由的感觉油然而生。

新的海滩身材需要新的沙滩装,这个词是在1928年的里维埃拉海滩,伴随着两种新颖的海滩睡衣和海滩裙首次出现的,几年后又推出了海滩包和海滩凉鞋。

五、海滩礼节

吉姆:当一个人来到陌生的海滩时,一开始总是有些尴尬。

雅各布:他不知道要去哪里……

布莱希特(Brecht)在《马哈冈尼》(*Mahagonny*)一书中谈到,到一个陌生的海滩会让人尴尬,这个说法适用于世界大多数的大型海滩。那里的人异常混杂,南岸海滩就是一个很好的例子。在这里,不同年龄、阶层、文化和种族的群体都混在一起。城里人和刚到这个城市的游客以及陌生人,紧挨着同坐在平坦的海滩上，完全裸露在阳光下，几乎没穿任何防护的衣物。这是一种大规模的对抗，在其他场合，这种对抗会是爆炸性的，但是在海滩，这种情况完全合理，即使陌生人也很快会有宾至如归的感觉。

海滩应该是供人们休闲、思考问题或是做自己想做的事情的自由场所。但在这种无政府主义或个人主义观念背后，有着严格的行为规范。法国社会学家让·克洛德·考夫曼（Jean Claude Kaufmann）对法国海滩裸泳的研究非常清楚地说明了这一点。他在海滩上采访了很多人，他们都强烈表示，"在海滩上，每个人都做自己想做的事"，但是在这个世界中不成文规则和条例允许的前提下做的。人们确切地知道底线在哪里，知道该怎么打扮，如何着装和脱衣，如何活动他们的身体。

在"无上装沐浴"这一敏感领域，这些规则尤其明确，女性对这一得体的法国传统有着非常精确的认识：何时、何地以及如何脱掉上衣。凯夫曼选择的话题听起来可能有些深奥，但它反思了关于隐私、个人主义、社会关系和性别的一整套思想体系。他的一个主要论点是，海滩是研究凝视复杂性的实验室。他采访的人经常说："我没花时间四处张望，我沉浸在自己的世界里。"当然，你不可能不看。海滩上的人不停地试验不同的观看技巧，有意无意地在不同观看方式间切换：看、盯、扫，从眼角看、假装不看、简短的眼神接触，抑或是看向别处。

该研究对人们如何驾驭这些技巧有着持续的观察，轻而易举就能锁定打破这些规则的人。尤其那些上身裸露的女性，不仅会吸引男性的目光，还会被其他女性的目光所关注。正如社会学家欧文·戈夫曼（Erving Goffman）曾经说过的那样，"当身体裸露的时候，就被目光遮住了"。

这种观察能力不是与生俱来的，人们在海滩上的观察方式一直在改变。维多利亚时期掠夺式的凝视在今天就会显得过于冒犯和直接。孩子们不断被告诫"别盯着看"，从而使观看能力通过学习而显著提高。你必须学会控制自己的眼神，看他人时要适当而公正：是观察，而永远不能盯着。

出现在海滩上的另一重要发明——太阳镜，提供了一种隐藏自己，并能不露痕迹观察别人的新方式。

众所周知，海滩是非常特殊的场所，通常边界明确。在海边可以做的行为，在停车场或者是海滩公路的另一侧就不合适了。海滩生活可能看起来平平无奇，却体现了一些基本观念的区别，如私人和公共、体面和低俗、个体和集体的界限。大多数海滩行为规范是不成文的，有些很难用语言描述出来，但在海滩人群的心中都一清二楚。

与其他许多场所不同,海滩使不同阶层的人们聚在一起,有时是一种不稳定的共存,有时却惊人地和谐。

这使得人们能够近距离观察"其他人"。英国旅游业历史强调,海滩是为数不多的"中立场所",工人阶层也可以选择海滩作为度假地点,这一进程远远早于其他许多国家。正如历史学家约翰·K.沃尔顿所描述的19世纪末的情况:"在海边,人们摩肩接踵,不管是贫穷还是富有,体面还是低俗,一本正经或是嬉皮笑脸,沉默寡言或是喋喋不休……都必须摩拳擦掌,争夺娱乐空间的入场券和使用权。"虽然他夸大了海滩的无阶级特征,但20世纪早期海滩生活的突出主题正是虚构。音乐厅里的歌曲唱着"海滩苏丹人";在漫画明信片上,工人阶级的女孩们抱怨道:"在家里我可能什么都不是,但在这里我至少能做自己!"海滨之旅是有着特殊意义的,海滩是"充满希望的地方",是英国工人阶级一年里最辉煌的时刻。

正是如此,康尼岛成了一个舞台,不断上演着社会冲突。在19世纪中叶,它的海滩还仍然一片荒凉,只有一些富有的家庭来这里呼吸新鲜空气,远离喧嚣。到19世纪70年代,它便成了纽约首屈一指的度假胜地。1900年,多达50万纽约人来这里的海滩和游乐场度过夏日周末。那时,海岸分布着不同的社会群体,我们可以再次进行"美国阶层结构的线性视觉研究"。某些区域的服务对象以中产阶级为主,其他区域则主要为工人阶级服务。有一些地点臭名昭著,黑社会人物经常出没,或者引来某些社会身份不明的男性观众,观看某项"运动"亚文化。

随着不同的生活方式相互重叠或冲突,像康尼岛和黑泽这样的海滩度假地引发了许多关于海滩道德和规则的争论。一些关于大型海滩度假地的争论甚至呈现出全新的多元文化形式。

六、沙滩毯

我洗着海澡长大,
如今却只余恐怖;
倘若我只沿岸探险,
警察会说再不能到此洗澡。

这段描述巴巴多斯海神（Barbados）的唱词是映射加勒比海滩的限行冲突的众多评论之一。尽管这里和世界上大多数海滩一样对公众开放，但当地人的日常通行受到了限制。在海滨胜地可能存在各种各样监视游客的手段，而单身女游客对自己被小贩或"海滩男孩"骚扰的控诉使得海滩警力进一步加强，就像在巴巴多斯岛的案例一样，这种现象引发了人们关于"谁在海滩上应做什么事"的讨论。许多加勒比海岛上的原住民被驱逐出最好的海滩，或者如当地一篇报道所说："总有一天普通的牙买加民众会无法想象出美好海滩的样子。"

如此，谁拥有这片海滩呢？1958年的一则加拿大旅游广告中写道："想拥有海洋吗？"广告照片里一家人躺在一张铺在海滩中间大片空地的沙滩毯上，一派有序安闲的景象；然而多数沙滩上往往挤满了游客，他们得想方设法挤出一片私人空间。罗伯特·埃格顿（Robert Edgerton）在采访洛杉矶海滩的游客时，绝大多数人表示他们到这里所做的第一件事就是铺开滩巾并整理私人物品，以此开拓自己的一片私人空间："我给自己开采了一小块沙地再铺上毛巾，接下来的几个小时这就是我自己的小世界。它是属于我的。"之后，任何跨过这片私人领地或在它旁边坐下的行为都会被视作挑衅，而这种情况少有发生。因此，这种安置个人物品的微型仪式象征着沙滩礼仪的开始，同时也标志着在身心上同其他人拉开距离。

另一种常见宣示个人隐私的惯例是安置完毕即刻让自己投身于某项活动中，如埋头看书或者躺在沙滩上。即使在拥挤的海滩上，这种强烈的私人观念也与做白日梦的技巧有关——闭上双眼即表示自己在徜徉梦的世界，远离一切。

这一系列流程完成后就可以拥有更多的主动权。部分游客抱怨大家在海滩上过于看重隐私，人人都在尽可能避免与身边的人交流。一位女士曾向戴维·埃哲顿抱怨"这就和电梯里一样没人说话"，打破这种人和人之间孤立空间的常常是孩子和小狗。

受制于这种私人领域条条框框的管束，游客与海滩商贩或海滩男孩之间的冲突也就屡见不鲜了，毕竟这些当地人并不知晓游客从家乡带来的种种规矩。在洛杉矶，许多中产阶级白人游客同样对墨西哥裔家庭怀有怨言：这些人察觉不到你想和他们保持距离。

总之，南方游客强调海滩给予人强烈的安逸感受，许多评论形如："我觉得这里很安全，人们都很友好，环境也使人举止端正……这可能是一处让女性安心独处的地方。"

游客们不止一次地表达出海滩带给他们心灵愉悦的感觉：

那时的怀基基海滩是一个无限治愈的地方。本能告诉你，如果想要休息，想让身体恢复健康，就去怀基基海滩——海水滋润，微风轻抚，一景一物都将震撼你的心灵。

七、沙堡是我家

你可能会在德国的一些海滩上看到这样一个标志，上面写着严禁建造沙堡。对于国外游客来说，这似乎是对那些看似无害行为的苛刻态度，但如果你看到德国沙堡的模样，可能就不会这么想了。我们在这里谈论的不是一般堆砌的小沙堡，而是一种古老传统——在海滩上建造一个与外界隔绝的圆形墙壁，避免自己受风，或受到他人的注意。这些构筑物与一般世界各地海滩上用一连串石块围成的临时庇护所大不相同。德国传统着重强调装饰，正如哈德·卡佩尔（Harald Kimpel）和约翰娜·韦克迈斯特（Johanna Werckmeister）所指的历史现象，穿梭于真正的德国沙堡海滩上就如同漫步于艺术展。

早在 19 世纪德国人就有待在沙堡中的传统。起初，这可能只是在海滩上争夺空间的一种方式，当然也为了抵御德国海滩寒冷的海风。很快，这一传统变成了竞争，人们纷纷出主意把自己的沙堡变得更美观精湛。其中一些沙堡上装饰有用贝壳或残骸组成十分讲究的图案，许多还有沙雕装饰。

沙堡的名字个性鲜明，也有很多隐含意思，如"欢迎年轻女士""建造中""加利福尼亚"或"无忧城堡"之类的。没那么诗意的话，人们可能给沙堡取自己家乡的名字"杜塞尔多夫"，或者只是写上居住者的名字"伊姆加德和埃贡"。沙堡审美和名称的变化反映了不同时期的海滩生活。但是在 20 世纪 30 年代，一些沙堡的名字就很令人不快，其中的一座沙堡不仅有希特勒的肖像，更被命名为"我们的元首"。海滩上的游客穿着泳衣、洋溢着笑容，围着这座沙堡拍照、行纳粹礼。

正如我之前指出德国游客经常受到负面新闻叨扰，修建沙堡的习惯进一步加剧了这种压力。第二次世界大战后，德国游客开始带着自己修建沙堡的传统出国旅行，但并没意识到这会带来怎样的影响。在荷兰和丹麦这样的国家，纳粹军队当时也是这样占领了海滩，所以每当德国人第二天早上返回海滩时，都会惊讶地发现，当地青年晚上就把他们的沙堡拆毁了。

这种冲突最早源于在海滩上插旗子的行为。这是19世纪末出现的传统，不仅出现在德国这个年轻国家的游客出国时常常会带着国旗。当地人会将其视作德国侵略的象征，即对"生存空间"的追求，由此引发了国际冲突。丹麦许多沙滩上有德国的沙堡和旗帜，在其中一片海滩上，丹麦当地人拔走德国国旗的行为引发了德国游客的抗议，最终两国政府不得已进行了严苛的交涉。

除了"典型德国游客"的刻板印象外，沙堡传统还体现在另外一个方面。一座城堡上刻有贝壳铭文：懒汉俱乐部。这样一件令人印象深刻的艺术品必须经过数小时的艰苦努力才能完成，但沙堡的整个构想又并非工作设想，这是件享乐的差事，得有大量小孩子的精力和创造力，又需花上数小时搭建那些风和潮汐一冲便走的东西。正如德国作家所言，这项花大精力的工作似乎表明了一种现实：无所事事的惬意海滩生活充满躁动，人们渴望着"让我们做点什么！"

八、海边和池畔

时间无法治愈一切，泳池边的躺椅才是王道。

这是1997年美国某度假连锁酒店设计的宣传口号，旨在将游客带离海滩。在许多海滨旅游区，沙滩和海水已经没有那么重要。目的地要想吸引游客就必须给自家海滩打广告，到了之后却发现水里几乎没什么人——水太冷、风太大、污染太严重；沙子也是黏糊糊的，里面还混杂着烟头。尽管游客不得不退回到更安全的酒店泳池，但依然带来了海滩旅行养成的习惯和必需品。

查阅《美国百科全书》(Encyclopedia American)会发现，书中对"游泳池"的释义是：由水泥、木材、钢、塑料、玻璃纤维或其他材料制成的用于游泳或休闲沐浴的水箱。定义揭示了泳池逐渐发展的过程，其间游泳池取代海滩成为人们度假生活的焦点。泳池历史悠久，但从罗马时代到19世纪重归人们视野间的这段时期是一段漫长的空白。

在圣克鲁斯的旧木板路上能看到一座1907年建造的古老巨型游泳池遗址，这是19世纪60年代在海滩旁边建造的第一座泳池。19世纪90年代，旧金山附近修建了规模更大的苏特罗海水浴场，该浴场在圣弗兰克斯海岸西部岬角的占地面积达18亩，并配有海水泳池、淡水泳池、棕榈树、一片热带海滩、餐厅、美术馆和露天剧场；浴场的日容纳泳客量可达1万人次，一直对外开放，直至1966年才被拆除。

第六章 全球化的海滩

在芝加哥和纽约等其他大城市，公共泳池的引入常是为了鼓励工人阶级清洁个人卫生，但是随后成了流行的游乐场所。在1911年，当时芝加哥室外游泳池备受追捧，不得不划分组别按时进场；泳池提供泳衣和毛巾，泳客待满1小时就要出水，为下一组队伍腾出空间。

这些大浴池在20世纪的日渐式微与不同群体和阶层的大规模混合有关。事实证明，此后海边泳池会演变成更加私人的酒店泳池，成为继拥堵海滩或受污沿海水域后游客的新选择。20世纪50年代初，怀基基海滩的一家酒店开发商在远离高消费海滩的地方选址，开发了自己的酒店游泳池，此举震惊世界；自此诞生了一种全新的观念。多数酒店泳池的建立都参照了加州模式，试验场地不仅要有泳池风格，还要符合泳池规范。20世纪20年代，加州南部私人泳池数量激增并受到好莱坞明星的光顾，但随着50~60年代更多新颖低价的技术手段问世，泳池的影响力才真正得到进一步扩展。

20世纪80年代设计师开发出名副其实的人造沙滩、瀑布、滑梯和潟湖的水域，酒店泳池随之变得越来越精致；水景逐渐成为酒店美学和娱乐的重要组成部分。

近乎相同的天蓝色、模仿热带海滩的造型、相似的泳池形状以及跳板、椅子的配备，假日泳池文化表现得标准化程度极高。我们按照既定的泳姿移动身体，收腹爬上跳水板；或者在池中交谈时将一只手随意架在池边，一如很多马天尼广告中宣传的场景。

如今，泳池已经集各项娱乐于一身：海滩管理更完善、水温适宜、靠近酒店酒吧、双脚也不会沾上沙子。诚然，空间的局限引发了新的冲突。清晨，世界各地的游客悄悄溜进游泳池，把毛巾搭在椅子上充分沐浴阳光；白天他们带着椅子四处移动，将它们一次又一次地重组；等到用晚餐时，人们离开椅子而去，留下成组的椅子标示着成形的社会关系网络，这是经过整个白天的相互交流留下的痕迹。

九、在海难上生活

也许是因为海滩提供了各种活动和可能，加之奢华的生活氛围，使海滩和池畔生活在度假选择中大获成功。在这里你摇摆于不同的假期模式之间：到水中嬉戏、听着音乐漫步、望着远方放空，或者躺在沙子上、浮在水面上来一杯冰啤酒或卡布奇诺咖啡，还可以在沙滩上漫步、给自己或同伴涂抹防晒霜并按摩。最重要的是，谁又能想到沙滩椅、泳池椅会成为人们最珍爱的阅读场所之一？几乎在各个角落都能看到人们擦着防晒霜，一头扎进书堆杂志、推理小说或者厚厚的平装读本。海滩成为阅读的优质场所。

恰恰因为这里是追求享乐主义的领土，它也时常表现出无聊的一面。人们总是处于半梦半醒的状态——他们打打瞌睡、做做白日梦，再坐起来看看风景，记录一下周围发生的事情，看看别人在干什么，又在穿越海滩风景或者跳入游泳池时意识到自己的存在。

从海滩上的确可以学到很多，但人们注意不到此时自己是不断受训的度假者。世界各地的海滩都能把自己与周边环境分离，也即是说当你环游世界时在任何一个海滩上都能找到宾至如归的感觉。正如1996年《纽约客》(*New Yorker*)上的两则广告中描述的场景，海滩美学的持续变化带动景观趋向简约。在第一则澳大利亚的广告上，一对夫妇沿着沙堤行走，被海水和沙质小岛包围，别无他物；除了一架停放的小型飞机，剩下的只有寂静。而在另一则巴哈马群岛的广告中，只有夕阳下宽广的沙滩、一张躺椅，远处几棵棕榈树。空无一物的寂寥，即便是一个灵魂，也仿佛从不存在。

约翰·菲斯克（John Fiske）在分析澳大利亚海滩时，着重从结构主义角度研究了这一介于自然与文化之间的特殊区域。而1968年巴黎学生起义的口号"海滩就在脚下！"更能说明问题。掀开柏油路即进入一片沙子的世界。无论距离城市生活有多远，假日海滩都与城市生活和工作截然不同。城市文化中那种在众多陌生人中间保持隐私又相互交流的能力为海滩遍布全球提供了可能。

海滩走向全球是不争的事实，但阶级和种族的细微区别仍然存在。南国海滩上的人们抱怨外来者不遵守当地法规，每每看到穿着衣服沐浴的奇卡诺斯人，或是那些仅靠一条毛巾遮掩更换泳装、一举一动中又带有典型斯堪的纳维亚传统的瑞典女人，他们都会觉得遭到冒犯。此外，在有些景点，当地人对游客在海滩上裸露身体的行为也非常不满。在全球许多地方，着衣入水仍然是一个非常重要的传统。

将海滩视为个人体验场所，还是当作一个文化舞台，一直存在很大的争议，其中涉及各种各样的规则、惯例和仪式。让·克洛德·考夫曼在试图总结自己对海滩的观察时，发现自己经常说："海滩这样做或那样做、海滩认为、海滩更喜欢……"海滩生活存在一种无意识的文化集体主义，并不是人们通常所认为的海滩是一种自由空间、一种打破习惯而非养成习惯的空间。这种歧义准

第六章 全球化的海滩

确抓住了海滩生活的文化复杂性。

海滩似乎给度假生活制定了标准,但是越细腻地看待海滩经历,它们看起来就越会私人化。让我以瑞典小说《海滩人》(*The Beach Man*)中的话来结束这一章,故事里发生的背景就是相距遥远的不同海滩:

最先走下楼梯的是鹿特丹一对普通老夫妻。他们拿出了自己17年前买的巴厘岛的衣服,不禁感叹时间过得如此之快。此外二人还打包了凉鞋、衣服、水壶、书、毛巾、袋子、打火机和一包沙龙香烟,如此近乎完美的精心安排,真不敢想象他们之前一起去过多少次沙滩……

他们从塑料袋里拿出一瓶皮兹·布恩牌的防晒霜,默默地在对方背上涂抹,无须解释,就好像在轮流擦拭厨房的桌子一样;他们朝大海望去,老先生简短地说了什么,老妇惊讶地笑了笑表示回应。他们找到了一个舒服的角度晒太阳,老人把两根手指搭在妇人大腿上,老妇也轻轻拍了拍他的手:这表明他们要分开了,从现在开始两人将各自享受自己的阳光。

第七章 消逝的度假地

一、世界之最

20世纪20~30年代出现了一种以充满活力的海滩为基调的避暑胜地。推崇简单和功能主义的现代主义者们发现,户外是人类文明进步的重要场所,也是新美学和新生活方式的实验场所。海滩的现代化如此浓郁:在干净的白色沙滩和蔚蓝海洋的映衬下,时尚的男士伸展着肌肉,时髦的女士则展示着古铜色的迷人身材。在这个新潮健康的民主大众旅游中没有阶级区分,工作服、凉鞋或是只着泳装的古铜色身体代表的是潮流,而不是阶层。在欧洲和美洲,受到不同意识形态潮流的影响,以接待工薪职员为主的新型度假地发展迅猛,包括英国的社会主义假日营地、斯堪的纳维亚半岛的工人旅行组织、法国人民阵线的休闲活动,以及意大利的法西斯实验等。

迄今为止,最踌躇满志或者说规模最大的试验项目出现于1937年巴黎世界博览会上,该项目还获得了博览会的最佳大奖。这是一个计划能同时接待2万名游客的超级度假酒店项目,客房采用浅色、简洁而现代的功能主义风格,且最重要的是:每个房间都保证能看到海滨景观,这就意味着整个酒店建筑必须是窄条形的,沿着海滩延伸几公里。巨大的酒店综合体包含各种各样的设施:电影院、咖啡馆、带有巨大橱窗的餐厅、码头,以及恶劣天气也能使用的大型室内游泳池、读写室、台球厅,沿着海滩布置了一排排的游客躺椅等。游客们可以乘火车或汽车到达,而为了方便度假酒店的内部交通,另有一条小型迷你铁路也纳入计划之中。

这座酒店综合体将是世界上最现代、最宏伟的度假胜地;虽然它还处于筹备建设中，但已经出现了诸如在阿根廷打造一座类似度假酒店的计划。这是一处现代主义的乌托邦，一个真正由玻璃和混凝土建造的休闲城市，一个融合了多方面创新的场所，如所有房间均采取中央供暖并配备一些最先进的设施，任何"能想到的最现代化的"这样的词语不断出现在对它的描述中。这种被称为"古典现代"的建筑风格明显是受到勒·柯布西耶等现代主义建筑师的影响。

而早在 1936 年项目的奠基工程就已经启动，一大群工人忙着把展览的模型变成现实。该项目被称为 KDF-Seebad Rügen，是阿道夫·希特勒（Adolf Hitler）专门为管理德国工人阶级的休闲行为而拟订的宏伟计划的一部分。KDF 是一个成立于 1933 年的德国社会和文化政治组织 Kraft Durch Freude 的缩写，以"欢乐是力量之源"为宗旨。该组织融合了各类复杂的意识形态思想，其中部分源自早期国家社会主义意识形态中拥抱崭新的现代大众文化，或激进或反资产阶级的思想，然而不久该组织就发展成为管理人们休闲的机构，不仅培育了一个由业余爱好者、旅游者和专门找乐子的人们组成的无阶级群体，还强调了为"普通人"工作的核心理念。

1934~1939 年，KDF 举办了各种旅游项目，成功吸引了约 700 万人次的度假跟团游，使其成为当时全球最大的旅游组织方。无论是南边的地中海，还是北极的挪威峡湾，KDF 的邮轮之旅均横贯穿行。"我们的工人在马德拉（Madeira）岛上呢！"成为当时的典型口号，表明当时即便是普通的德国工人，也可以有相当多的机会去周游世界了。KDF 是重塑德国劳动力的绝妙方式，其面向的群体不只有党员，也向所有人开放，这也就意味着经常有盖世太保探员混入旅游人群中观察和报告反社会行为。

旧有的资产阶级避暑胜地不适合这种新型的大众旅游。除了邮轮船队，希特勒还批准了几个专为工人阶层服务的大型海滨度假胜地建设计划，上述的西巴德·里根（KDF-Seebad Rügen）即是第一个获批项目，预计每年将为 35 万游客提供服务。所有这些投资的背后都一个广为人接受的想法，即把海滨度假胜地作为治疗城市病的一个疗方。1929 年某德国海滨度假胜地的广告宣称自己的海滨胜地能帮助都市人缓解过度劳累的神经、恢复精力并找回工作的乐趣。"过度劳累的神经系统"的概念深受希特勒的赏识，他认为造成德国在第一次世界大战中失败的原因是因为士兵们失去了激情，而通过提供健康愉悦、节奏缓慢的海滨度假，新的度假营地将振兴整个国家，工人也将获得新的力量准备好迎接即将到来的挑战。希特勒曾说道，"只有时刻保持高昂斗志的民族才有可能造就卓越的政治"。

但到第二次世界大战爆发时，这个大型现代建筑群只实现部分竣工，俄国劳工被迫继续进行工程建设。希特勒政权垮台后，该建筑群被俄罗斯红军和后来的民主革命军占领，一些未完工的建筑遭到拆除，另一些已完工的则被改建为军营，后来又改为复员军官的假日营地。但整个地区对普通市民来说依然是禁区。

直到当今，我们仍然可以到这座超大建筑综合体转转看看，鉴于其曾被两种不同极权主义的政权，即德国民族社会主义政权和东德共产主义政权所塑造，人们对其未来走向的激烈争论在所难免。

有趣的是当你看这个超级度假综合体的详细图纸时，如果不是在 KDF 挥舞着印有纳粹党党徽的旗帜，单从合理简约的斯巴达式酒店房间到精心规划的海滩地区来看，这可以是世上的任何现代休闲场所。从其度假生活计划可以看到，现代大众旅游项目几乎达到了极致；根据泰勒主义式的精心计算，即使是满员入住，每位客人也可以拥有 5 平方米的海滩空间供自己使用；日均两个马克的费用不仅能提供给游客食物和住宿，还能让他们拿到泳衣、毛巾、特别设计的沙滩椅，以及"所有可自行支配的生活乐趣"。从某种意义上来说，这是浓缩了所有全球包价度假地的精华套餐，即充分享受了地中海俱乐部、桑道斯度假村或蓝色村庄所有度假服务精髓的完美一周。

从表面上看，这个项目看起来既有进步性又有现代性，即赋予了工人们享受假期乐趣的权利。但这种大尺度建筑的目的并不仅仅是压低物价，也不是展示希特勒的狂妄自大，它同时还与纳粹的群众心理学策略不无关系。不管是聚拢在海滩或到电影院集中看电影，都是体现了对民众的管教功能。KDF-Seebad Riigen 这个超级度假地也正是这样一个可以聚拢民众的绝佳场所。

二、巴特林主义

20 世纪 60 年代初，我还在伦敦读书时曾路过一家专门负责巴特林度假营地（Butlin's Holiday Camp）的旅行社。其橱窗中展示着一个色彩轻快的露营地模型：栅栏围出一片海滨社区，里面建着一排排小木屋、泳池、咖啡厅、酒吧，还有一家舞厅。这样的概念让我感到奇特；这是给成年人设计的假日营地？在斯堪的纳维亚半岛只有一些为孩子提供的夏令营，还从未听说过诸如此类的机构。

希特勒在里根建立梦想度假胜地的同年，比利·巴特林（Billy Butlin）在英国建立起了首个度假营地。巴特林在形式简易的度假营地中融入浓厚的英国传统；又结合过去科林·沃德（Colin Ward）和丹尼斯·哈代（Dennis Hardy）在英国露营时的做法，为工薪阶层提供实惠的假期选择。他的灵感最初源于美国，但营地实际所处的社会政治环境由欧洲左翼分子支配，即意味着人们追求民主度假形式的同时，希望打造现代度假居所。

20世纪30年代初期，旧时的海滨度假胜地及其所建的寄宿小屋仍是吸引游客前往英国的主力。而在20世纪20年代，巴特林感受到寄宿小屋屋主的行径过于严苛——两餐之间的时间段里住客不被准许待在屋内，他曾碰到许多家庭冒雨在海边游乐区踱来踱去，瑟缩着等待获允回到房间里。而在加拿大度过的几年童年时光里，巴特林体验到的是截然不同的儿童夏令营，所以让我们简单追溯一下他的灵感源头。

随着夏日的临近，《纽约时报》周日版的某个模块篇幅不断扩大。在欧洲，"夏令营"标题下的内容都带有一份异域色彩，像鹰山营、红木营、印第安湖营地、沙恩营地，许多经典的营地常因户外运动得名，其间进行的活动、刺激享乐、交友探险却无一值得期待。但近些年列表项目的不断波动，表明露营模式推陈出新，受到更多人喜爱：20世纪80年代计算机训练营的数量持续增长，到了20世纪90年代专为儿童减肥的夏令营不断壮大——减肥玩乐两不误！

夏令营在美国的兴起源于返璞归真运动，最初旨在为城市里的贫困儿童提供安全可靠的乡村体验。早在19世纪70年代《纽约时报》就已开始为贫民窟儿童安排乡村一日游并在其他城市开展了类似项目。史学家彼得·史密特（Peter J. Schmitt）曾针对夏令营的归真环境进行研究，其间他讲过这样一则故事：某位富有的捐赠者深感应该让工薪家庭的孩子到外面的世界感受新鲜空气，于是包了一艘汽船送数百名住在纽约贫民窟的孩子到河流上游的森林中度过一天时光。到了卡茨基尔（Catskills）山孩子们就被送上岸，让他们享受美好的自然体验；但没多久他就发现，孩子只会散落地分布在灌木丛间，抽雪茄、投骰子、开牌局，等着返回到文明社会。曾有评论员对这样的经历感慨道："光把人带出家门远远不够，还得教会他们如何享受。"

20世纪伊始，美国人找到了属于自己的夏令营方式，到1915年已建立起数百家营地。在当时的美国，夏令营还只是专门服务于中产阶级的机构，主要分布在东海岸地区。由于学校假期持续时间较长而父母假期较短，因此市场上出现了这样一种稳定的青少年度假模式,让经济条件允许的家庭将孩子送往乡村营地体验长期生活。营地管理即成为一种美国艺术,人们也认为这样一种暑假期间的性格塑造可以弥补孩子因父母溺爱而导致的意志不坚;夏令营的理念是让孩子玩得开心,回到家中又能更好地准备未来的学习规划。

我记得几年前一名大学生的话令我颇为感慨。她告诉我自己的暑期工作是照看来自洛杉矶富人家的孩子。他们带着几个行李箱的名牌衣物来到这个荒郊野外的营地,而在户外吊床上睡觉是重要的受教体验过程,露营期结束时会有一列队的宝马车开到营地接他们重返文明生活,孩子们个个脏乱却在这场安排有序的原始生活中备感兴奋。

相比而言,英国夏令营的模式却截然不同。比利·巴特林凭借自己短暂而又难忘的夏令营体验组建了英国首个度假营地。营地能吸引1000名游客,巴特林也决定保持这样的营地规模即可,似乎一切都朝着正轨发展。虽然访客对新建木屋和营地所有设施都很满意,但总觉得缺了点什么。巴特林到大型自助餐厅、泳池周围以及海滩上观察客人的情况,终于意识到他们其实无事可做,人人沉闷无奇。某天晚上巴特林的同事诺尔曼·布拉德福(Norman Bradford)夺过话筒开始和众人开玩笑,那晚整个气氛发生了改变;接着次日早上,巴特林创造了引领他走向未来成功的关键要素:红外套、红色夹克、白色法兰绒裤的搭配。他们的工作就是要扮演度假天使,为观众暖场、组织安排游戏、上台即兴表演,总之就是要提供帮助,尤其是创造欢乐。

接着,布拉德福开创了例行的仪式,"现在我希望每个人转向自己右手边的伙伴做自我介绍,再和他互握双手",如今这一仪式估计已经是世界范围内实现团队建设的重要内容。此外在舞台上对游客讲话期间,他发明了巴特林式喊话口号"Hi-di-hi",游客则会自发回应"Ho-di-ho";又一种新的传统由此诞生。

巴特林理念是不单要提供包揽一切的假日套餐,还要制订假期活动计划。清晨巴特林营地广播电台"醒醒!醒醒!"的呼声开启了一天的营地生活,安排多种儿童游戏项目留给家长自处的时间,甚至住在木屋的女孩游客可以充当晚间幼儿保姆,这样年轻的父母每晚都有机会到营地舞厅,伴着亨利·曼西尼"每晚都是派对之夜"的韵律舞动。这里还有各种简易轻松的游戏比赛、业余者晚间活动,以及能让游客午夜前离开酒吧的绝妙构想——当救世军歌中所唱的"来加入我们"变成"听从指挥"的例行公事,身穿红色外套的领队带着一列手舞足蹈的游客走入茫茫夜色回到木屋睡觉。

到了20世纪50年代，巴特林和他的队友创造的度假模式开始迈入黄金时代，那时候即便是工人阶级也有能力参与度假了，南方也还未形成新的竞争引力。营地规模逐渐增大，要求极其严密的结构组织。每周六巴特林在博纳河的营地会送走6000名游客，又接着迎来6000位新人；营地有1300名服务人员，1150人住在其中。这种大锅饭的方式深得女性游客的青睐，她们能从中体验真正的假期生活；而当20世纪60~70年代营地重又强调自炊模式，她们觉着好似又回到了厨房。

一方面，巴特林成为英国流行文化的象征；但另一方面，他也成了评论家谴责批量生产、严格管控假日生活的批判对象；而即便申明铁丝网和保安人员的存在不是为预防游客逃走，而是想要杜绝有人闯入空屋做些"搭便车"的行径，依然无济于事。20世纪60年代，巴特林打出的口号是"巴特林即自由之地"，以此发起降低营地管控的尝试，这种做法对早前期效果明显，但在今天的吸引力似乎大不如前。第二次世界大战之后，"营地"更是变成沉重不安的代名词，容易让人联想到战争的残酷，尽管巴特林试图将其机构更名为"度假村"，却依然撕不掉旧日的"营地"标签。

当人们开始大规模逃离阴雨连绵的英国海岸，巴特林和竞争对手都试将他们的假日理念推广到阳光更加充沛的目的地，但获得的成效不一；反倒是早在1950年就已出现的"地中海俱乐部"的概念以其尚古的风格、无忧无虑的欢乐以及性感的热带自由成为人们在20世纪60年代的新选择。

三、夏威夷粉色皇宫

正如我们所见，对于热带沙滩的想象源于美国夏威夷州的怀基基海滩，它提供了一种专为富人打造的一体化度假新模式。

20世纪20年代起，随着美国百万富翁人数的不断上升，夏威夷试图从法国的里维埃拉抢回那些挥金如土的美国游客。到夏威夷及里维埃拉的邮轮航线几乎同时开航，但即便如此，夏威夷也无法比拼欧洲的豪华游。马特森航海公司（Matson Navigation Company）在开启了旧金山－火奴鲁鲁的航线之后，也想制定一种新的精英旅游形式方案，为此，该公司在怀基基海滩投资开辟了豪华旅游线路与时尚度假村，并设计了新酒店。为了使酒店更吸引人，管理人员参观了北美各地著名的度假胜地，开发研制出一种前卫的度假方式。1927年，夏威夷皇宫酒店（Royal Hawaiian Hotel）开幕并举行了一场宏大的历史盛会，重现了伟大的卡梅哈梅哈国王（King Kamehameha the Great）来到该岛的情景。1200名特邀游客目睹了这场别开生面的盛会，当地的报纸称其为"五彩斑斓且半野蛮"的聚会。1915年，在一场与该盛会类似的活动中，所有战士都穿着类肤色的长裤以迎合火奴鲁鲁当地的法规，因为法律规定"在沙滩上裸露身体是不道德的"。

夏威夷皇宫酒店的设计真真切切是所有全球风格的集成：酒店主体风格为粉色的西班牙风，舞厅的装潢走的是尼罗河风，室外餐厅则充满波斯风情，大堂的工作人员却身穿中国风服饰。4公顷的酒店庭院设计成了热带天堂，在那儿，酒店安排了三位专职员工对800棵棕榈树进行修剪维护，保证椰子不会砸到客人。大型花园里有网球场、羽毛球场、射箭场、草坪保龄球场，还有附近酒店的高尔夫球场。包括夏威夷四弦琴课、草裙舞等在内的日常活动排得满满当当，每天还举行夏威夷小夜曲演奏，由夏威夷皇家女孩合唱团出演；当地人还会爬上椰子树助兴，与夏威夷皇家乐队共舞。酒店内成排的购物商店也是其创新手段之一。

由夏威夷皇宫巡逻队的巡逻来圈定海滩的点子源于怀基基海滩的另一种创新：沙滩男孩。1912年，当那个被戏称为"青铜"的夏威夷游泳运动员杜克·卡哈诺莫库（Duke Kahanomoku）在斯德哥尔摩奥运会上获得游泳金牌时，他向记者们说了一句让人印象深刻的话："我只是一个怀基基的沙滩男孩。"什么是沙滩男孩？在怀基基海滩，他们既是导游、演艺人员，也兼救生员。他们生活在沙滩上，靠沙滩为生，他们冲浪、划独木舟，也参与聚会，演奏音乐。他们既靠游客赠予的礼物为生，也靠钓鱼及摘椰子、香蕉、杧果、枣为食。他们演绎着天堂般生活的神话，永远青春横溢，有着无休止的假期，这也成为推动游客们慕名而来的缘由。

夏威夷粉色皇宫将沙滩男孩的概念制度化，如同旧时英国巴特林士兵一样。沙滩男孩需要确保游客玩得尽兴，并为游客提供划艇旅行、冲浪课及即兴聚会。但沙滩男孩的身份又是模糊的：一方面，他们作为当地"土著"带领游客们进入一个无忧无虑的世界尽情享受假期；另一方面，他们却又像皮条客一样，绞尽脑汁使出浑身解数希望从游客的荷包中榨取更多的钱财。沙滩男孩的概念传遍了世界各地，但随着大众旅游在各地海滩逐渐兴盛，沙滩男孩这样的体制却又或多或少是独立发展起来的。我们在地中海曾遇到另一番情景，那里的沙滩男孩带着拉丁风情。沙滩男孩成了加勒比、冈比亚、摩洛哥海滩上的一种风土人情。

夏威夷粉色皇宫酒店绝对是一个一体化的度假区,它就如同一个王国般,游客并不会再为了别的需求而离开,因为在这儿已然乐趣十足。这里有专为富人设计的一揽子旅游服务,从穿越太平洋的豪华邮轮之旅开始,到达后还设有夏威夷式的欢迎节目,包括四弦琴演奏及夏威夷特有的花环——用当地气味芬芳的热带花草编织而成。

在 20 世纪 50~60 年代地中海地区度假旅游的扩张时期,夏威夷的旅游业在廉价喷气式飞机开航后也得以迅猛发展,年游客接待量从 1955 年的 10 万人次增加到 1970 年的 200 万人次及 1990 年的 650 万人次。当时,12 架大型喷气式飞机环绕夏威夷皇家酒店,这种视角下酒店突然变得很小。

四、度假村的管理严格

而在巴特林假日营地,虽然与夏威夷粉色皇宫一样都是遵循着一体化度假区的理念,但针对的游客需求类型却不一样,因此也成为一个典型的国际化成功案例。

20 世纪 80 年代,我第一次参观巴特林营地,当时我和家人住在塞浦路斯的一处瑞典度假村。当时度假村还有一个专门的广播频道,身着淡紫色制服的导游取代了以往的红衣士兵,帮助游客解决遇到的一切问题、带着游客远足、在儿童俱乐部里领孩子们玩、每天晚上还会站到舞台上表演节目,就如同巴特林旧时的红衣英国士兵一般,他们中的很多人已经把这份工作当作娱乐事业的起点(虽然薪酬很低)。

我们的度假村制定了一份日常活动项目清单,其中包括每周的基本活动、各类自助餐以及表演安排的时间。海滩上有专门的波塞冬·塔维纳(Poseidon Taverna)号演艺厅,充分印证了其国际化的套路,它的褪色海报上是这么写的:

源于当地风土,融合世界元素

周二:热带之夜(有 12 人的舞蹈表演)或亚洲之夜(有东方舞蹈表演)

周三:塞浦路斯之夜或希腊之夜(有民间舞蹈表演)

周四:意大利之夜

周六:烤肉野餐之夜(有魔术表演)

夏威夷粉色皇宫流传下来的传统以同样的方式在夏威夷其他大多数的海滩度假胜地保留着。沿着泳池可以找到一份今日活动清单，7：30 喂鱼、10：00 四弦琴课、13：00 夏威夷花环制作、15：00 沙滩排球、18：00 点燃火炬。明天是夏威夷宴会之夜，将提供传统夏威夷舞蹈表演、无时限夏威夷语交流、能让你吃撑的传统当地美食：烤猪肉。这些度假区节目确实是够全球化、多元化的。

今天的地中海俱乐部以及全球其他试图建立热带度假天堂之地的成功，在很大程度上要归功于怀基基粉色皇宫以及比利·巴特林假日营。两次世界大战的间隙里，一体化度假区的想法得到就进一步深化，并在各地进行了不同的实践。在这段时期里，纽约人开始去卡茨基尔的山地度假区度假，这里有典型而让人感到亲切的建筑。斯蒂芬·坎弗在对犹太度假胜地的研究中，以卡茨基尔著名的格罗辛格酒店——犹太人避暑胜地的中心为例概述了各种标准化的项目活动：周日之夜是专门用于相互介绍认识的夜晚，新来的游客男女相互认识，其中一个组织者回忆道："如果男生不多，工作人员就必须打扮一下自己，穿上他们周日用来约会的衣服，站在餐厅周围招揽男性。女孩们永远无法知晓站在面前的人谁是富豪谁是乡巴佬儿。"

周一有篝火晚会；周二有化装舞会，主题可以是"乡村之夜""日本传统风"或"蒙特马之夜"；周三是业余狂欢；周四主题为夜总会；周五多半为篮球之夜；周六则是工作人员出演滑稽喜剧，诸如此类，不胜枚举。卡茨基尔的山地度假区充当了纽约相亲市场的角色，在这儿人们不断进行估价、评判、打分。另外，游客与服务人员间的社会边界也比较模糊，在20世纪60年代，这些服务人员多半是学校里为了挣些暑期零花钱的非洲裔美国大学生和拉美裔大学生，他们一般以洗碗和打扫卫生为主。他们这类人也是雇主的理想选择：对女孩有吸引力，礼貌得体，愿意为微薄的薪水而工作。坎弗还举了这么个例子：

图腾民宿的老板大卫·卡茨制定了一项政策，为他的餐厅员工雇用未来的医生、牙医和律师。每周他都召开一次会议，提醒男性员工他们的薪水是要和工作业绩挂钩的："我雇你们是为了笼络客人，与他们交好，你们必须把自己收拾干净，你们都拥有结婚的权利……我们希望你们能使女孩子们感到愉悦，但请谨慎行动。"

无论是大西洋彼岸英国巴特林假日营里的红衣士兵还是夏威夷粉色皇宫私人海滩上纵情玩乐的沙滩男孩，他们之间都有明显相似之处。尽管巴特林总否认，但他的营地里确实是性试验的天堂，特别是对许多青少年而言，而且这些实验往往跨越了工作人员与客人间的界限。在电影《肮脏的舞蹈》(Dirty Dancing)中也反映了卡茨基尔度假村类似的现象。

五、消逝的钢琴酒吧

1968年，为了给更现代的度假酒店挪地儿，格罗辛格（Grossinger）酒店被炸毁，也正是那个时候，英国诸多度假营地的鼎盛时期也一去不复返。在里根海滩，希特勒的废墟仍然矗立着。夏威夷的粉色皇宫也成了一个被巨型高层酒店建筑群中环绕的怀旧之地。所有这些在20世纪30年代发展起来的度假区模式已然不符合时代的发展，有的已经转变为新的度假地。

海滩总是活力无限。傍晚的海滩可能看起来萧瑟不堪，但第二天一早，当潮水进行清洗，或者当地的卫生人员来把海滩上的杂物清理掉之后，海滩又重获新生、从零开始。然而，对于度假酒店与度假村区而言却没那么简单。每一天世界各地的旅游业不断产出新的度假废墟、荒址或者勉强能维持生计的度假区和旅馆，这些无时无刻不在提醒着我们市场的残酷和瞬息万变。对度假地而言，永葆生机很难，退出舞台是必然的，其中的酒店业更显脆弱。

消退的过程一旦开始，就很难再恢复生机。来度假的游客很容易就能嗅到过时与潦倒的气息，订单被取消、游客量呈螺旋式下滑，垂头丧气的侍者、脏兮兮的泳池、冷冷清清的鸡尾酒吧，所有的细节都昭示着一切。

芝加哥社会学家威廉·奥格伯恩（William Ogburn）提出，许多酒店的兴衰都遵循着文化滞后的法则。但奥格伯恩并没有将调查延伸至度假区产业模式发展如何滞后于社会文化变迁的方面，也未就这一议题发表自己的看法，但他的理论依然发挥着作用。在我所见证过的度假区生命周期里，很多酒店在建造初期自提出遥不可及的乌托邦梦幻起就埋下了注定消亡的伏笔。一开始建造度假区，人们也会一并拟定了各种如何留住游客哄其开心长期逗留的宏伟计划。而一旦这些想法落地，度假区落成，正如在瑞士或里维埃拉早期的度假酒店——在那里，度假精英们携带了大包小包27个箱子来到最喜欢的酒店，期待酒店的套房能装饰得像个远方的家一样，想象着在这里待上很长一段时间并享受着丰富的社交活动——诸如此类宏伟蓝图的实现离不开度假区开发商。酒店管理者相信，没有人愿意离开这样舒适的酒店去外边冒险。到了夜晚，这些精英们应该或结伴去鸡尾酒吧，或在泳池后打迷你高尔夫，或聚集在大厅的桥牌桌边闲谈。酒店餐厅也应该是不错的夜间休闲之所，也可以吸引非住店的客人。然而，今天的局面却是，我们坐在自助早餐厅里，思考着是否该与其他的游客搭讪，鸡尾酒吧就如同迷你高尔夫球场一样无人问津。周边城区聚集了那么多人声鼎沸的有趣餐厅，所以即便酒店里的餐厅换个有趣的名字，也不会有人谁想要进去用餐。

一些度假区的老员工曾见证其由盛转衰的过程。几周后，钢琴演奏者不再来了，而后钢琴也被抬走了，只剩下一个空荡荡的房间和"到钢琴吧（To the Piano Bar）"的路牌标识。不过，一体化度假区的梦想依然持续，并不断有创新的项目和尝试。

这些度假地的发展历史为我们展示了度假行业的起落兴衰，同时也突出了创新发展的必要性。那些当时看起来现代前卫的旅游目的地过不多久就会陷入衰败和被遗忘的尴尬境地。它们怎么就过时了呢？何以变得俗气？何以让人腻烦？一名男子曾带着他的孩子们回到了位于纽约南部的卡茨基山脉，带他们看了30年前他曾到访过的夏日度假地：

建筑虽然荒废已久，但依然矗立在那里。只是现在它们看起来居然那么矮小拥挤，难以让人相信。整个平房甚至连正常大小的起居室都不比不过。卧室还算够大，可以放两张床，中间还能容纳一个人。这里没有客厅，只有一个非常小的厨房，一个三烧炉，一个木制冰箱里边有冷水，也没有淋浴。

卡茨基尔著名的山居酒店（Mountain House in Catskills）也成了废墟。从1824年到1930年，这座山居迎接了无数豪富，但经济大萧条以及时代的更替迫使它停业。1942~1963年，它如同一座日渐衰败的废墟那样存活着，正如一位记者在1950年曾言，"它的存在，是为那些怀旧的人提供一个缅怀与吊唁的场所"。过不多久，陆续有屋顶塌陷、希腊支柱倒塌，1963年，这座经典的建筑最终被焚毁。

而其他的一些度假酒店则通过自我革新获得新生，并变得像主题园一般纪念早期的历史。新加坡的拉斐尔酒店（Raffle's）、泰国的华信铁路酒店（Hua Hin Railway Hotel）、法国尼斯的涅雷斯科酒店（Negresco）都是这方面的例子，它们曾经也都和夏威夷粉色皇宫一样有名。而另一些只在怀旧的镜头中存活了，如《肮脏的舞蹈》电影中的格罗辛格酒店生活场景，或者英国广播公司关于巴特林假日营地的系列剧《Hi-di-hi》，这些都试图唤起20世纪50年代末的辉煌岁月。

不过，也有许多酒店随波逐流任由自己迎合品位低俗或没落后成为人们怀念凭吊之处。例如，美国阿纳海姆（Anaheim）原迪士尼周边的老旧酒店区如今已俨然一副20世纪50~60年代环游世界主题公园的模样。

拉尔夫·鲁戈夫（Ralph Rugoff）曾提到过一种他最钟爱的度假地类型——"主题村落"，如圣诞老人村（Santa's Village）、提基世界（Tiki World）、阿尔卑斯村（Alpine Village），它们不会像那些所谓完美度假区那样要求永久的新鲜感或强制性的保持友善欢乐，而是怎么自然怎么来。在这里，虽然油漆斑驳，组队都是临时的，但员工可以自由表达他们的沮丧而不需要强颜欢笑。而你也不用担心接受吉恩·班（Jean Baudrillard）、翁贝托（Umberto Eco）等旅游业调查者的系统化评估，他们只顾着急匆匆穿越迪士尼的大门开展各自的研究而并不会静心享受乐趣。在这里，你可以安心玩耍。

六、露营体验

20世纪是一个露营爆发式增长的时期，给露营地命名也是件有趣的事儿：夏令营、自驾营地、裸体营地、荒野营地、健身营、房车营地、棒球营地、假日营地等均有喷井式的发展。同时，其他听起来危险系数较高的营地也陆续出现：教改营、军事营、战俘营、难民营等。虽然以上两类露营地风格迥异，但它们在结构上却是相似的——规模庞大、规划与管理详尽清晰、有明确边界且自给自足的社区。

经验管理经验以及定制化的规划蓝图在不同类型的度假营地间不断传播，彼此迭代复制。第二次世界大战期间，军队接管了大多数的英国度假营地，因此，到了战后在巴特林度假营地人们可以发现这一半是度假者在游荡，而另一半则是在训练士兵。在20世纪80年代的瑞典，随着难民的涌入，许多度假胜地被改建为难民营供难民过冬，直到夏季到来，游客才可以回到曾被伊朗人或波斯人住过的小木屋中度假。

德国的西巴德里根超级度假综合体（the KdF-Seebad Riigen）、英国的巴特林度假营地（Butlin's）、美国的山屋度假酒店（The Mountain House）、夏威夷粉色皇宫（the Royal Hawaiian）、格罗新格酒店（Grossinger's）等都是早期完整的一体化度假村的典型案例，尽管风格各异，却迎合了各种不同游客们的胃口。虽然这些度假酒店的经营理念与模式已经过时，却意外地被后来的度假村借鉴并产生新的模式。在距离西巴德里根酒店旧址不远,你可以发现一处新的度假胜地,标榜着"一年四季都是夏天",里面有一个巨大的室内水上乐园,配有洞窟、滑梯、瀑布和按摩浴缸,还有各式的购物商店和就餐场所。

  投资者对一体化度假村的理念总是十分青睐,因为这一模式可以更好地控制游客的消费意愿。而游客也认为这样的度假区很好,因为其管理严格且安全性有保障。或许对于部分人而言,这类度假地游客如织,过于拥挤,但对于其他人而言,这里却是个邂逅众多有趣的人和事儿的胜地。对旅游菜鸟而言也是个不错的选择,有了这一次的一体化度假体验基础,未来在独自计划旅游时便有章可循了。

  过去几十年间,许多一体化度假区腾空而起,致力于让游客在一个综合的空间里就能玩得开心、尽兴。出于一些原因,美国开始将度假酒店发展为度假目的地,并从改造山居酒店开始。早在1887年,一名法籍旅行家在观察日记中就写道:"在欧洲,酒店只是作为到达目的地的一种呈现设施。而在美国则是一个目的地……对于美国人而言,度假酒店就像大教堂、纪念碑或大自然的美景一样。"他的观点或许过于武断,但美国人拥有的假期越短,他们就越愿意只待在酒店里度假。因此,凯悦酒店向我们证明,它不再仅是一家住宿设施,而更是一个和景点一样可以玩耍、值得体验的地方。

  如果说包周游奠定了欧洲度假出行的基本结构,那么美国的周末度假酒店和大规模的度假旅游市场就共同构成了整个美国度假胜地的旅游景观,在这里一切都唾手可得,一切都是为了让所有家庭享受欢乐。

  拉斯韦加斯就是一个代表了最近一个阶段发展的典型案例。1972年,罗伯特·文丘里(Robert Venturi)的名著《向拉斯维加斯学习》(*Learning from Las Vegas*)发表时,超级酒店的时代刚刚开始,博彩中心和夜总会里的成人世界依然是人们关注的焦点;20年后,拉斯韦加斯的酒店客房数已经超出伦敦(同时入住率更高),拉斯韦加斯逐渐成为家庭出行的度假胜地;等到繁盛的20世纪90年代,拉斯韦加斯从全球旅游史中汲取经验的表现更突出。光驾车路过娱乐街区、欣赏一趟各式各样的后现代建筑,就可以成为一次简约版的全球旅游目的地后现代之旅,或者确切来说是好莱坞版的度假胜地之旅。拉斯韦加斯教会人们哪类旅游目的地可以实现出口和循环再造,即将旅游产品"主题化",比如:特罗皮卡纳酒店的康提基村、神剑城堡酒店、卢克索酒店、罗马凯撒皇宫、可以观赏喷发火山的米拉奇酒店、百乐宫酒店以及有大型海盗船之争的金银岛。然而市场瞬息万变,昨日的网红酒店今日可能就消失不见了。20世纪

第七章 消逝的度假地

90年代，拉斯韦加斯的年游客接待量达到了近3000万人次，为了给新的大型度假酒店腾出空间，老式酒店以惊人的速度化为平地。如今，最新的项目包括曼哈顿、巴黎、威尼斯及其著名景点的微缩拼贴综合体。

据说拉斯韦加斯具备各种以假乱真的精湛工艺，但20世纪90年代这些度假胜地绝不会只简单地复制粘贴，而是在风格、概念和效果上完美融合了戏谑讽刺和巴洛克风格。这些度假胜地模糊了主题公园、购物中心、多媒体节目和大型酒店之间的界限；同时借用声音、光线等元素不断以感官轰炸的方式压缩旅游目的地，加强游客对活动事件的关注，当然还包括水的重要元素：小池塘、映象池、涓涓溪流、雨林、瀑布、湿地比比皆是。凯撒酒店的罗马太阳升落速度极快。在这里和其他地方一样，从沿着拉斯韦加斯大道巡游，到超级酒店各种活动场所，往来穿梭通畅，观景的实际过程和时间会随着游客的移动发生改变。20世纪90年代，在建筑大师乔恩·杰德（Jon Jerde）设计的旅行建筑作品中，步行又可以增加二度创新体验。他为拉斯韦加斯经典的飞车赛道——弗里蒙特大街加盖顶棚，将其变成了"弗里蒙特大街体验（Freemont Street Experience）"；此外还创造了"城市漫步（City Walk）"，即经过简化的洛杉矶环球影城。他曾说"我们将其看作设计体验，而不单单是一群建筑"，但实际上这种对景点的压缩和微型处理由来已久。从拱廊、大型展览、百货商店、全景画，到冬季花园、内阁成员蜡像、火车站以及公共温泉，杰德在沿袭度假胜地设计传统的同时，也一并继承了18世纪浪漫花园以及沃尔特·本杰明（Walter Benjamin）口中"19世纪建筑的浪漫空间"的设计特点。

一体化度假地持续回春的另一种表现形式是邮轮产业，该产业借鉴了许多像巴特林度假村和夏威夷皇家酒店等早期度假胜地的模式，绝不乏味！

第八章 寻找度假游客

一、我们与众不同

在 20 世纪 90 年代，皇家加勒比邮轮公司建造了一个全球最完美的热带度假岛屿，作为邮轮旅行的中途停靠站点之一。潜水爱好者可以在周边海域中探索一艘 300 年历史的沉船复制品。这艘船"被假装"沉没在岛屿港口旁边，每隔一个月清理一次。海滩旁边有进口商店和本地土产商店，乡土原始的民居，岛屿的另一侧还有个垃圾填埋场。该项目取得了巨大成功。公司发言人告诉来自高端旅游时尚杂志《康泰纳仕旅行者》(*Condé Nast Traveler*)的记者，游客非常喜欢这种类型的海岛，在这个假岛上，有很多新建的旅游景点，从迪士尼小镇到日本室内海洋海滩，标题为"炮制假期：勇敢者的旅游新世界"。连文中的语句都是粗俗的糙话："这儿太牛了，简直是人间极品了！"而翻阅杂志的其他页面时，发现大多也是对庸俗旅游的批判，有的甚至打出"1996 年金榜：全世界最棒的度假之地！"这样的标题，潜在地隐含了这样一层问题，大多数被蒙昧的游客可能负担不起，更糟糕的是他们甚至无法理解真实、高品质旅游的益处。分界线介于真实性和非真实性之间，现代旅游沉迷于界定并搜寻出真实性所在，同时，在不断挣扎中重新划分出不同的意识形态或经济目的之间的战线。有人认为这是推动现代旅游业发展最大动力，然而这样的说法过于笼统。在某些情况下，对于某些游客来说，寻找真实性可能是焦点；但对于其他环境中的其他人来说，真正的目的只在于获得轻松休闲的状态，环境的真假并不重要。

关于真实性的辩论永远不会结束。假岛又怎么样？水肯定是真的，虽然海滩的沙子可能是进口的。而供应商呢？他们可能是当地人，但绝不是当地土著，以合同制的方式工作。可供参观的西班牙大帆船是现代复制品，但附近的沉船残骸可不是，虽然是为了让潜水的环境显得更真实一些而将其从别的地方运到这里"伪装成"沉船事故现场。而游客呢，完全沉迷于这样的炮制游戏中无法自拔，甚至比别的地方还受欢迎。但尴尬的是，新的迪士尼小镇居然有蝉鸣声，从酒店外面隐藏在草坪上的扬声器中播放出来，还可以在睡前将其关掉。为什么这个想法如此具有挑衅性？

关于真实性的辩论提醒我们，旅游与所有形式的消费一样，总是牵涉了太多，太少，好或坏，错误或正确的道德区别。通常，辩论焦点集中于我们与其他游客的关系，忽视他们，嘲笑他们，欣赏他们，模仿他们，远离他们。

在现代旅游业的悠久历史中，一直存在着一个令人吃惊的现象，即其他的游客往往才是主要旅游景点。我们把大量时间和精力花在其他游客上面，观察细致，评头论足。在海滩或广场上的咖啡馆，我们都成了业余假期社会学家。晚上我们和同伴分享观察到的结果："看到那对德国夫妇了吗？那些加拿大人原来真的……"这种习惯在中产阶级中尤为常见，从而又分化出了旅游圈中的社会阶级，其划分定义界限模糊、变幻莫测。

总有旅客想表现自己与其他"游客"的不同。"游客"一词从几乎刚一出现在19世纪之初就被赋予了贬义色彩，随着旅行越来越大众化，"游客"显得更加轻蔑，惹人恼怒。越来越多来自不同社会背景的游客涌入同一家咖啡馆和酒店，导致社会关系更加紧张。这种多元化的社会层级可以通过对他人的刻板印象反映出来。众所周知，社会层级多元化的表现形式千变万化。19世纪资产阶级兴起，他们渴望脱离平民阶层，同时又在某种程度上与旧贵族保持距离。受过教育的文化人（即学术界和专业人士）与经济资本雄厚的大商人和小资产阶级[①]针锋相对，后者也一直备受嘲讽。旧时紧张的社会关系依然存在，尽管隐藏在了各种新外表下，但万变不离其宗。不管是民族定型观念[②]、代际冲突，还是截然相反的生活方式都是其新体现。但阶级一词一直存在，有时被诠释成种族，或者与种族结合在一起（美国人认为欧洲人阶级分化更严重，这说明美国的传统观念认为阶级更多是一种文化类别，而不是实际的社会差异）。

---

① 小资产阶级（petite bourgeoisie）：占有少量生产资料和财产，主要依靠自己劳动为生，一般不剥削别人的阶级，包括手工业者、小商人、自由职业者等。

② 民族定型观念：对一个民族的刻板印象（国家刻板印象，或民族性格），是指对于某个民族或国家人民的地位、社会和文化特征的一套固定看法。

旅行界的阶级划分总是千变万化。我之前讲过大巴游客地位低微。近年来，邮轮旅客也逐渐变得和他们一样。这些各种各样的标签背后都有很多民间传说。例如可怕的跟团游客从邮轮的舷梯中蜂拥而下，竟然将度假村称为"小资产阶级的乌托邦"，这个故事嘲笑了19世纪20年代到佛罗伦萨愚蠢的英国游客，类似的笑话不胜枚举。

一种划分阶级的经典做法是将自己称作"真正的旅行者"，与"那些游客"划清界限，或采用"反游客"的立场。法国在20世纪70年代出现了"游客迫切摆脱游客身份"这一观念，法国作家让·迪迪尔·乌尔本（Jean Didier Urbain）也曾在其书中提到过，这种背后的紧张关系有相当长一段历史可溯；书名《蠢笨的旅行》更是恰如其分地阐述这一事实。

与反游客不同，精英游客[①]不会担心其他游客。他们始终能够为获得隐私、保持独特付费。相对来说，由于反游客群体渴望有机会体验未受破坏，未被开发的旅游，他们的处境反而更加困难。对他们而言最重要的是游客罕至的地点。因此我们可以理解当他们发现自己的秘密基地挤满了其他游客时恼怒的心情。

第三个新类别称为"后游客"，也可以将其定义为另一种形式的反游客，他们放弃自己的计划，决定加入其他游客之后却还要保持距离，多么讽刺。即使知道迪士尼乐园完全是虚构的，但都无所谓，玩得开心才是最重要的！那其他游客又是怎样的呢？他们有时只是庸俗游客。但由于其他游客的功能是"他者化"[②]，他们象征的大多数人、色彩、形式、内容都在不断变化。

大众旅游业不断发展，反游客中产阶级姿态的策略更为常见，持续将自己与低俗游客划清界限：

比萨宗教中心的草坪苍翠欲滴，庄严肃穆的建筑伫立于上，宛若宏大棋局中的精雕细琢的象牙棋子。然而，游客潮产生的花花绿绿的塑料遍地都是，令人厌恶的劣质纪念品也像浪花一样此起彼伏。游客扔的垃圾袋漫无目的地随风飘动，就像游客自己一样。

这幅1987年的景象早在一个世纪之前就应有人描述。庸俗游客是一种永不孤单的动物：像牛群，羊群，人群，狼群，蜂群等。他们成群结队，目不转睛地跟着导游，或出现在乡村里，或蜂拥在艺术博物馆。

[①] 精英游客指喜欢高端定制旅途的旅行者们，他们旅游频繁，体验丰富。
[②] 他者化（英语：Othering）是指定义他人为一类人的公约性行动。

因为其他游客而感到沮丧或振奋，其背后的文化能量令人震惊。反游客者不会说出"相互宽容，互不干扰"这种话。这种愤慨的象征是许多北欧度假者偏爱的彩色连身裤——"其他游客"穿着臃肿的连身裤，"没钱还到处乱逛！"——像这样的批评无休无尽。常穿情侣装的夫妻看上去更加恼人，不过一件衣服而已，人们为什么反应这么强烈？这一点再次证明了，整体或者任何和全部统一有关的事物都令人发指。根据中产阶级的基础价值观，夫妻应以独立的身份出现，相互补充而不是互相模仿。这些如此热议的观点引出了"自我理解"这一核心问题。

大量材料也证实了人们想进行归类和区分的迫切之情。我们度假时常遇到来自不同背景的陌生人，不管是通勤的乘客还是街上的路人。我们观察他们的行为，从吃饭打扮到娱乐交际再到争吵家事，不管是在无休止等待的机场休息室还是在漫长排队的博物馆，游客们总是有很多时间可以近距离观察他人。我们对社会充满好奇的另一个原因是在度假胜地这样一个伪装的世界里，遇见的人们也完全脱离了自己的生活环境。早在19世纪初期，就有话题讨论旅游圈社会阶级划分的不确定性：那些其他游客表露的是自己的真实面貌，还是只是在演戏？

我们在不断评论其他游客的同时，对旅游或度假消费方式也有了更深入的了解。"其他游客"代表的是一种商品化、碎片化的旅游形式，我们从中发现了一种旅游消费模型——度假者沿着旅游超市的货架一路享受着今日特惠，以及那些大做宣传、价格便宜、方便理解又符合游客体验的标准货品。评论的人则认为自己另当别论：不是消费者，而是生产体验者。正如瑞典一名批评家兼典型反游客者所说：

如果旅行是为了在一些开发过度的旅游区休息，坐下享受安逸生活的成果，那么我认为这样的旅行毫无意义，最多只能称得上是无用的体验……旅行必须具备自身的含义和价值，而且要尽可能自由不受局限……对我来说旅行具有举足轻重的意义，它是一种真正去生活、去获取短时体验的方式，也是我所了解的最丰富的途径。

有些游客将体验分为浅薄或者丰富、有意义或者无价值、个人幸福的崇高时刻又或单纯旅游产业的预包装产品，是什么让他们做出这些界定？我们又该如何对发生在别人生活里的事情做出自我判断？下面这段话代表了反旅游消费的常见言论：

假期表明了一切。痴迷于廉价的娱乐活动，购买俗气劣质的纪念品表明你不懂得精打细算；吃撑喝多、过度消费表明你没有适度节制；靠在吊床上打盹，到游泳池旁闲逛，或者视线来回游移表明你处在太过被动的状态。您把金钱浪费在错误的事情上，生活入不敷出……你的假期体验浅薄没有内涵。

与之相反，我们对假期有更高的追求。我们想体验新鲜事物，想扩展思维，想了解历史或其他文化；同时我们搜寻货真价实的商品。即便在度假期间，我们的生活也比你的丰富。

按这种说法，见多识广的旅游美食家就和普罗大众的度假食客拉开了差距。然而今天我们都是游客，甚至曾经在许多人眼中的"当地人"本身也都是游客。这种广泛的覆盖度还说明，人们在谈论旅游时必定会带入自己的判断和价值观，即使现在我们正在做这一话题的研究也不会例外。有些学者认为他们可以与作为研究对象的"那些游客"保持距离，但最终往往证明这是种幼稚可笑或者说好高骛远的尝试。尽管之前许多旅行作家和研究人员将自己定位为反游客群体，今天却又可能假定自己扮演着"后旅游游客"的角色，是为抨击反游客群体和普通游客的天真愚蠢。

这种差异竞赛同时推动了旅游业另一种趋势的发展：游客归类，给他们贴上标签。识别并量化不同生活方式以实现目标营销是市场营销研究中的常见做法，但对分类的狂热严重影响了旅游研究。下述内容即试图整理出游客旅行的不同社会心理动机：

- 逃离世俗环境的感受；
- 进行自我探索和自我评估；
- 休息放松；
- 建立威望；
- 回归自然（减少行为约束）；
- 增进亲属关系；
- 促进社交。

针对第五类动机游客的典型做法，清单中指出："赤裸着身体躺在温暖的沙子上或将身体埋入沙中都是享受欢乐的做法，其本身就反映了回归自然的部分表现。"诸如此类的列表不胜枚举，同时体现出社会学直截了当、心理学缺乏想象的固有特点。或许我们大多数人能被划归到上述 7 个类别中。

营销研究和实证主义者对科学分类的抱负之间不和谐的缔结导致人们转而依恋分类法。然而度假者依然在这种条例清晰的框架里进进出出，要弄抑或丢弃形形色色的思想观念和兴致乐趣。度假主要的吸引力在于可以为游客提供许多活动或心态选项，如观光购物、海滩上打盹儿、散步、看小说，或者尽情享受"特基拉日出"鸡尾酒。

二、现代化的重要性

然而我最开始谈及的福克和鲁滨孙这样的人又如何呢？这些理想的类型说明了旅游业在发展现代性思想和倾向中的关键作用。在旅游史上，他们过着平行而混杂的生活，但是福克这样的人最先崭露头角。

1765年，狄德罗（Diderot）在其著作《百科全书》（Encyclopédie）中将旅行定义为"丰富思想并摆脱民族偏见的手段"。这是一种不能用书本或别人的故事代替的学习方式。你必须创造自己的人物、地点和事物。因此，旅行成为"年轻人教育中最重要的方式之一"。

由此启蒙运动赢得了漂亮的开门红，为聚焦于古典、男性的福克式旅行奠定了基础：充满活力和好奇心的旅客带着进取的野心拓宽学习的视野。虽然不是以自我完善的方式，但是教导性的成分均可能以各种形式出现在度假中。那么问题来了，在不断变化的情况和时代下，具有不同背景的度假者会学到什么？福克和鲁滨孙这种理想类型究竟有多男性化和中产阶级化？

旅游促进了现代性的发展，尤其是新的知觉意识的发展。早期的先驱者们发现并培养了自己的主观性，对新的感官和视觉体验进行了反思，探索了自己对新环境的情感反应，与自己进行了不断的对话。现代旅游的信条是"生活总是可以改善的"。要具有现代性，就必须前进、穿越未知、进行新的探索、摆脱旧的习惯和传统、以开放不羁的思维自由地前进。福克的传统方式非常合适，尤其是因为向自由和崭新领域前进通常会有拓宽眼界的神奇效果，这是一种以辩证法思想统领并受体验指导的方式。

早期的游客本着法国大百科全书式的精神旅行，对旅行带有理性的态度。但正如我们所看到的，许多人也发现并接受了这种崇高意识的新感觉。这种让自己惊讶的感觉漫延开来，并进一步寻找情绪起伏动荡的感觉，让自己措手不及；这种关注折射出现代化的另一面，即人们对常规和理性做出的反应，对随意感性、情感怀旧以及浪漫和探险的渴望。

这是罗宾逊主义开始戏剧化的切入点，它旨在以创造乌托邦式的选择代替日常生活中单调乏味的事物。在这种"摆脱一切"的追求中，我们必须仔细研

173

究一下人们正在逃避的所谓"一切"是什么。人们对他境的渴望让我们看到现代世界产生了新的两级性。首先，在18世纪和19世纪后期出现了城市资产阶级的新生活。房屋是避风港和安全地带这一概念不断演化，人们对新的亲密关系、家常惯例和礼节的熟悉也可能带来局限，对家的依赖和对探险的渴望交替出现。同样，在新的工业社会中，工作和工资劳动的规范平衡了"自由"闲暇时间的概念。

度假意味着把自己当成游客去往另一个时空，这种转变凸显了一种超出正常生活、家庭和工作场所的生活。这一仪式不仅可以缓解身心的压力，还可以减轻日常工作的负担。这里发生的一切活动，从重新装修屋顶到堆砌沙堡，都不再是为了工作。假期生活变成了享乐主义的乐土。

但是实现这种享乐主义的方式取决于要摆脱的日常事务。两个世纪以来，家务和工作的内容因性别、代际和阶级而异。鲁滨孙主义所依赖的自由也完全不同。对于那些日常在低薪、单调的工作中受严格监督，而这份工作对日常生活又至关重要的度假者来说，摆脱控制和节俭变得非常重要；而对于1920年承受压力的高管来说，几乎不用费什么脑子的假期就是好假期；而对于20世纪50年代过度劳累的家庭主妇而言，她们最渴望的估计首先是离开家庭，不用再应付家庭其他人的要求，或者不用再一个人独自待在家里幽闭恐慌。随着工作和生活条件的改变，度假的优先权也会改变。

度假具有摆脱束缚的潜力，可以试图尝试新鲜，也可以维持不变。离开的目的也可能是为了让所有这一切再重新融合在一起，北欧的"小木屋度假文化"就代表了"家庭还是家庭"的理想化时代，度假海滩成为职业夫妇缓解婚姻危机的维修店，荒野徒步旅行为男性游客提供了重塑男性气概的机会。有时，新形式的大众旅游试想着改变世界，打破国家、地方、阶级或代际之间的人为界限建立全球社区，将当地土著变成国际主义者，然而，即便走出来，还是可以保持不变。虽然对某些人来说如何成为国际主义者可能是重要的文化资本，在其他人看来却没什么用处。旅游可以拓宽眼界，也能闭塞思想。

对于福克和罗宾逊这样的人来说，将假期作为文化实验室的比喻是有意义的，但是这将是什么样的实验呢？它可能是对身体的新认识，退回到顽皮的童年本真，选择自由的感觉或不必选择的奢侈。它也可能是处理新的社会关系或重新定义旧的社会关系，允许人格的其他方面向前迈进或尝试不同的行为，或者是打破惯常戒律或生活习惯却又不至于招致太大风险。抑或如怀基基海滩上的常客所说：

亲爱的，你在这里看到的人比世界上任何其他地方都多。最好的一点是，人们从这里感受到了假日氛围，在家就不一样了。这是常见的双重人格——在他们的主场我不会给他们机会，也不仰慕他们。

显然，沙滩毯、家庭拖车、湖边小屋或野外远足为发现自己、笼络与他人或与大自然的关系提供了可能性。这样的实验往往是有安全保障的大巴汽车旅行、荒野房车营地之旅、管控良好的度假胜地而非独立旅行，是玻璃船底的巡游之旅而不是直接潜水，这样似乎总有些人会因此而恼火。探险之旅已变得"太安全"，游客和研究人员对这种"安全度假"的批评屡见不鲜，也暴露出将自己的标准强加给其他人的风险。

也许最重要的旅游体验是可以随心所欲地白日做梦和思想旅行，这是一种需要度假者探索和实践的超脱能力。在这里，你的身体学会结合物质的风光景观和非物质的心境景观一起旅行，随着时间的流动和思维的飞跃，随着幻想不断地与技术流和媒体流相互作用变成具体物质化的社会实践。

度假还涉及现代社会中其他一些基本的主题。我之前提到过阶级的问题，这个问题虽经常出现，但往往被压制或刻意掩盖。阶级是人们在度假中都会学习并时常以新的方式思考的问题，尤其是因为现代社会的休闲项目通常被认为是一个新的无阶级舞台。但是，正如我们所看到的那样，关于旅游的规范性论述（做什么和如何做）通常来自中产阶级游客，而中产阶级的主导性常常会妨碍人们对假期的含义进行正确理解。

另一个极端是，旅行者作为未来导向的推动者总在不断猎奇；同时他们也是怀旧的梦想家，渴望生活在更加简单自然的时代。这些趋势经常混杂在一起，大概是因为对新奇的追求可能意味着以新颖的方式重现过去。

三、为什么国家要重视度假

事实上，民族国家早就对假期产生了浓厚的兴趣，这是体现现代假期重要性的典型证明。国家为什么要对旅游感兴趣、促进旅游，甚至尝试塑造旅游业？创造现代游客是创造现代公民的一部分；推动国内旅游不仅是试图阻止游客在国外浪费金钱，而且是促进民族融合的新手段：一个游牧露营的国家团结在全国各地的篝火旁、在沙滩上开会，朝圣者们前往国家神社朝圣，学习分享共同的遗产。旅游业的这种综合作用在19世纪的国家建设中就已经非常明显，到了福利民族主义的后期,即 1930~1980 年,人们开始对休闲和度假越来越重视。

20 世纪 30 年代初期瑞典社会民主党上台时,休闲成了社会现代性的象征。人们骑着自行车穿越瑞典,在树林中露营,在海滩上应酬。国家应该从健康黝黑的身体、工作服和凉鞋中培养新的无阶级现代公民。新的意识形态重视一切身体和心灵上的流动形式;新兴的福利国家必须不断发展,摒弃过时观念惯例,同时以社区体操、运动、唱歌、旅行等集体做事的方式打造一种不同的统一体。旅游业成了进步的象征。

从罗斯福"新政""法国人民阵线"到德国、意大利和苏联的极权主义,在 20 世纪 30 年代的其他社会潮流中也展现出许多类似的雄心壮志。尽管这种现代性的大众旅游均有惊人的相似之处,但不同政治体制将本国旅游付诸实践的方式并不相同,如我们之前所看到的希特勒的度假之梦。以瑞典为例,社会民主党人的野心计划似乎是要干预或控制国家,但人们实际获得休闲活动时的霸权主义场景却并不那么常见。游客们体验了新的自由,探索了全新的自我,增进了同景观和其他度假者的关系。大众旅游是福利国家公民生活的一部分,但同时它也是一种难以监测的民主和解放运动。

第二次世界大战后,旅游和休闲的重要性引起越来越多人的关注并于 20 世纪 60 年代达到顶峰。瑞典和美国政府都曾尝试用不同方法促进户外生活的发展。20 世纪 60~70 年代,许多美国研究在发问:家庭和睦和露营之间难道不应互为联系吗?答案有肯定的也有否定的。

此后也曾经有这样一个时期,政府和市场加强合作来制定统一的国内旅游战略。在某些国家或地区,该策略导致人们尝试开展"旅游科学"的探索,从而为政府的计划和发展提供解决方案,并确保休闲度假对消费者和国民生产总值都能带来"实实在在的好处"。但 20 世纪的休假规定中也一直存在这样一种矛盾:闲暇时间作为一种创造性的资源,也是一种可以使国家更幸福、更有效的资产,即便如此,过多无规划的空闲时间也并非完全有益。在不同时期不同的意识形态中,政府议程中都会出现对公民休闲假期意义的讨论,但侧重程度各不相同。一方面,国家的干预时有时无;另一方面,即便旅游业逐渐成为全球产业,旅游市场依旧存在。

四、为无价定价

说到底，加勒比的假期是一个大众化的产物，但同时加勒比也是一个地方。就像一罐水果鸡尾酒，度假体验的承诺是由当代文化可用的物质和思想资源制造出来的。正如旅游商所说的，"目的地"是加勒比作为度假产品的特征中最重要的组成部分，但同时又匪夷所思地与加勒比本身联系不大：基本上任何有阳光和棕榈树的地方都能做到这一点。

如果大规模的旅游项目是现代旅游发展的一个重要组成部分———个迎合了新的需求和感受、具有前卫形式的实验场景，同时也是一种可持续发展的新领域。有人认为，20世纪的大众旅游是将福特式标准化大规模生产方法应用于旅游业的一个例子，但世界旅游的发展史却展现出了一幅"此言差矣"的画面。甚至在经典的福特批量化时代来临之前，旅游业就已经展现出了"后福特主义"的生产特征，通过移动、"扁平化"的组织以及严重依赖于符号、情绪、事件和大场景的文化生产系统，通常具有非常快速的周转率（从耐用消费品转向新形式的非耐用品）。在许多方面，旅游业可以说一直是前卫资本的试验基地。无论是在美国的卡茨基尔山脉、著名的尼亚加拉大瀑布、欧洲的旅游名城佛罗伦萨，抑或是在19世纪初的海滨水疗中心，嗅觉敏锐的市场已在开始忙于探索各种如套餐式营销、新奇景观、特殊氛围营造甚至是体验项目的分布模式，在各种质疑和矛盾中企图杀开一条血路。在过去的两个世纪里，旅游业一直试图兜售一些"金钱无法买到的东西"，不管是难忘的篝火晚会，还是排除一切忧虑的完全自由状况。享乐主义者一直想要宠坏自己、放纵自己的欲望、给自己一种典型超现代消费式的享受，这是这个行业供认不讳的事实。

在地中海地区度假旅游体验的形成过程中，我们看到了有一段漫长的商品标准化、批量生产和服务的发展历史，这也说明了保守主义和创新思想在旅游行业中的奇怪混合。库克先生和包机行业都学会了生产（并以有竞争力的价格批量生产），不仅是生产有形的商品，如酒店的床、短途旅行座椅、包机、纪念品、餐点和导游，还生产各种"吸睛的"、具有当地氛围和异国风情的体验产品。他们正是拿捏了现代人渴望获得新奇独特的体验和感性经历的欲望和躁动，来驱使一波又一波的游客们蜂拥而至。在这个过程中，整个旅游行业也学会了标准化和差异化的竞争策略，在相当稳定的社会结构中生产出各种形式的文化变体，然而多半是同质化的产品，有特色差异的并不多。

在这种产业扩张的背后，是大量关于如何识别和生产可以形成套餐组合或大规模商品体系的旅游项目的知识积累。这种商品化过程的第一步是逐项化：在度假旅游套餐中选择或构建可能的项目。这一过程早在各种风景名胜区的如画美和崇高美开始全球化时就已经产生。在找寻定位并修复迷人的风景时，这个过程有助于将自然景观转变成旅游商品，不仅可以作为构图表达形式，还可以作为市场包装、销售和复制的形式。

早期还有一个关于这一过程的笑话。1880年，德国教授恩斯特·鲁道夫（Ernst Rudorff）以这种方式描述了旅游日落的经济：

服务生问："您喜欢什么？先喝汤还是先看日落，或者顺序反过来？这两个愿望我们都可以满足兼顾您。"龙虾色拉和香槟、台球比赛和谈话之后的日落安排，任何一项都可以成为令人愉悦的消磨时间的要素之一。

同样，地域文化的标准化也逐渐展现了"一种真正的文化应该是什么样子"的蓝图，以及什么样的文化形式更易于包装成商品、更易于放到舞台上进行表演——民俗活动、艺术和手工艺、遗产建筑……以及可以销售的跨国元素。

随着商业试图把各种独特的假期需求融合在一起，商品化进程得到进一步发展，如浪漫的远足、亲子探险、一周天堂般的度假旅行。翻阅畅销杂志《蜜月：浪漫旅行》（*The Romantic Travel Magazine*）可能带来一次无法抵抗的体验。在1997年春季的一期杂志中，他们设计了"浪漫出逃套餐（Escape to Romance Packages）"，以此试图超越竞争对手，结果带来了过度的杀伤力：他们将浪漫逐条分解为：喝着免费香槟看日落，或在香槟杯形状的浴缸中享受泡泡浴，以及香氛、激动人心的高尔夫、完美的独处等终极的享受。在这里我们看到了一套商品化流程的逻辑：日落、香槟、泡泡浴一旦成为情侣浪漫必需的享受，那么打造这些元素的多样化组合就成为浪漫之旅套餐行业规模化的关键。

这个名为"旅游业"的奇怪庞大商业团体有着严重的两面性。这是一个努力不让自己看起来统一的行业。在它的世界里，南方人对浪漫的过度营造可能会引发一个巨大的性产业，或者对异国情调的追求可能会抹杀当地文化，把这些当作"最终目标"，所有文化上的装扮都是为了迎合来自外部的文化消费。有的当地人迫切需要旅游收入，却又往往不希望从游客那里获取。他们欢迎第一批游客，但游客和投资者的涌入又让他们意识到自己所在的社区如今成了一处度假胜地；对这些经常态度傲慢又要求苛刻的游客要表现友好，他们来到这里只是为了度过一个愉快的周末和痛快的游玩！一个好的旅游景点必须有微笑的当地人，当地政府强调需要优先满足他们的愿望：博彩中心、高尔夫球场、礼品店、码头、主题公园和停车场。然而伴随着犯罪、污染和无休止的淡旺季季节性服务，资金从这里流进流出；而每当一个地区因过度开发陷入失控，游客便转而到其他地方继续寻找干净的海滩、没有交通堵塞的道路和更真实的文化。而善变且机动的投资者们也将赢得的大部分利润转到其他地方加快投资步伐，给当地人留下的只是一堆烂摊子。过去的几十年里，这种发展和衰退的速度不断加快，在对旅游业控制力较弱的第三世界尤为明显。

符号性的资本、时尚和趋势确保了文化制造产业快速周转的营业额，但也导致了旅游目的地的快速过时和旅游贫民窟的形成。这个行业容易受到旅游者偏好和口味突然变化的影响。他们下一步要何去何从？

五、度假代际

即便是旅游景点的建设、跟团一周的安排、商店售卖的纪念品或旅游营销的语言越来越标准化和同质化，但这些都不代表着旅游体验会被标准化，反而，它们会更具个性化。

这两个世纪以来的度假旅游发展历史，展现了连续性和非连续性之间，以及某些层面上的标准化和另一些层面上的多样化之间的矛盾冲突。旅游业总是在很多显而易见的方面呈现稳定性，如人们都喜欢在海滩游泳，喜欢在山上徒步旅行，喜欢在门廊享受日落之夜，或者喜欢从明信片架上欣赏美景，19世纪以来这样的文化框架已经稳定成型，然而旅游体验的创新却也从未停止过。

例如，露营地从荒野中的一片临时空地发展成组织良好的拖车社区。同样，19世纪早期的旅行者眼中混乱不和谐的荒野则被下一代旅行者视为无限的魅力和刺激。之后荒野被融入和谐与平静的画面中，表现出功能主义的简约并逐渐成为现代生活自然的背景。然而，风土人情、自然风光和旅游景点的制度化也有可能使其变得常规化和琐碎化：譬如，过于古旧化、史诗化就可能难以唤起观者的强烈共鸣。

这种转变不仅告诉我们某些形式的旅游业如何忍受文化的磨蚀，变得不现代或乏味，而且也告诉我们每一代人如何在度假中找到属于自己的新乌托邦和竞技场。在此过程中，人们常常评价前几代人的做法。例如，约塞米蒂的荒野旅游者会讽刺早期那些从未下车的游客；在20世纪30年代，在海滩上运动晒得黝黑的游客会对19世纪那些沉闷的维多利亚人与自然、海洋和当地居民谨慎互动的方式嗤之以鼻；到了20世纪60年代，许多游客发现与地中海俱乐部的性感周相比，巴特林假期的理念显得俗气而滑稽。

又如，在1790年，寻找如画景致或参观瀑布是场难以忘怀的体验；到1890年，游泳即意味着去探索新的感知媒介；而到了1920年，在森林里搭顶帐篷是振奋人心的自由，一家人驾着新车开启首次乡村之旅记忆永不会磨灭。在这个过程中，时间将探险变成常规活动，再后来变成一种怀旧，又或是另一种探险。

我们绝不能因这些曲折的转变而将其视为旅游业的演化。尽管不同的旅游群体可能会采用相同的旅行社或聚集在同样的景点，却在建立各自的度假世界时造成叙事混淆。虽然许多旅游研究依然使用"涓滴理论"，但不管是针对工人阶级旅游还是在对第三世界新生群体如何进入旅游领域的讨论中，"大众屈从阶级"以及"新生旅游团体仿照旧时精英模式"等观点都已不再适用。正如我之前指出，这些观念概括的只是某一些占据主导优势、同时又具备语言文字能力的游客群体的体验。

中产阶级的别墅文化乌托邦中未曾再现旧时精英度假胜地的度假习惯，反而与之相悖；自驾房车营地不再是别墅社区的低预算仿品，而具有了其他更多的优先权和多种社会模式。每当有人说某些度假模式已经过时，我们还需要问问这话出自谁口？说话的人正处于人生的哪个阶段？

旅游是一个学习过程。大部分人会认为，多年的旅游经历逐渐让自己成长为竞争力更强、更加老练的消费者。若回顾历史，在他们眼中第一代跟团游游客大概是幼稚可笑的，以往营销技巧若放在今天肯定没有一个能奏效。

而学做游客的过程中，会包含一段对某些景点、体验或者道具越来越心生厌烦的过程：它们变得过于碎片化、普遍化，太容易就能被猜到。20世纪20年代，身居撒丁岛的大卫·赫伯特·劳伦（D. H. Lawrence）在旅行笔记中写道："若讲真话是一种释放，那确实在努奥罗实在是没什么可看的，各处景色无聊到让人恼火。"同样，在当代的旅游业中，我们也能看到各式各样的无聊。

对于新鲜体验、冒险、即兴创作和惊喜的渴望始终是理性旅游规划中令人躁动不安的因素。即便是包机度假旅游的稳妥保障也没法让人变得迟钝，因为旅行的经验永远不会变得可预测！用一个世纪的时间将夏威夷打造成旅游天堂也即意味着"天堂"一词在不断贬值。夏威夷人的电话簿中一连串的"天堂套装"，涉及的主题从"天堂之旅""天堂婚礼"到"天堂出租""天堂管路系统"。如果长期接触度假营销活动，你会觉得像探险、浪漫、天堂等一系列概念都急需重塑（毫无疑问如今游客和旅行社都在做这方面的努力）。

　　随着越来越多的跟团游游客闯出舒适酒店和观光巴士的安全范围想要更多的冒险体验，旅行社也争相改变营销策略迎合大众；同样，邮轮乘客人数的快速增长也推动了更多独立旅行者寻求更加个性化的度假体验。旅游业永远不会往一个简单的线性方向发展，恰恰是因为它无法预测下一代游客可能会寻找什么。

　　无论是"从个人冒险到预包体验"还是"从幼稚可笑的维多利亚时代人到自反的后现代游客"，这种不可预测性变得非常重要，可以避免任何对旅游生活的颠覆式或进化式的批判。在许多曾经辉煌一时的黄金时代颠覆性的情景背后潜伏着一股强大的文化滞后，以各种福吉式游客的经典理想类型，如教育旅行、提升洞见、考察异国风情、认识新朋友、了解地方风俗等为背书来衡量当代种种的旅游体验。当观察员指责邮轮乘客留在船上或只是快速浏览当地停靠港时，批评者并没有意识到这艘船通常才是主要景点，而不是沿途停靠站点。事实上，一个完全不同的度假旅游，更像是罗宾逊式度假胜地或豪华版度假营的套路，但仍然遭受福吉式旅游标准的评判。

六、渴望别处之境

　　"爱上这儿简直太容易了！"这是 20 世纪早期某位游客前往瑞典海滨度假胜地时做出的评论。倘若度假的消费模式中有一个基本的结构，那将会是刺激其他人前来消费的功能组织。

　　度假旅游已成为尝试新生活方式或新消费形式的实验室。在里面，人们可以觉知身体、提高幻想技能、探索享乐主义的种种可能、重新定义现代家庭、过自然的生活，或者精进自我反省的本领。从这个角度讲，度假旅游的发展史包含了不断学习再学习的过程，同时随着度假旅游期间可得到的外力协助越来越多，游客们逐渐可以去往任何想去的地方。这些外力辅助可以是旅行指南、旅行社、旅行手册，也可以是种种对旅客的提示，譬如行李打包、穿着打扮、对当地人或其他游客的举止表现、景观选取以及如何辨别旅行途中列车车厢、酒店大堂的位置、乘坐包机航班的礼节等。不知为何居然有评论员会预测说，未来的游客会满足于窝在家中客厅享受虚拟之旅，显然他们不太懂得动身去别处度假旅游的神奇力量。躬身前行、亲身体验仍是学做度假游客的过程中最核心重要的方式。当人们排在沙滩上消磨时光时，即使参加最被过度开发和最琐碎的活动，如观赏沙滩上的日落，但这对大多数人仍然有效。毕竟在参与这个仪式的每个人心中，今天傍晚的夕阳和每个人的心灵旅行一样，都是异常特殊。

然而，度假旅游也绝不仅仅是一项具有特定课表或潜在议程的教育项目，它也是一段追求变革的历史，鼓励探索新的可能和挑战。无论是在200多年前还是在当代，我们可以看到，正如历史上的游客一样，今天的游客永远也不会满足于只是慵懒地晒太阳，或者任由听候导游安排。不安、沮丧和无聊正是驱使人们去寻求这种伟大的个人经历的重要因素。对超脱的渴望和永不满足使旅游成为世俗宗教的一个元素。前一个假期才刚结束，我们又会开始幻想下一个：完美的假期。

注 释

前 言

1. 世界旅游及旅行理事会的统计数据出自芭芭拉·克洛特撰写的"全球旅游热惊喜"一文，该稿刊载于1998年4月12日星期日印发的《纽约时报》；其他数据另请参见伊奥尔戈斯·阿波斯托普洛斯，斯特拉·莱维德，安德鲁·伊阿纳基斯编辑的《旅游社会学：理论和实证研究》（伦敦：劳特里奇，1996）。

2. 这类作品中具有广泛启发性的经典研究包括"旅游概论"，选自汉斯·马格努斯·恩岑斯贝格《详情：意识产业》[美因河畔法兰克福：罗威特，1971（1）：179-205]；保罗·谢泼德的《景观中的人：自然美学的历史观点》（纽约：阿尔弗雷德·A.诺普夫，1967），以及后来的书籍，如吉恩-迪迪埃·乌尔本《航行的L'ldiot：旅游史》（巴黎：普隆，1991）；埃里克·利兹《旅行者的思想：从吉尔伽美什到全球旅游》（纽约：基础图书，1991）；乔治斯·范登·阿比乐《隐喻旅行：从蒙田到卢梭》（明尼阿波利斯：明尼阿波利斯大学出版社，1992）；以及詹姆斯·克利福德《路线：二十世纪后期的旅行和翻译》（马萨诸塞州剑桥市：哈佛大学出版社，1997）。

3. 参见阿琼·阿帕杜拉的论述，《现代性：全球化的文化维度》（明尼阿波利斯：明尼苏达大学出版社，1996）。

4. 我搜集的瑞典语材料是基于观察、访谈以及大范围的档案资料和媒体产品，主要见于我在瑞典发表的早期研究中。例如，拉尔斯·亨里克·施密特和詹斯·克里斯蒂安·雅各布森为挪威旅游展览会编辑的《旅游中的文化阶级和时尚》（奥尔堡：阿贝德帕皮尔州立大学，1984，20）；《向往不同国家》，节选自奥瓦尔·洛夫格伦、戈尔安·安道夫、托马斯·伦登等人合著的《对不同国家的向往：旅游产业的昨天与今天》（斯德哥尔摩：吉登出版社，

1989，9-49）；以及《风景》，选自柯尔斯滕·哈斯特鲁普《北欧世界》[哥本哈根：居能达尔出版社，1992（1）：109-192］。相关英文研究参见《希望您在这里！假日图像和图画明信片》[斯堪的纳维亚民族志，1985（15）：90-107]；《心理景观和风景》[福克，1990（31）：183-208］；以及《学做游客》[斯堪的纳维亚民族学，1994（24）：102-125］。

在选用国际文学时，我发现各个国家学术团体往往有规律地无视那些越过其实有边界出版的作品，这种倾向我感到震惊。法国、德国等国家开展的生动新颖的研究极少能远渡英吉利海峡或大西洋。尽管种种界限正逐渐消失，但学术部门还是隔断历史学家、社会学家和人类学家之间的关联。

5. 详见斯迪·韦霍拉和莱娃·乔基宁的论述["旅游主体"理论.文化和社会出版社，1994（11）：125-151］.

6. 见吉恩·迪迪埃·乌尔班.海滩：贵族风俗习惯.巴黎：柏姿，1994，9-36.

第一篇　实景与心境

第一章　觅景致

1. 洲际酒店广告，《纽约时报》，1997.6.1.

2.《纽约时报》广告，1997.6.1.

3. 杰弗里·科特勒，改变生活的旅行：如何创造转型体验［M］.旧金山：约瑟·巴斯，1997.

4. 见格哈德·舒尔茨，《文化根基图书馆》（美因河畔法兰克福：校园，1995）."Erlebnis（经验）"与瑞典词"upplevelse（经验）"词根相同，大致可翻译为"经历某事"，即指能将经历转化为经验的事件，或者振奋人心、不同凡响的事物——有始有终因而可以清楚地诉诸表达；接下来的讨论则保留了较为直接的英文术语"经验"：参见维克托·特纳及爱德华·文莱，经验人类学［M］.芝加哥：伊利诺伊大学出版社，1986.

5. 结果就是舒尔茨所谓的经验主义，即以一种系统化、常规化的经验寻求取向.

6. 见卡尔·林恩，兰普拉之旅［M］.斯德哥尔摩：自然文化，1961.

7. 见卡尔·乔纳斯·林纳西尔姆，瑞典短途旅行［M］.斯德哥尔摩，1797.

8. 同7.除非另做说明，出现的所有瑞典语、丹麦语、德语或法语皆由我翻译.

9. 见马尔科姆·安德鲁斯，寻找如画风景：英国风景美学与旅游（1760-1800）［M］.斯坦福大学：斯坦福大学出版社，1989，67.

10. 见谢泼德《风景中的人》，130.

11. 参见 9.

12. 引自美国技术的崇高［M］. 马萨诸塞州剑桥市：麻省理工学院出版社，戴维·奈，1996：20.

13. 关于如画的形成有大量文献资料，如安德鲁斯的《寻找如画风景》。

14. 引自奥劳森，古斯塔夫时代的瑞典英式园林［M］. 斯德哥尔：风笛出版社，1993：265.

15. 引自约翰·迪克森·亨特，园林与如画：景观建筑史研究［M］. 马萨诸塞州剑桥市：麻省理工学院出版社，1992：105.

16. 引自安妮·华莱士，步行、文学和英国文化：十九世纪游历的起源和应用［M］. 牛津：牛津大学出版社，1993：47.

17. 见安德鲁斯《寻找如画风景》中的论述，67.

18. 《野外斯柯达》，选自卡琳·约翰尼斯，天堂与原野：对自然及自然资源的研究［M］. 托尔·弗兰斯米尔编，斯德哥尔摩：书协，1984，62.

19. 见卡尔·乔纳斯·林纳希尔姆，瑞典短途旅行（续）［M］. 斯德哥尔摩，1816，140.

20. 见谢泼德《风景中的人》124.

21. 见波尔·施密特，乔根·盖勒普，生活空间和体验形式：文化史图像系列（1700-1900）［M］. 欧登塞：欧登塞大学出版社，1982：43.

22. 见欧恩森《英式园林》316.

23. 见多纳·布朗，打造新英格兰：19世纪区域旅游［M］. 华盛顿特区：史密森学会出版社，1995，47.

24. 见乔纳斯·弗里克曼，奥尔瓦尔·洛夫格伦，文化建设者：中产阶级生活中的历史人类学［M］. 艾伦·克罗齐尔译，新不伦瑞克省：罗格斯大学出版社，1987，自42起.

25. 引自安德鲁斯《寻找如画风景》76.

26. 引自大卫·查尔顿，法国自然新貌［M］. 剑桥：剑桥大学出版社，1984，57.

27. 引自安德斯·赫德瓦尔，艺术中的布胡斯：从弗兰·阿莱特·范·埃弗丁根到卡尔·威廉姆森［M］. 瑞典阿尔曼纳艺术协会出版物，斯德哥尔摩：诺德施泰特，1956，41.

28. 见林纳西尔姆《短途旅行》16.

29. 见奥劳森《英式园林》266.

30. 见帕特里夏·贾森，原生：安大略湖自然、文化与旅游（1790—1914）［M］. 多伦多：多伦多大学出版社，1995，31.

31. 见佩尔·卡尔姆，诺娜的美国之旅日记［M］. 约翰·鲁斯，哈利·克罗格鲁斯编，赫尔辛基：瑞典文学学会出版社，1988（4）：223-234.

32. 有关尼亚加拉旅游史的两项最新研究，参见贾森的《原生》，威廉·欧文，新尼亚加拉大瀑布：尼亚加拉大瀑布的旅游、技术和景观（1776—1917）[M].尤尼弗西蒂帕克：宾夕法尼亚大学出版社，1996.

33. 见贾森《原生》31.

34. 见奈《美国崇高》中的论述，29-32.

35. 文中事例来自谢泼德《风景中的人》178.

36. 见欧文《新尼亚加拉》19.

37. 见贾森《原生》53.

38. 有关尼亚加拉蜜月的论述，参见罗布·希尔兹，边缘之地：现代地理新选择[M].伦敦：劳特里奇，1991，自137起．有关台球室和其他景点，参见谢泼德《风景中的人》149.

39. 引自贝蒂尔·古兰德，兰普拉中的我们：1732年卡尔·林奈拉普兰之旅日记摘录——从拉波拉植物区旅行故事到在乌普萨拉科学协会的笔记信件[M].斯德哥尔摩：论坛，1969，144.

40. 引自约翰·雷尼·肖特，幻想国度：环境、文化与社会[M].伦敦：劳特里奇，1991，16.

41. 同40.自16起.

42. 引自阿克塞尔·波维格，农耕景观．哥本哈根：农业委员会，1988，13.

43. 见马蒂亚斯·埃伯勒，个人与风景：论山水画的起源与发展[M].吉森：阿纳巴斯，1986，211.

44. 见戈茨·格罗斯克劳斯，恩斯特·奥德维尔，反世界的自然：对自然文化史的贡献[M].卡尔斯鲁厄：洛珀出版社，1983.

45. 见布朗《打造新英格兰》66举例.

46. 见洛夫格伦《风景》中的论述.

47. 出自《19世纪上半叶欧洲山水画发展史特征》，节选自鲁道夫·齐特勒，瑞典浪漫山水画（1780—1870）[M].马姆：马尔默博物馆，1985.目录354条，5-28.另一论述见布里特·贝格格林，当文化来至挪威[M].奥斯陆：阿舍霍格，1989.

48. 引自林纳西尔姆《短途旅行》126.

49. 引自约翰尼森《野外斯柯达》57.

50. 见约翰·西尔斯，圣地：十九世纪美国旅游景点[M].纽约：牛津大学出版社，1989.

51. 理查德·霍夫施塔特，美国生活中的反智主义．纽约：《文德日报》，1963，405.

52. 引自谢泼德《风景中的人》186.

53. 论述见罗德里克·纳什,荒野与美国思想(三版)[M].纽黑文:耶鲁大学出版社,1982,自67页起.

54. 见罗伯特·休斯,美国视野:美国艺术史诗[M].纽约:诺普夫出版社,1997,142–147.

55. 柯蒂斯峡谷引于谢泼德《风景中的人》149.

56. 见斯蒂芬·米尔斯,美国风景[M].爱丁堡:基尔大学出版社,1997, 57.关于荒野版画的制作,详见《公众生活中的西方艺术》,该节选自玛莎·桑德维斯,已知的土地和虚妄的过去:改变对美国西部的看法[M].朱尔斯·戴维·普罗文,南希·安德森等编,纽黑文:耶鲁大学出版社,1992,117–134.对旅行指南泛滥的论述,参阅布朗《打造新英格兰》28–32.

57. 塞缪尔·鲍尔斯的《穿越大陆》(1866)引于西尔斯《圣地》122.

58. 见肖特《幻想国度》95的论述以及休斯《美国视野》137–466.

59. 论述见丽贝卡·索尔尼特,蛮荒之梦:探寻美国西部暗藏之战[M].旧金山:塞拉俱乐部丛书,1994.

60. 见西尔斯《圣地》141.

61. 托马斯·科尔的论文《美国风景画家》(1835)引于休斯《美国视野》142.

第二章 在路上

1. 见卡尔顿·杰克逊,路上猎犬:灰狗巴士公司史[M].鲍林格林:鲍林格林大学大众出版社,1984,69;基普·法林顿,现代铁路[M].纽约:考沃德·麦卡恩盖尔出版社,1951,241.

2. 参见基森《原生》57–58.

3. 引自《林纳西尔姆——自然的机会》,节选自古斯塔夫·纳斯特罗姆,乡村与自然1961(42):54.

4. 见《卢德堡的菲利普》一节,选自威廉姆·豪普特曼,艺术词典[M].简·特纳编,纽约:格罗夫,1996(19).

5. 见斯特凡·奥特曼,全景图:大众媒体故事[M].美因河畔法兰克福,1980.

6. 尼古拉斯·格林,自然奇观:十九世纪法国风景与资产阶级文化[M].曼彻斯特:曼彻斯特大学出版社,1990,2.

7. 引自西尔斯《圣地》51.

8. 雷克桑德游客. 戈兰·罗桑德编, 梅金: 雷克桑德九教区, 1987, 51.

9. 见西尔斯《圣地》71.

10. 摘自洛夫格伦的《风景》, 其间还讨论了新型铁路指南。

11. 引自马丁·基尔哈马, 斯特林堡和海登斯坦的技术及田园理想[M]. 斯德哥尔摩: 书协, 1985, 96.

12. 引自约翰·斯蒂尔戈, 都会廊道: 铁路与美国风光[M]. 纽黑文: 耶鲁大学出版社, 1983, 250.

13. 见汉斯·克里斯蒂安·安徒生, 诗人集市[M]. 哥本哈根, 1854, 21.

14. 见斯蒂尔戈《都会廊道》249论述.

15. 见沃尔夫冈·希维布施, 铁路之旅: 十九世纪的工业化时空[M]. 利明顿温泉镇: 贝尔格, 1977.

16. 引文来自《景观与人文: 19世纪文学艺术之旅》一节的论述, 该节选自博·格兰迪恩, 历史的翅膀: 艺术、历史和鸟类学[M]. 赫德维格·布兰德·琼森编, 斯德哥尔摩: 亚特兰蒂斯, 1988, 47.

17. 引文出自《运输成为娱乐——19世纪后期科幻小说及其受众》, 该节选自托尼·戴维斯, 愉悦的形式[M]. 弗兰德里克·詹姆森编, 伦敦: 劳特里奇&凯根·保罗, 1983, 46-58.

18. 见《间距: 城市郊区的白色口袋和黑厅》的论述, 该节选自奥瓦尔·洛夫格伦, 现代景观: 日常生活中的身份与传统[M]. 卡塔琳娜·萨尔茨曼, 比尔吉塔·斯文森编, 斯德哥尔摩: 自然与文化出版社, 1997, 45-69; 古德龙·科尼格, 步行文化史: 资产阶级实践留痕(1780—1850)[M]. 维也纳: 博劳, 1996.

19. 华莱士《步行、文学和英国文化》.

20. 见詹姆斯·布扎德, 成规: 欧洲旅游、文学与文化方式(1800—1918)[M]. 牛津: 克拉伦登出版社, 1993, 34.

21. 见安德鲁《寻找如画风景》67.

22. 引自格兰迪恩《风景与人文》38.

23. 论述见肯特·雷登, 绘制隐形风景: 民俗、写作和地方感[M]. 爱荷华城: 爱荷华大学出版社, 1993, 221-231.

24. 引自约翰·汤纳, 西方旅游娱乐中的历史地理学[M]. 切奇斯特: 约翰·威利及其子著, 1996, 115.

25. 见《绿色, 自然奇观》171论述及西蒙·沙玛, 风景与记忆[M]. 伦敦: 哈珀·柯林斯出版社, 1995, 546.

26. 见齐特乐《特征》6.

27. 见斯坦福·德马斯,优胜美地的游客(1855—1985)[M].盐湖城:犹他大学出版社,1991,58.

28. 卡尔·朱利乌斯·安里克,1955年瑞典旅游协会成立50周年记事.斯德哥尔摩,瑞典旅游协会,1935.

29. 路易斯·阿明,攀岩[M].瑞典旅游协会年度出版物,1889:54.

30. 艾拉·奥德曼,艾弗·布赫特,玛莉亚·诺德斯特罗姆,荒野:自然保护法的出台[M].马尔默:利伯出版社,1982,130.

31. 约翰·奥格雷迪,荒野朝圣者:埃弗里特·休斯、亨利·戴维·梭罗、约翰·缪尔克拉伦斯·金、玛丽·奥斯汀[M].盐湖城:犹他大学出版社,1993,67.

32.《眼角的草地》,选自罗林斯,已知乡村:美国西部旅游与生存[M].斯科特·诺里斯编,阿尔布开克:石梯出版社,1994,89.

33. 见奈《美国崇高》自31起的论述。

34. 引自纳什《荒野和美国思想》56.

35. 引自海夫·理查德森,力量与孤寂.卑尔根大学民族学硕士论文.1994,75.

36. 论述见《论人的坚强》一节,该节选自乔纳斯·弗里克曼,痛苦的身份[M].乔纳斯·弗雷克曼,纳迪亚·塞雷梅塔基斯,苏珊娜·埃沃特编,隆德:北欧学术出版社,1998,126-150.

37. 引文选自路易斯·阿明,旅客、当地人与自然.瑞典旅游协会杂志,1913:1-13.

38. 理查德·莱因哈特《粗心的爱恋:关于未开采的优胜美地的未完成报告》,用于已知乡村:美国西部旅游与生存[M].斯科特·诺里斯编,阿尔布开克:石梯出版社,1994,55.

39. 见德马斯《优胜美地游客》58.

40. 约翰·缪尔1866-79年间的信件被引于伯尔·波默罗伊,寻找黄金西部:美国西部游客[M].纽约:诺普夫出版社,1957,51.

41. 引于德玛斯《优胜美地游客》104.

42. 引于彼得·史密斯,返璞归真:美国城市的阿卡迪亚神话[M].巴尔的摩:约翰·霍普金斯大学出版社,1990,171.

43. 罗兰·范·赞德,卡茨基尔山庄[M].新不伦瑞克省:罗格斯大学出版社,1966,295.

44. 罗伯特·林德,海伦·梅雷尔·林德,中城:美国文化研究[M].纽约:哈科特·布雷斯出版,1929年,258-259.

45. 论述见詹姆斯·希尔曼,蓝色的火:选集[M].纽约:哈珀出版社,1991,177.

46，弗雷德里克·布克，瑞典之行［M］.斯德哥尔摩：邦尼尔出版社，1928.

47．贝特，乘汽车重探美国.郊游42（1903年5月）：437.

48．诺曼·海纳，埃弗格林游乐场之汽车露营.社会力量1930.12（9）：257.

49．见布朗《打造新英格兰》206.

50．见洛夫格伦《风景》143.

51．论述见保罗·维里利奥，汽车的艺术［M］.明尼阿波利斯：明尼苏达大学出版社，1995.

52．哈瓦尔·塞林，瑞典百年旅游业［M］.斯德哥尔摩：瑞典旅游协会，1985，162.

53．约翰·斯坦贝克，与查理同游：寻找美国［M］.纽约：企鹅出版社，1986，94.

54．引自约翰·贝德，天然气、食物与住宿：美国路边跋涉的明信片［M］.纽约：阿比维尔出版社，1982，107.

55．《锡罐旅行》，纽约时报，1996.3.21.

56．福斯特·雷亚·杜勒斯，学会娱乐的美国：大众娱乐发展史（1607—1940）［M］.马萨诸塞州格洛斯特：彼得·史密斯出版社，1959，317.

57．见布朗《打造新英格兰》205及其后讨论。

58．林德又见林德.米德尔敦，261.

59．1951年24%的法国人乘汽车度假旅行，1957年上涨至40%；参见乔佛尔·杜兹捷，走向休闲社会［M］.斯图尔特·麦克莱尔译，纽约：自由出版社，1966，127.

60．林德又见林德.米德尔敦，261.

61．《汽车之家》，出自比利·埃恩，交通［M］.卡尔·海德肯编，斯德哥尔摩：斯德哥尔摩国家博物馆，1989，49.

62．朱利安·巴恩斯，"玄秘曲".格兰特，1995（50）：151-164.

63．戈兰·罗桑德，假期.奥斯陆：挪威民族学调查公告，1988，10.

64．约翰·贾克勒，旅行者：二十世纪北美之旅［M］.约翰·内克拉斯：内布拉斯加大学出版社，1985，162.

65．见罗伯特·詹斯基，美国度假露营地.休闲研究杂志，1989，385-398.

66．手册中的引文摘自约瑟夫·萨克斯，没有扶手的山脉：对国家公园的思考［M］.安阿伯：密歇根大学出版社，1989，99及其后讨论．

67．见纳什《荒野与美国思想》5.

68．雅克《旅行者》155.

69．埃伦·梅洛伊《重力运动漩涡公报》用于已知乡村：美国西部旅游与生存［M］.斯科特·诺里斯编，阿尔布开克：石梯出版社，1994，95-96.

70. 1995年在加利福尼亚州的埃尔·索布兰特分发的"怀特沃特航程"传单.

71. 萨克斯《山脉》97及其后讨论.

72. 引于波默罗伊《寻找金色西部》211.

73. 托顿·奥雷,加入体育俱乐部.瑞典旅游协会,1949:335.

74. 见科林·沃德,丹尼斯·哈代,好梦露营者!英国假日露营史［M］.伦敦:曼塞尔出版社,及其后讨论.

75. 1997.12.22期《纽约客》广告.

76. 西里尔·康诺利盖尔,西里尔·康诺利盖尔选编.皮特·昆内尔编,纽约:珀西出版社,1984,26.

第三章 讲故事

1. 见杰曼·格里尔,上海特快［M］.格兰塔出版社,1995(50):225-248.

2. 罗兰·巴特,神话［M］.伦敦:企鹅出版社,1973,74.

3. 见奈《美国崇高》中的论述.

4. 见恩森伯格《一种理论》.

5. 有关图画明信片历史的一般性讨论,参阅洛夫格伦的《希望您在这里!》.

6. 见曼达·塞萨拉,女性人类学家的思考:没有隐匿之地［M］.纽约:哥伦比亚大学出版社,1982,55.

7. 有关全景和日落的对比材料来自由格罗斯克劳斯和奥尔德迈耶编辑的《对抗世界的自然》.

8. 马丁·斯坦纳德的《揭秘丛林:伊夫琳·沃旅行簿成书背景(1930-1939)》引于旅行写作的艺术:旅行写作散文集［M］.菲利普·多德编,伦敦:弗兰克·卡斯,1982,111.

9. 丽塔·阿里约希,维雷亚——日升日落.阿罗哈精神画刊,1997.6,8-9.

10. 论述见亚历山大·威尔逊,自然文化:从迪士尼到埃克森瓦尔迪兹的北美风光［M］.牛津:布莱克韦尔出版社,1992,46及其后讨论.

11. 见威利·温格,理查德·维贝克,从瞳孔测量看对森林景物的审美反应［M］.休闲研究杂志［J］.1969(02):149-162;乔治·彼得森,爱德华·诺依曼,人类对视觉娱乐环境反应的模型构建与预测［M］.休闲研究杂志［J］.1969(01):219-237.

12. 埃尔伍德·谢弗,约翰·汉密尔顿,伊丽莎白·施密特,自然景观偏好:一种预测模型.休闲研究杂志［J］.1969(01):19.

13. 见塞·彼得森,诺依曼,《建模与预测》.

14. 见科赫，桑德加德·詹森，丹麦森林户外功能：对森林和空地设计的展望［M］.哥本哈根：瑞典旅游协会，1988（01）：4.

15. 罗伯特·格雷夫斯，鹤袋及其他争议主题［M］.伦敦：卡塞尔出版社，1969，16.

16. 引于约翰·彭布尔，地中海激情：在南方的维多利亚时代及爱德华时代者［M］.牛津：牛津大学出版社，1987，5.

17. 见《游客、娱乐与旅游》137.

18. 见贾森《原生》40，50.

19 苏珊·斯图尔特，渴望：对微型与宏伟、纪念品、收藏的叙事［M］.巴尔的摩：约翰·霍普金斯大学出版社，1984.

20. 见加斯顿·巴切拉德，空间诗学［M］.玛丽亚·乔拉斯译，波士顿：灯塔报，1994，148.

21. 见《我的消费者生活》中的论述，该篇选自奥瓦夫·洛夫格伦，叙事与体裁.玛丽·张伯伦，保罗·汤普森编，伦敦：劳特里奇，1998，114-125.

22. 见亨利·格拉西，巴伊马农时光：阿尔斯特社区的文化和历史［M］.费城：宾夕法尼亚大学出版社，1982，369 及其后论述.

23. 引自德马斯《优胜美地的旅行者在》14.

24. 详见如阿里·贝达德，迟来的旅行：殖民解体时代的东方主义［M］.达勒姆：杜克大学出版社，1994；旅行写作的艺术：旅行写作随笔［M］.菲利普·多德编，伦敦：弗兰克·卡斯，1982；萨宾·戈尔瑟曼，地理与旅游；塞宾·高斯曼，普通教育与指使用说明：旅行指南的生产、结构和功能［M］.穆林斯特·沃斯曼，1992；范登·阿比埃勒，隐喻旅行.

25. 见彭布尔《地中海激情》7.

26. 见路易丝·珀温·佐贝尔，旅行作家手册：如何写作并推销自己的旅行经历［M］.芝加哥：萨里书社，1992.

27. 见伦纳特·舒伦，景观美学.乡村与自然［J］.1961（03）：207.

28. 见奈《美国崇高》21.

29. 安娜·诺德伦，小说作为现实.今日新闻.斯德哥尔摩.1996.8.15 日.

30. 阿帕杜莱，整体现代性.

31. 托马斯·科尔美国风景散文 1836，引于谢泼德风景中的男人 186.

32.《见普通人和非凡经验》，节选自罗杰·亚伯拉罕斯，经验人类学［M］.维克托·特纳，爱德华·布鲁纳编，芝加哥：伊利诺伊大学出版社，1986，45-72.

33. 艾伦·费尔德曼，暴力的形成：对北爱尔兰的政体与政治恐怖的叙事芝加哥［M］.芝加哥大学出版社，1991，14.

34. 见康诺利《散文集》25.

35. 乔治·威廉·柯蒂斯,《吃莲花》1856,引于谢泼德,《风景》147.

36. 引自谢泼德《风景中的人》146.

37. 引于德马斯《优胜美地旅游者》31.

38. 布扎德《成规》177.

39. 见赖登《绘制看不见的风景》223-225.

40. 见珍妮特·沃尔夫,再次上路:化批评中的旅行隐喻.文化研究[J].1993.5（07）:224-239.利兹,行者之心;罗恩·埃弗曼,奥瓦尔·洛夫格伦,漫步途中;道路电影和机动图像.理论、文化和社会[J].1995.2（12）:53-79;旅游文化:旅行和理论的转变.克里斯·罗耶克,约翰·厄里编伦敦:劳特里奇,1997.

41. 见玛丽莲·艾维,消失的话语:现代、幻象和日本[M].芝加哥:芝加哥大学出版社,1995.

42. 引于彼得·贝利,维多利亚时代英格兰的休闲与课堂:理性娱乐与控制竞赛[M].伦敦:劳特里奇与吉根·保罗,1978,104.

43. 引文见于凯西·佩斯,廉价娱乐:世纪之交纽约职业妇女与休闲[M].费城:天普大学出版社,1986,115.

44. 优胜美地意指"灰熊",但士兵们不知道的是它还意味着"其中一些是凶手"。参见索尔尼特《蛮荒的幻想》中的论述。

45. 拉斐特·本内尔《优胜美地的发现》及《1851 印度战争》（1880）引于西尔斯《圣地》152.

46. 见索尼特《蛮荒的幻想》.

47. 见波莫罗《寻找金色西部》153.

48. 见安德斯·林德·劳森,索尔万;从历史人类学揭示民族化空间,1984 月 15 日至 19 日在洛杉矶建筑历史学家学会会上发表的论文。

49. 克利夫兰·阿莫里,最后的度假胜地[M].纽约:哈珀与兄弟出版社,1948,370.

50. 见斯蒂芬·坎弗夏日世界.:在卡茨基尔山建立犹太伊甸园的尝试——从贫民窟的日子到波希特带的兴衰[M].纽约:法拉尔·斯特劳斯·吉鲁,1989,26.

51. 阿莫里《最后的度假胜地》367.

52. 切斯特·希姆斯,受伤的品质[M].纽约:帕拉贡出版社,1978.

53.《选址和安置稳定的国家》,节选自朱迪思·奥克利,选址文化:不断变化的人类学对象[M].科伦·福格·奥尔维希,柯尔斯滕·哈斯特鲁普编,伦敦:劳特里奇,1997,193-222.

第二篇 逃离与超脱

第四章 消夏木屋文化

1. 摘自亨德里克斯《卡茨基尔山脉指南》1903，引于范·赞德《特斯基尔山庄》249

2. 关于梅德维的历史，请参见古斯塔夫·纳斯斯特罗姆，旧日梅德维尔：文化史记录［M］.斯德哥尔摩：诺德卡博物馆，1978.以下皆为是他的经文实例，有关消息源的讨论，参见洛夫格伦，《风景》.

3. 参见纳斯特罗姆《旧日梅德维尔》178.

4. 参见《城镇居民、娱乐和旅游》53 及其后讨论.

5. 阿兰·科宾，海洋的诱惑：海边的发现（1750—1840）［M］.乔斯林·菲尔普斯译，剑桥：政治出版社，1994.

6. 参见洛夫格伦《学做游客》105 及其后论述.

7. 见科比《海洋的诱惑》；约翰·斯蒂尔戈，海滨，纽黑文：耶鲁大学出版社，1994.

8. 参见斯蒂尔戈《海滨》.

9. 引于洛夫格伦《学做游客》105.

10. 见尼尔斯·凯塞尔·尼尔森，票价摆弄着什么？［M］.现代史 1993（65）：7-24.

11. 引于乔恩·汉森，海洋现代化 – 航行与劫持、丹麦与海洋的发现［M］.日德兰半岛史学家［J］.1993（65）：116.

12. 见科宾《海洋诱惑》89.

13. 见乔恩·汉森，旅行中的身体：从旅行到圣诞老人运动［M］.日德兰族历史学家.1988（48）：112.

14. 见科宾《海洋诱惑》73-8；约翰·沃尔顿，英国海滨胜地：社会历史（1750—1914）［M］.纽约：圣马丁出版社，1983，10 及其后讨论.

15. 见斯蒂尔戈《海滨》345-353 中的论述.

16. 引自凯杰·雷费尔特，泳客！.瑞典旅游协年度刊物.1976：118.

17. 见安·卡特琳·皮尔·阿特默，群岛上的夏日乐趣：斯德哥尔摩群岛内部夏日建筑（1860—1915）［M］.斯德哥摩：斯德哥尔摩市立博物馆，1987，577 及其后讨论.

18. 引于汉森《海洋现代化》112.

19. 引于莉娜·帕姆奎斯特，克里希纳·埃德费尔特，海滩度假生活［M］.瓦尔贝格市立博物馆，1981：17.

20. 引于洛夫格伦《风景》163.

21. 伦纳特·尼布罗姆, 泳客. 瑞典旅游协会年度出版物, 1949：196.

22. 见夏洛特·勃格温泉酒店——资产阶级城堡, Arv og Eje 1985：149-198.

23. 关于这种现代生活方式的论述见乔纳斯·弗里克曼, 运动, 斯堪的纳维亚民族志 [J]. 1992（22）：36-51.

24. 见洛夫格伦《学做游客》.

25. 引于克里斯蒂娜·达洛夫, 瓦尔贝里游泳传统. 瓦尔贝斯博物馆年鉴, 1974.

26. 论述见安德斯·古斯塔夫森, 夏季游客与居民：博赫斯海岸的文化潮流与矛盾 [M]. 隆德：书协, 1981.

27. 林德罗斯, 游客海边度假地之旅 [M]. 斯文斯卡旅游协会年度出版物, 1903：135. 16.

28. 引于托比约·霍尔姆格伦, 博赫斯山间庭院勘探. 卡特加特-斯卡格拉克海峡项目, 通告 1983（03）：79.

29. 见勃格《温泉酒店》62.

30. 引自罗桑德《假期》5.

31. 引于洛夫格伦《学做游客》113.

32. 论述见马格努斯·维克达尔, 造船时代：造船小镇的工作生活和文化变革 [M]. 斯德哥尔摩：吉德隆出版社, 1992.

33. 本特·芬恩韦登, 假日海滩 [M]. 瑞典旅游协会年度刊物, 1958, 209.

34. 引自乔纳斯·弗里克曼, 舞蹈之国：青年、流行文化与舆论 [M]. 斯德哥尔摩：自然文化出版社, 1988, 17.

35. 引自马丁·奥尔伍德, 英加-布里特·兰尼马克, 梅德尔比：社会学研究. 斯德哥尔摩：邦尼尔, 1943, 238.

36. 见艾默里《最后的度假胜地》14.

37. 见概论, 二故乡：诅咒还是祝福？[M]. 科伯特编, 牛津：培格曼出版社, 1977；道格拉斯·皮尔斯, 旅游发展 [M]. 纽约：朗文出版社, 1989, 82. 对于新英格兰, 参见布朗《打造新英格兰》；汤纳《休闲与旅游》260 及其后论述.

38. 《夏日移民之变》（1891）引于波默罗伊《寻找金色西部》116.

39. 见布朗, 《打造新英格兰》75；杰森《原生》124；波默罗伊《寻找金色西部》, 117.

40. 波默罗伊《寻找金色西部》117.

41. 乌苏拉·吉恩, 海路：克拉桑德编年史 [M]. 伦敦：哈珀·柯林斯出版社, 1995, 16.

42. 引自雅克《旅行者》63。

43. 引自坎弗,《夏日世界》67.

44.《安大略夏季别墅:为无目的特意而建》,节选自乌尔夫,二故乡:诅咒还是祝福?[M].科伯特编,牛津:培格曼出版社,1977,23.

45. 见巴什拉《空间诗学》7.

46. 兰迪·约翰逊,避暑胜地[M].汉梅斯菲尔斯出版社,1997.7,81.

47. 见《绿色,自然奇观》87.

48. 伯莎·史密斯的《桑迪兰!他们夏天去海边的人》(1914)引于波美罗伊《寻找金色西部》118.

49. 见弗利克曼,洛夫格伦文化建设者.64 及其后的讨论.

50. 艾略特·波特,夏季岛:佩诺布斯科特村庄[M].纽约:巴兰坦书社,1968,42.

51. 阿萨·伦德加德,也许孩子们会在家.今日新闻.1997.7.20.

52. 安妮·普罗克斯,心之歌与其他故事[M].纽约:西蒙及舒斯特出版社,1995,161.

53. 见艾默里《最后的度假胜地》322.

54. 詹姆斯·威廉·乔丹,夏日游客与当地人:旅游对佛蒙特州某度假村的影响.旅游研究纪事[J].1980(07):45.

55. 见阿莫里《最后的度假胜地》321.

56. 格雷格·海尔斯,马克·罗森堡,城中地的别墅客[M].专业地理学家[J].1995(02):150.

57. 见阿莫夫《最后的度假胜地》23.

58. 见《廉价娱乐》117-121;布朗《打造新英格兰》169.

59. 引于布朗《打造新英格兰》175.

60. 引于古斯塔夫松《夏日游客与居民》86.

61. 引于洛夫格伦《学做游客》120.

62. 简·斯诺,长岛安静的一面.国家地理[J].157 号,1980.5(05):670.

63. 桑德威尔《同栖美国和加拿大的人》(1946)引于乌尔夫《安大略夏日别墅》23.

64. 见《旅游和领地》,节选自在贝利特·夏洛特·卡亚,地域性:空间、历史、文化视角[M].延斯·汤伯编,欧登塞:欧登塞大学出版社,1994,159-182.

65. 乔治·博科文,《海滨别》,纽约:哈珀,平装本,1997,3.

66. 见约翰·吉利斯,他们自己创造的世界:神话、仪式和对家庭价值观的追求[M].纽约:基础读物出版社,1996.

67. 见阿帕杜莱《现代性》77 及其后讨论.

68. Heat-N-Glo 品牌广告,瑞丽现代家居［J］.1998.3, 89.

69.《夏天》,节选自大卫·厄普代克,美国新青年作家的最佳故事选（20—30岁）［M］.黛布拉·斯帕克斯编,纽约：博纳出版社,139.

70. 见波特《夏日岛屿》92.

71. 怀特《再次到湖边》,引自莱顿《绘制看不见的风景》第 278.

72. 他们记得苍白夏.今日新闻,安妮·玛丽·伯格伦德,1997.6.10.

73. 玛格丽特·艾特伍德《无聊》,选自 1995 年美国最佳诗歌［M］.纽约：西蒙和舒斯特出版社,理查德·霍华德,戴维·雷曼编,1955, 21.

74. 夏季乡村生活.今日新闻,斯蒂娜·乔夫斯,1997.7.19.

75. 见巴什拉《空间诗学》63.

76. 参见国内第二故乡游［J］.旅游研究年鉴,雷纳·贾克森,1986（13）：367–391.

第五章 地中海包价游

1. 腓力二世时代的地中海和地中海世界［M］.伦敦：丰塔纳,费尔南德·布劳德尔著,1975（01）：277.

2. 地中海宪章——比较地理视角［J］.旅游管理.道格拉斯·皮尔斯,1987.12：291–305.

3. 引于塞缪尔·约翰逊的一生［M］.牛津：牛津大学出版社,詹姆斯·博斯韦尔著,查普曼编,1970, 742.

4. 见戈斯曼在《教育资产》44 对这一早期体裁的描述.

5. 罗马、那不勒斯和佛罗伦萨［M］.纽约：乔治·布拉奇勒出版,亨利·贝尔·斯滕达尔著,理查德·科译,1959, 300.

6. 康诺利《散文选集》8.

7. 引于英国人在海外：十八世纪的大旅行［M］.纽约：圣马丁出版社,杰里米·布莱克著,1992, 5.

8. 见彭布尔《地中海疯狂》48.

9. 同上,18–27.

10. 引用同上,47.

11. 东方航线指南：海上和陆地旅行者的篇章.伦敦：桑普森·洛出版社,洛蒂著,1896, 2.

12. 同上，8.

13. 论述见游客的目光：当代社会的休闲与旅行［M］.伦敦：赛奇出版公司，约翰·乌里著，1990.

14. 诺曼·道格拉斯《海妖之地》(1911)，引于彭布尔《地中海疯狂》12.

15. 同上，87.

16. 引自科尔宾《海的诱惑》154.

17. 引自布莱克《英国人在海外》31.

18. 引自蔚蓝海岸：创造法国里维埃拉［M］.伦敦：泰晤士河和哈德逊出版社，玛丽·布鲁姆著，1994，35.

19. 见十九世纪尼斯的休闲都市生活［M］.劳伦斯，堪萨斯：摄政出版社，詹姆斯·豪格著，1982，14.

20. 见布鲁姆《蔚蓝海岸》60.

21. 见乌尔班《海滨》62 关于食利者（靠存款和有价证券生活的人）和早期残疾人的描写.

22. 见布鲁姆《蔚蓝海岸》66；豪格《十九世纪尼斯的休闲都市生活》58.

23. 豪格《十九世纪尼斯的休闲都市生活》57.

24. 夜色温柔（1951修订版）［M］.伦敦：企鹅丛书出版社，斯科特·菲茨杰拉德著，1986，26.

25. 见彭布尔《地中海疯狂》134.

26. 杰拉尔德·墨菲接受卡尔文·汤姆金斯的采访，好好活着就是最好的复仇［M］.纽约：维京出版社，1978，34.

27. 见汤姆金斯《好好活着就是最好的复仇》41.

28. 见布鲁姆《蔚蓝海岸》90.

29. 引自海外：两次世界大战之间的英国文学之旅［M］.纽约：牛津大学出版社，保罗·福塞尔著，1980，138.

30. 见布鲁姆《蔚蓝海岸》74.

31. 岩池［M］.1936；伦敦：哈米什·汉密尔顿，西里尔·康诺利著，1947，31.

32. 菲茨杰拉德《夜色温柔》302.

33. 汤姆金斯《好好活着就是最好的复仇》3.

34. 和旅游与经济发展：西欧经历［M］.伦敦：贝尔港出版社，艾伦·M.威廉姆斯，加雷斯·萧著，1988，12.

35. 见金帐汗国［M］.伦敦：康斯特布尔，特纳，阿什著，1975；符号与空间的经济

[M].伦敦：赛奇出版公司，斯科特·拉什，约翰·乌尔著，1994，260.

36. 1950年585名瑞典人勇敢地前往马略卡岛；到1962年瑞典游客已近4万人；1995年共有1 300万游客到访该岛．要了解这种转变，参见当地人与外来客：马略卡岛的天堂与现实［M］.普罗维登斯，罗得岛州：博格翰图书，雅克琳·沃尔德伦著，1996．

37. 见皮尔斯《地中海通行》299．

38. 见洛芙格伦《远到乡村》32．

39. 见威廉姆斯和萧主编的《旅游与经济发展》．

40. 加那利岛村庄的现代化［J］.史都华人类学学会期刊，肯尼斯·摩尔，1970秋．

41. 见《希腊：20世纪80代旅游业的前景与矛盾》，载自旅游与经济发展：西欧经历［M］.伦敦：贝尔哈文出版社，艾伦·威廉姆斯，加雷斯·萧编著，1988，80–100．

42. 《阿尔加维沿海地区的旅游（葡萄牙）》，载自对地中海国家文化地理的贡献［M］.马尔堡：马尔堡大学地理学院，彼得·韦伯著，卡尔·肖特编，1970（01）：7–32．

43. 见威廉姆斯和萧主编的《旅游与经济发展》．

44. 见我们的再一次：民俗、意识形态与现代希腊的形成［M］.奥斯汀：得克萨斯大学出版社，迈克尔·赫茨菲尔德著，1978．

45. 南斯拉夫：社会主义联邦制国家的旅游业［J］.旅游管理，约翰·赛尔，1985.6，113–124．

46. 见保加利亚旅游业的冲突与约束［J］.旅游研究鉴，迈克尔·珀尔曼，1989（16）：103–121．

47. 见为生存而装扮：重新营销马略卡岛［J］.旅游管理，迈克尔·摩根，1991.3，15．

48. 里米尼公司——一个传奇的终结：处理藻类效应［J］.旅游管理，埃米利奥·贝切利，1991.9，231．

49. 见摩根在《为生存而装扮》中讨论的例子；传统马耳他渔村的旅游化［J］.旅游管理布鲁斯·杨，1983.3：35–41；塞浦路斯的旅游业：利益与成本的平衡［J］.旅游管理史蒂芬·威特，1991.3：37–46．

50. 海洋与撒丁岛［M］.伦敦：橄榄出版社，劳伦斯著，1989，52–53．

51. 马鲁西巨像［M］.伦敦：企鹅丛书，亨利·米勒著，1941，117．

52. 见福塞尔《海外：斯坦纳德，揭开丛林的面纱》．

53. 威廉·萨克雷《从康希尔到开罗的旅途游记》（1846），引于彭布尔《地中海疯狂》171．

54. 亨利·克里斯默斯《地中海的海岸和岛屿：包括对亚洲七大教堂的访问》（1851），引于彭布尔，地中海狂热，171．

55. 引自应对游客：欧洲人对大众旅游的反应［M］.普罗维登斯，罗得岛州：博格翰图书，杰雷米·博伊斯瓦因编，1996，58.

56. 据估计，阿加迪尔的一名游客每天用水300升，因此这名游客26天的用水量相当于当地居民的标准耗水量.见希腊的旅游地理过程及其与空间差异的关系；自旅游与区域文化［M］.维也纳：民间研究协会自行出版，赫尔穆特·里德尔著，伯克哈德·波特勒编1994，221-238.

57. 见安娜贝尔·布莱克《与游客的目光谈判：马耳他的例子》，选自应对游客：欧洲人对大众旅游的反应［M］.普罗维登斯，罗得岛州：博格翰图书，杰雷米·博伊斯瓦因编，1996，113.

58. 天堂新闻［M］.哈蒙兹沃斯：企鹅丛书，戴维·洛奇，1992，32.

59. 塞浦路斯［M］.斯图加特：贝尔瑟，安妮莉·塔普，1981，109.

60. 引自彭布尔《中海疯狂》170.

61. 引用同上.

62. 作者对瑞典游客的采访.

63. 见奥里奥尔·皮-桑耶《对加泰罗尼亚度假胜的旅游业及游客改变看法》，载于主人与客：人旅游人类学（2版）［M］.费城：宾夕法尼亚大学出版社，瓦莱娜·史密斯编，1989，187-202.

64. 苏珊·巴克·莫斯《符号学的边界与意义的政治：旅游上的现代性——一个转型中的村庄》，载于认识的新方法：科学、社会与重建知识［M］.渥太华：劳文与利特费尔德出版社，马库斯·拉斯金等编，1987.

65. 见博伊斯瓦《应对游客》.

66. 见康诺利《岩池》74.

67. 见布莱克《英国人在海外》190.

68. 见豪格《十九世纪尼斯的休闲都市生活》52.

69. 见布鲁姆《蔚蓝海岸》62.

70. 见彭布尔《地中海疯狂》159；布扎德《老路》130.

71. 引于布扎德《老路》144［摘自《查尔斯·拉威尔的小说选（1894-95）》］.

72. 巴克·莫斯《符号学的边界》216.

73. 见莱拉·莱昂蒂杜《希腊旅游的性别维度》，摘自旅游：性别分析［M］.奇切斯特：约翰威立国际出版公司，薇薇安·金纳德，德里克·霍尔编，1994，74-105.

74. 布扎德《老路》132.

75.《1898年男爵的申诉》引于伟大的象征：皮埃尔·德·顾拜旦和现代奥运会的起源

[M].芝加哥：芝加哥大学出版社，约翰·麦克·阿龙著，1989，263. 1994年的瑞典版见夏日帽子[M].维奇伦出版社，卡勒·诺伦，米特·索马哈特编，28，25.

76. 引自洛芙格伦《远到乡村》43.

77. 关于"南下"这一观点的讨论，见用道德的眼光看问题：在南方的个人生活[J].鲁纳尔·多文，1997（02）：3-14.

78. 布劳德尔《地中海》276.

79. 见地中海、空间与历史[M].巴黎：弗拉明戈出版社，弗尔南多·布劳德尔著，1985.

第三篇　本土与全球

第六章　全球化的海滩

1. 见罗伯特.B.艾格顿，单独在一起：城市海滩上的社会秩序[M].伯克利：加州大学出版社，罗伯特·埃德格著，1979.

2. "本文向您保证，说葡萄牙语和英语的人员将在机场迎接并听候差遣"，美国飞行：从莱特兄弟到宇航员（二版）[M].巴尔的摩：约翰·霍普金斯大学出版社，罗杰·比尔斯坦著，1994，117.

3. 见往年的怀基基海滩[M].檀香山：共同出版社，格伦·格兰特，1996，60.

4. 参见同上，68.

5. 见首个奇怪之地：二次世界大战中夏威夷的种族与性别[M].巴尔的摩：约翰·霍普金斯大学出版社，贝丝·贝利和戴维·法伯，1992，212.

6. 阅读国家地理[M].芝加哥：芝加哥大学出版社，凯瑟琳·卢茨，珍妮·柯林斯著，1993，133.

7. 格兰特《往年的怀基基海滩》.

8. 乌尔班《海滨》152.

9. 见冲浪：古代夏威夷运动的历史[M].旧金山：石榴艺术书籍，本·芬尼，詹姆斯·胡顿著，1996；威基基沙滩男孩[M].檀香山：版本有限公司，格雷迪·蒂蒙斯著，1986，42.

10. 见场景[M].贝弗利山庄：赛奇出版社，约翰·欧文著，1977，84.

11. 见布鲁姆《蔚蓝海岸》75.

12. 水孩子：水中的无限可能.纽约客，奥利弗·萨克斯，1997.5（45）.

13. 见巴什拉《空间诗学》205-209.

14. 弗朗西丝·帕金森·凯斯《夏威夷令人生厌》(1926)，引于蒂蒙斯《怀基基海滩男孩》43.

15. 历史上的旅游业, 在朗丹前往安诺伦达: 关于历史与现在的旅游[M]. 斯德哥尔摩: 吉德伦兹, 戈兰·安道夫, 奥瓦尔·洛夫格伦著, 1989: 79. 斯蒂尔戈, 沿岸, 355-358.

16. 海外: 福赛尔[M]. 140.

17. 对于裸体运动的概述美国的社会裸体主义[M]. 纽黑文, 康恩: 大学出版社, 小弗雷德·伊尔弗莱德, 罗杰·劳尔著. 1964.

18. 海外: 福赛尔[M]. 141.

19. 读大众[M]. 伦敦: 昂温出版社, 约翰.菲斯克著. 1989: 47.

20. 唐纳德·麦吉尔的艺术, 新闻和乔治·奥威尔的来信[M]. 伦敦: 企鹅出版社, 乔治·奥威尔著. 1968: 2: 183-194.

21. 同上, 183.

22. 全球舞台上的选美皇后: 性别, 竞赛与权力[M]. 纽约: 路特雷奇出版社, 科琳.科恩.比纳利内罗, 贝弗利, 理查德·威尔克著. 1996.

23. 牛津英语词典[M]. 中的"beach-".

24. 兵团: 男人的眼睛[M]. 巴黎: 内森出版社, 尚.克劳德.考夫曼著. 1995.

25. 独自在一起[M]. 埃杰顿著. 152. 裸体海滩[M]. 贝弗利希尔斯: 赛吉出版社, 杰克.道格拉斯, 保罗.K.拉斯穆森, 卡罗尔·安·弗拉纳根著. 1977. 该书讨论了加利福尼亚南部海滩的落体和隐私问题.

26. 城市: 在沙滩上[M]. 83.

27. 英语海滨度假胜地[M]. 沃尔顿著. 190-191.

28. 黑男按摩师的出没: 游泳者饰演英雄[M]. 伦敦: 古籍出版社, 查尔斯·斯普拉夫森著. 1993: 19.

29. 镇民, 娱乐和旅游[M]. 2: 11 及其后讨论.

30. 康尼岛: 流行文化与技术变革案例研究流行文化杂志[J]. 罗伯特·斯诺, 戴维·赖特. 1976: 960-975.

31. 万不得已: 加勒比海旅游业的成本[M]. 伦敦卡塞尔, 波莉·帕图洛著. 1996: 83.

32. 同上, 80 页及其后讨论.

33. 独自在一起[M]. 埃杰顿著. 150.

34. 蒂蒙斯[M]. 威基比奇博伊著. 34.

35. 斯特兰堡[M]. 马尔堡: 乔纳斯·韦拉格哈拉尔德·金佩尔, 约翰娜·沃克迈斯特著.1995.

36. 欧姆尼酒店广告.《纽约时报》.1997.06.15.

37. 日落游泳池（第四版）[M].加利福尼亚门洛帕克,菲利斯·艾尔芬著.1972.

38. 黑人按摩师的困扰[M].斯普拉夫森著.

39. 饮水：精神,艺术,淫荡[M].纽约：阿比维尔出版社,亚历克斯·莱尔·库蒂著.1992：159.黑色男按摩师的困扰[M].斯普劳森著.1992：268.

40. 公园设计的政治：美国城市公园的历史[M].马萨诸塞州剑桥：麻省理工学院出版社,加伦·克兰兹著.1982：72.

41. 威基基过去的一年[M].格兰特著.

42. 黑人男按摩师的困扰[M].斯普劳森著.1992：267；精灵,落日游泳池[M].在游泳池上的倒影：加州游泳设计[M].纽约：里佐利出版社；游泳池的倒影：加州游泳设计[M].纽约：里佐利,戈登·巴尔登,勒布·梅尔奇奥著,1997.

43. 读大众[M].菲斯克著.

44. 海滩男子[M].斯德哥尔摩：邦尼出版社,彼得·基尔加德著.1992：7.

第七章　消逝的度假地

1. 法国情况见进行大规模度假：法国的旅游和消费文化——20世纪30年代至20世纪70年代[J].社会与历史比较研究,(40)：1,艾伦·弗洛洛.1998：247-286；意大利情况见法西斯如何统治意大利妇女（1922-1945）[M].伯克利：加利福尼亚大学出版社,维多利亚·德格拉齐亚著.1992；总体情况见晚安露营者[M].沃德,哈迪著.17页及其后；了解您的国家：旅游业与民族建设的比较分析——19世纪和20世纪欧洲和北美的旅游业、商业休闲和民族身份（第1版）[M].奥瓦尔·洛夫格伦,雪莱·巴拉诺夫斯基,艾伦·弗洛夫著.

2. 下面的描述基于天堂[M].柏林：林克斯出版社,达斯·科德,吉尔根·罗斯托克,弗朗兹·扎德尼切克著.1995.

3. 德意志日报社：法西斯主义与法瓦斯主义[M].慕尼黑：汉瑟,彼得·雷切著.1992：243.

4. 同上第252页.

5. 见金·佩尔,沃克迈斯特《斯特兰堡》43.

6. 见沃德和哈迪《晚安露营者》基于下述巴特林主义的讨论.

7. 见施密特《返璞归真》106.

8. 同上第 106 页及其后讨论.

9. 参见富勒夫《美好假期》中的讨论.

10. 见格兰特《往年的怀基基海滩》第 43 页.

11. 参见同上第 71 页.

12 参见同上第 82 页.

13. 坎弗（Kanfer），《夏日世界》，100 ff.

14. 同上第 139 页.

15. 同上第 288 页.

16. 卡茨基尔山庄［M］，范赞德著，3：15.

17. 美国马戏团［M］. 纽约：Verso，拉尔夫·鲁格夫著，1995，15-19.

18.《代马斯语》第 42 页.

19. 有关拉斯维加斯转型的讨论，参见拉道夫《美国马戏团》第 3-7 页；美国主题：梦想，视觉和商业空间［M］. 科罗拉多州博尔德：西景出版社，马克·戈迪纳著，1997；奈《美国崇高》第 291-296 页；虚幻的美国：建筑与幻觉［M］. 纽约：新出版社，路易丝·赫克斯伯特著，1998.

20. 引于轻柔面的漫步［J］. 全景扫视，辛德尔·卡特维特，1997.10，28.

21. 认识欧洲现代性：当下的蒙太奇中关于盛大展览和眼镜生产的讨论［M］. 伦敦：劳特里奇，艾伦·普雷德著，1995，31；见辩证法：沃尔特·本杰明与街机项目［M］. 马萨诸塞州坎布里奇：麻省理工学院出版社，苏珊·巴克·摩尔斯著，1991，217 及其后论述.

第八章 寻找度假游客

1. 参见虚假假期：合成旅行的新世界［J］. 康德纳斯旅行者，温迪·佩里，1996.1，42-44.

2. 这是游客：休闲阶层的新理论［M］. 纽约：肖肯，迪安·麦克卡内尔著，1989.

3. 见街角冒险［M］. 巴黎：苏伊尔，帕斯卡·布鲁克纳，阿兰·芬基尔克拉特著，1982.

4. 参见乌尔班《蠢笨的旅行》.

5. 作为潘多拉魔盒的旅游业［J］. 地理杂志. 戴维·琼斯，1987（59）：559.

6. 论述见旅游的符号学［J］. 美国符号学期刊，乔纳森·卡勒，1981（01）：127-140.

7. 见布朗《打造新英格兰》第 38 页的讨论.

8. 洛夫格伦《对国家的向往》第 45 页.

9. 讨论摘自皮尔斯旅游发展，第 114-115 页，这是一本非常典型的方法.

10. 请参见范登·阿比勒《隐喻旅行》第 15 页讨论.

11. 参见吉利斯《他们自己的世界》第 109 页中的讨论.

12. 参见跨国联系：文化、民众、地方［M］.伦敦：劳特里奇，乌尔夫·汉纳兹，1996.

13. 史蒂夫·威尔科克斯 1966 在檀香山灯塔中的一次采访，引用于蒂蒙斯《怀基基海滩男孩》第 106 页.

14. 有关这种有问题且可预测的类型的示例，参见"麦迪尼化和后旅游主义"，载于旅游文化：旅行与理论的转换［M］.伦敦：劳特里奇，乔治·里泽，艾伦·李斯卡著，克里斯·罗耶克，约翰·乌里编，1997. 96-112.

15. 参见洛夫格伦《了解您的国家》.

16. 参见乔纳斯·弗里克曼在《成为完美的瑞典人：20 世纪瑞典的现代化、主体和国家进程》，Eth- 第 259-274 页中的讨论.

17. 事例，参见威尔逊《自然文化》第 15 页中的讨论.

18. 同上第 4 页.

19. 事例，见对在消费场所创建"福特"和"后福特主义"生产方式类型的粗暴尝试［M］.伦敦：劳特里奇，约翰·乌尔夫著，1995，147.

20. 参见《通过城市化实现的灵活积累：对美国城市"后现代主义"的反思》，载于后福特主义：读者［M］.牛津：布莱克威尔出版社，戴维·哈维著，阿明编，1994，361-386.

21. 参见布朗《打造新英格兰》中第 5 页及其后对 19 世纪新英格兰发展的讨论.

22. 在伯利兹学习本地化：共同差异的全球体系，选自世界以外的世界：通过本地棱镜的现代性［M］.伦敦：劳特利奇出版社，理查德·威尔，丹尼尔·米勒著．1995；权力的地貌：从底特律到迪士尼乐园［M］.伯克利：加利福尼亚大学出版社，沙龙·祖金著．1991，第 179 页及其后.

23. 见安德鲁斯《寻找风景如画》第 239 页及其后讨论；格林《自然奇观》第 93-110 页.

24. 引于旅游与区域文化中的国土安全运动中的早期旅游批评［M］.维也纳：民俗协会，希尔克·戈茨著，伯克哈特·波提尔编，1994，28.

25. 劳伦斯《海洋和撒丁》第 16 页.

26. 关于美国天堂梦和当地现实的讨论，见简化复杂性：在一个很小的天堂中吸收全球，选自选址文化：正在变化的人类学对象［M］.伦敦：劳特利奇出版社，乔纳森·弗里德曼、凯伦·福格·奥尔维格，柯尔斯·十·哈斯特鲁著．1997：268-291.

参考文献选录

1. Andrews, Malcolm. The Search for the Picturesque: Landscape Aesthetics and Tourism in Britain, 1760–1800. Stanford: Stanford University Press, 1989.

2. Apostolopoulos, Yiorgos, Stella Leivade, and Andrew Yiannakis, eds. The Sociology of Tourism: Theoretical and Empirical Investigations. London: Routledge,1996.

3. Appadurai, Arjun. Modernity at Large: Cultural Dimensions of Globalization. Min-neapolis: University of Minnesota Press, 1996.

4. Behdad, Ali. Belated Travels: Orientalism in the Age of Colonial Dissolution. Durham: Duke University Press, 1994.

5. Black, Jeremy. The British Abroad: The Grand Tour in the Eighteenth Century. New York: St. Martin's Press, 1992.

6. Blume, Mary. Cote dAzur: Inventing the French Riviera. London: Thames and Hudson, 1994.

7. Boissevain, Jeremy, ed. Coping with Tourists: European Reactions to Mass Tourism. Providence, R.I.: Berghahn Books, 1996.

8. Brown, Dona. Inventing New England: Regional Tourism in the Nineteenth Century. Washington, D.C.: Smithsonian Institution Press, 1995.

9. Buzard, James. The Beaten Track: European Tourism, Literature and the Ways to Culture, 1800–1918. Oxford: Clarendon Press, 1993.

10. Clifford, James. Routes: Travel and Translation in the Late Twentieth Century. Cambridge, Mass.: Harvard University Press, 1997.

11. Corbin, Alain. The Lure of the Sea: The Discovery of the Seaside, 1750–1840. Trans.

Jocelyn Phelps. Cambridge: Polity Press, 1994.

12. Demars, Stanford E. The Tourist in Yosemite, 1855–1985. Salt Lake City: University of Utah Press, 1991.

13. Edgerton, Robert B. Alone Together: Social Order on an Urban Beach. Berkeley: University of California Press, 1979.

14. Enzensberger, Hans Magnus. "Fine Theorie des Tourismus." In Einzelheiten: Bewusstseins-Industrie, 1:179–205. Frankfurt am Main: Rowohlt, 1971.

15. Eyerman, Ron, and Orvar Lofgren. "Romancing the Road: Road Movies and Images of Mobility." Theory, Culture and Society 12 (February 1995): 53–79.

16. Frykman, Jonas. "Becoming the Perfect Swede: Modernity, Body Politics, and National Processes in 20th-century Sweden." Ethnos 58, nos. 3–4 (1993): 259–274.

17. Frykman, Jonas, and Orvar Lofgren. Culture Builders: A Historical Anthropology of Middle-Class Life. Trans. Alan Crozier. New Brunswick: Rutgers University Press, 1987.

18. Furlough, Ellen. "Making Mass Vacations: Tourism and Consumer Culture in France, 1930S–1970S." Comparative Studies in Society and History 40, no. 2 (April 1998): 247–286.

19. Fussell, Paul. Abroad: British Literary Travelling between the Wars. New York: Oxford University Press, 1980.

20. Green, Nicholas. The Spectacle of Nature: Landscape and Bourgeois Culture in Nineteenth-Century France. Manchester: Manchester University Press, 1990.

21. Hannerz, Ulf. Transnational Connections: Culture, People, Places. London: Routledge, 1996.

22. Irwin, William. The New Niagara: Tourism, Technology, and the Landscape of Niagara Falls, 1776–1917. University Park: University of Pennsylvania Press, 1996.

23. Ivy, Marilyn. Discourses of the Vanishing: Modernity, Phantasm, Japan. Chicago: University of Chicago Press, 1995.

24. Jakle, John A. The Tourist: Travel in Twentieth-Century North America. Lincoln: University of Nebraska Press, 1985.

25. Jasen, Patricia. Wild Things: Nature, Culture, and Tourism in Ontario, 1790–1914. Toronto: University of Toronto Press, 1995.

26. Kanfer, Stefan. A Summer World: The Attempt to Build a Jewish Eden in the Catskills—From the Days of the Ghetto to the Rise and Decline of the Borscht Belt. New York: Farrar Straus Giroux, 1989.

27. Kaufmann, jean-Claude. Corps de femmes: Regards d'hommes. Paris: Nathan, 1995.

28. Kinnaird, Vivian, and Derek Hall. Tourism: A Gender Analysis. Chichester: John Wiley and Sons, 1994.

29. Leed, Eric J. The Mind of the Traveller: From Gilgamesh to Global Tourism. New York: Basic Books, 1991.

30. Löfgren, Orvar. "Learning to Be a Tourist." Ethnologia Scandinavica 24 (1994): 102–125.

31. "Wish you were here! Holiday images and picture postcards." Ethnologia Scandinavica (1985): 96–108.

32. MacCannell, Dean. The Tourist: A New Theory of the Leisure Class. New York: Schocken Books, 1989.

33. Nash, Roderick. Wilderness and the American Mind. 3d ed. New Haven: Yale Uni-versity Press, 1982.

34. Norris, Scott, ed. Discovered Country: Tourism and Survival in the American West. Albuquerque: Stone Ladder Press, 1994.

35. Nye, David E. American Technological Sublime. Cambridge, Mass.: MIT Press, 1996.

36. Pattullo, Polly. Last Resorts: The Cost of Tourism in the Caribbean. London: Cassell, 1996.

37. Pearce, Douglas G. Tourist Development. New York: Longman, 1989.

38. Peiss, Kathy. Cheap Amusements: Working Women and Leisure in Turn-of-the-Century New York. Philadelphia: Temple University Press, 1986.

39. Pemble, John. The Mediterranean Passion: Victorians and Edwardians in the South. Oxford: Oxford University Press, 1987.

40. Pomeroy, Earl. In Search of the Golden West: The Tourist in Western America. New York: Alfred A. Knopf, 1957.

41. Pred, Allan. Recognizing European Modernities: A Montage of the Present. London: Routledge, 1995.

42. Rojek, Chris, and John Urrv, eds. Touring Cultures: Transformations of Travel and Theory. London: Routledge, 1997.

43. Schmitt, Peter J. Back to Nature: The Arcadian Myth in Urban America. With a fore-word by John R. Stilgoe. Baltimore: Johns Hopkins University Press, 1990.

44. Sears, John F. Sacred Places: American Tourist Attractions in the Nineteenth Century. New York: Oxford University Press, 1989.

45. Shepard, Paul. Man in the Landscape: A Historical View of the Esthetics of Nature. New

York: Alfred A. Knopf, 1967.

46. Shields, Rob. Places on the Margin: Alternative Geographies of Modernity. London: Routledge, 1991.

47. Short, John Rennie. Imagined Country: Environment, Culture and Society. London: Routledge, 1991.

48. Solnit, Rebecca. Savage Dreams: A Journey into the Hidden Wars of the American West. San Francisco: Sierra Club Books, 1994.

49. Spravvson, Charles. Haunts of the Black Masseur: The Swimmer as Hero. London: Vintage, 1993.

50. Stewart, Susan. On Longing: Narratives of the Miniature, the Gigantic, the Souvenir, the Collection. Baltimore: Johns Hopkins University Press, 1984.

51. Stilgoe, John R. Alongshore. New Haven: Yale University Press, 1994.

52. Towner, John. An Historical Geography of Recreation and Tourism in the Western World. Chichester: John Wiley and Sons, 1996.

53. Turner, L., and J. Ash. The Golden Hordes. London: Constable, 1975.

54. Urbain, Jean-Didier. L'Idiot du voyage: Histoires de touristes. Paris: Payot, 1991.

Sur la plage: Moeurs et coutumes balneaires. Paris: Pavot, 1994.

55. Urry, John. Consuming Places. London: Routledge, 1995.

The Tourist Gaze: Leisure and Travel in Contemporary Societies. London: Sage, 1990.

56. Van Den Abbeele, Georges. Travel as Metaphor: From Montaigne to Rousseau. Minneapolis: University of Minneapolis Press, 1992.

57. Van Zandt, Roland. The Catskill Mountain House. New Brunswick: Rutgers University Press, 1966.

58. Veijola, Soile, and Leva Jokinen. "The Body in Tourism" Theory, Culture and Society 11 (1994): 125–131. Waldren, Jacqueline. Insiders and Outsiders: Paradise and Reality in Mallorca. London: Berghahn Books, 1996.

59. Wallace, Anne D. Walking, Literature, and English Culture: The Origins and Uses of peripatetic in the Nineteenth Century. Oxford: Oxford University Press, 1993.

60. Walton, John K. The English Seaside Resort: A Social History, 1750–1914. New York: St. Martin's Press, 1983.

61. Ward, Colin, and Dennis Hardy. Goodnight Campers! The History of the British Holiday Camp. London: Mansell Publishing, 1986.

62. Wilson, Alexa nder. The Culture of Nature: North American Landscape from Disney to the Exxon Valdez. Oxford: Blackwell, 1992.

63. Wolff, Janet. "On the Road Again: Metaphors of Travel in Cultural Criticism." Cultural Studies 7 (May 1993): 224–239.

64. Zukin, Sharon. Landscapes of Power: From Detroit to Disneyworld. Berkeley: University of California Press, 1991.

（附中文）

1.寻找如画景观：英国景观美学与旅游（1760—1800）.英国：斯坦福大学：斯坦福大学出版社，马尔科姆·安德鲁斯著.1989.阿波斯托普洛斯，伊奥尔戈斯，斯特拉·拉薇达，安德鲁·伊安纳基编.

2.旅游社会学：理论和实证研究.伦敦：劳特里奇，1996.

3.大规模现代化：全球化的文化维度.明尼阿波利斯：明尼苏达大学出版社，阿帕杜莱，阿见著.1996.

4.迟来的旅行：殖民解散时代的东方主义.达勒姆郡：杜克大学出版社，阿里·贝达德著.1994.

5.海外英国人：十八世纪的盛大之欧洲大陆游学.新约克：圣马丁出版社，布莱克·杰里米著.1992.

6.蔚蓝海岸：打造法国里维埃拉.伦敦：泰晤士河和哈德森出版社，玛丽·布鲁姆著.1994.

7.应对游客：欧洲对大众旅游的反应.普罗维登斯：伯格哈恩图书，布瓦塞万，杰里米编.1996.

8.打造新英格兰：十九世纪区域旅游.华盛顿特区：史密森学会出版社，布朗，多娜著.1995.

9.常规：欧洲旅游、文学与文化发展方式（1800—1918）.牛津：克拉伦登出版社，布扎德，詹姆斯著.1993.

10.路线：20世纪后期旅行和翻译.马萨诸塞州坎布里奇：哈佛大学出版社，克利福德，詹姆斯著.1997.

11.海洋诱惑：海滨发现（1750—1840）.乔斯林·菲尔普斯译.剑桥：政治出版社，科宾，艾伦著.1994.

12.优胜美地的游客（1855—1985）.盐湖城：犹他大学出版社，德马斯，斯坦福著.

1991.

13. 集体孤独：城市海滩上的社会秩序．伯克利：加利福尼亚大学出版社，埃杰顿，罗伯特著．1979．

14. 旅游业的精细理论，选自意识产业详情．美因河畔法兰克福：罗沃尔特出版社，恩岑斯伯格，汉斯·马格努斯著．1971（01）：179-205．

15. 路上浪漫：道路电影和流动图像［J］．理论、文化与社会，埃尔曼，罗恩，奥沃尔·洛夫格伦著．1995（12）：53-79．

16. 成为完美的瑞典人：20世纪瑞典现代化、主体政治和国家进程．民族，乔纳斯，弗莱克曼著．1993（58）：259-274．

17. 文化建设者：中产阶级生活中的历史人类学．艾伦·克罗泽译，新不伦瑞克省：罗格斯大学出版社，弗莱克曼，乔纳斯，洛夫格伦著．1987．

18. 大规模度假：法国旅游和消费文化（1930—1970）［J］．社会和历史比较研究，富勒夫，艾伦著．1998.4（02）：247-286．

19. 海外：大战中的英国文学之旅．纽约：牛津大学出版社，保罗·弗塞尔．1980．

20. 自然奇观：十九世纪法国风景和资产阶级文化．曼彻斯特：曼彻斯特大学出版社，格林尼古拉斯著．1990．

21. 跨国联系：文化、人民、地区．伦敦：劳特里奇，汉纳兹，乌尔夫著．1996．

22. 新尼亚加拉：旅游、技术和尼亚加拉大瀑布景观（1776—1917）．大学公园：宾夕法尼亚大学出版社，欧文，威廉．1996．

23. 消失的话语：现代性、幻想在日本．芝加哥：芝加哥大学出版社，艾薇，玛丽莲著．1995．

24. 游客：20世纪北美之旅．林肯：内布拉斯加大学出版社，雅克，约翰著．1985．

25. 原生：安大略自然、文化和旅游业（1790—1914）．多伦多：多伦多大学出版社，杰森，帕特里夏著．1995．

26. 卡茨基尔山建立犹太伊甸园的尝试——从贫民窟的日子到波希特带的兴衰．纽约：法拉尔·斯特劳斯·吉鲁，斯蒂芬·坎弗．1989．

27. 女性军团：致敬．巴黎：内森出版社，考夫曼，让·克洛德．1995．

28. 旅游业：性别分析．奇切斯特：约翰威立国际出版公司，金娜，维维安，德里克·霍尔．1994．

29. 旅行者的思想：从吉尔伽美什到全球旅游．纽约：基础读物出版社，利德，埃里克．1991．

30. 学做游客［J］．斯堪的纳维亚民族志，洛夫格伦，奥尔瓦尔．1994（24）：102-125．

31. 希望您在这里！节日图片和图画明信片．斯堪的纳维亚民族志 1985；96-108.

32. 游客：休闲阶层的新理论．纽约：肖肯出版社，麦卡内尔．1989.

33. 荒野与美国思想（3 版）．纽黑文：耶鲁大学出版社，纳什，罗德里克．1982.

34. 被发现的国家：美国西部旅游业和生存．阿尔伯克基：石梯出版社，斯科特编．1994.

35. 美国科技崇高．马萨诸塞州剑桥：麻省理工学院出版社，奈，大卫．1996.

36. 最后的度假胜地：加勒比海地区的旅游成本．伦敦：卡塞尔出版社，帕特洛，波莉．1996.

37. 旅游业发展．纽约：朗文出版社，皮尔斯，道格拉斯．1989.

38. 廉价娱乐：世纪之交纽约州职业女性与休闲．费城：天普大学出版社，佩斯，凯西．1986.

39. 地中海激情：在南方的维多利亚时代及爱德华时代者．牛津：牛津大学出版社，彭伯，约翰．1987.

40. 寻找金色西部：美国西部游客．纽约：诺普夫出版社，伯玛，厄尔．1957.

41. 认识现代欧洲：现世蒙太奇．伦敦：劳特里奇，普雷德，艾伦．1995.

42. 旅游文化：旅行和理论的转变．伦敦：劳特里奇，罗杰克·克里斯，约翰·乌尔夫编．1997.

43. 返璞归真：现代美国的阿卡迪亚神话．约翰·斯蒂尔戈做前言．巴尔的摩：约翰·霍普金斯大学出版社，施密特，皮特．1990.

44. 圣地：十九世纪的美国旅游胜地．纽约：牛津大学出版社，西尔斯，约翰．1989.

45. 风景中的人：自然美学的历史观．纽约：诺普夫出版社，谢泼德，保罗著．1967.

46. 边缘地：现代地理新选择．伦敦：劳特里奇著，1991.

47. 幻想国度：环境，文化与社会．伦敦：劳特里奇，肖特，约翰·雷尼著．1991.

48. 蛮荒的梦想：探寻美国西部隐藏之战．旧金山：塞拉俱乐部图书，丽贝卡·索尔尼特著．1994.

49. 黑人男性按摩师出没：泳客英雄．伦敦：Vintage，查尔斯·斯普拉夫森著．1993.

50. 渴望：微型与宏大、纪念品、收藏叙事记录．巴尔的摩：约翰·霍普金斯大学出版社，苏珊·斯图尔特著．1984.

51. 海滨．纽黑文：耶鲁大学出版社，史迪格，约翰著．1994.

52. 从历史地理学看西方娱乐与旅游．奇切斯特：约翰威立国际出版公司，汤纳，约翰著．1996.

53. 金帐汗国．伦敦：康斯特布尔出版社，特纳，阿什著．1975.

54. 蠢笨的旅行：旅游史.巴黎：柏姿，吉恩·迪迪埃·厄本著.1991.

55. 海滩风俗习惯.巴黎：柏姿，1994.

56. 消费场所.伦敦：劳特里奇，厄里，约翰著.1995.

57. 游客目光：当代社会的休闲与旅游.伦敦：赛奇出版社，1990.

58. 隐喻旅行：从蒙田到卢梭.明尼阿波利斯：明尼阿波利斯大学出版社，范登·阿贝莱，乔治著.1992.

59. 卡茨基尔山庄.新不伦瑞克省：罗格斯大学出版社，范赞德，罗兰著.1966.

60. 旅游主体［J］.理论、文化与社会，维乔拉，苏莱尔，莱文·乔金森著.1994（11）：125–131.

61. 岛中客与岛外人：马略卡岛的天堂与现实.伦敦：伯根图书，沃尔德伦，杰奎琳著.1996.

62. 步行、文学与英国文化：十九世纪徒步旅行的起源与应用.牛津：牛津大学出版社，华莱士，安妮著.1993.

63. 英国海滨度假胜地：社会历史（1750—1914）.纽约：圣马丁出版社，沃尔顿，约翰著.1983.

64. 好梦！露营者——英国假日营地历史.伦敦：曼塞尔出版社，沃德，科林，丹尼斯·哈迪著.1986.

65. 自然文化：从迪士尼到埃克森瓦尔迪兹的北美风光.牛津：布莱克韦尔出版社，威尔逊著.1992.

66. 再次上路：文化批评中的旅行隐喻［J］.文化研究，沃尔夫，珍妮特著.1993.5（07）：224–239.

67. 权力格局：从底特律到迪士尼世界.伯克利：加利福尼亚大学出版社，祖金，莎伦著.1991.

译后记

他山之石，可以攻玉。近现代以来，随着社会经济的发展、科学技术的进步，以及人们可支配收入和可用假期的增多，世界各国的度假旅游均得到不同程度的发展。欧美国家的旅游产业无论是在度假旅游目的地开发方面，还是在多元度假市场需求方面，均已发展到相对成熟的阶段，对我国度假旅游的发展具有很好的参考价值。

瑞典隆德大学的奥洛瓦·洛夫格伦教授是一位德高望重的人类史学家，他从欧洲民族志、人种志的角度对大量社会问题给出了深刻的见解，也出版了很多著名的书籍。在本书中，他通过各种旁征博引和精彩案例解释了从18世纪到近现代欧美人"如何在旅游中学会度假""度假旅游（Vacationing）如何成为现代生活方式中不可或缺的一部分"等一系列问题，书中语言平实亲切、深入浅出，读来轻松愉快，毫无学术著作的艰涩感。他对度假旅游的定义非常简明，他认为度假旅游就是假期出门旅游的行为。与我国不同的是，欧美并没有形成观光旅游和度假旅游的平行概念，而是将观光作为人们度假旅游中最重要的活动之一。作者通篇从"观光逐景"和"隐居避世"两种类型去论述不同度假人群在时间和空间发展中的不同行为和目的地特征。由于这本书写于20世纪80年代末，当时世界旅游经济的重心尚在欧美发达国家中辗转，因此文中的案例多来自英国、美国以及作者所在的北欧地区。但由此已可明确窥见，欧美度假旅游的发展在主体与客体、形式与内容、外延与内涵、生产与消费等演变过程中均呈现出了丰富多样的动态发展特征。从早期的旅行，到带有休闲目的的旅游，再到近现代欧美度假旅游逐渐发展成为规模化产业的历程中，无论哪一时期，哪一地区的社会、经济乃至技术等特征，都或多或少地对当地度假旅游的某些内容产生了催生、促进的作用，并在塑造近、现代世界度假旅游的

译后记

多样化面貌方面发挥了重要的作用。

奥洛瓦·洛夫格伦老先生和蔼可亲，尽管已经 70 多岁，但在多次交流中对于我们提出的各种问题均能迅速反应、敏捷思考。同时他也提出，"中国正处在经济迅猛发展、旅游业转型升级的关键阶段，参照国际度假旅游的路径特征和发展经验来研究中国旅游的转型发展很有必要，同时结合实际发展需求探索中国特色的治理模式也非常关键。"

较为遗憾的是，原作中洛夫格伦教授还精心配上了来自博物馆、档案馆以及他自己收藏的当时旅游业发展状况的照片、明信片、海报等 30 多张图片，但由于出版原作的加州大学出版社未拥有所有图片的版权，在版权引进过程中我们遗憾未获准在此译著中呈现。然而我们整个翻译团队以及中国旅游出版社的编辑们，在章节排版、翻译用语、逻辑等方面都再三推敲，尽管在信、达、雅方面尚有距离，但也尽量做到章节易读、逻辑连贯、以飨读者。感谢中国旅游出版社李冉冉编辑为本书的出版付出了辛勤的劳动，也非常感谢王婧、赵星夙、张柳欣、王岑等同学为本书做了很多的基础工作。我们历时半载，不遗余力地研读翻译此书，目的就是想借鉴欧美近现代度假旅游的历史根源及其研究的理论土壤，希望借此启发对我国度假旅游的深入研究。由于能力水平和语境所限，难免有错误疏漏之处，万望海涵，敬请指正。

邬东璠、农丽媚
2020 年 5 月于清华园

责任编辑：李冉冉
责任印制：冯冬青
封面设计：中文天地

图书在版编目（CIP）数据

欧美度假旅游历史 /（瑞典）奥洛瓦·洛夫格伦著；邬东璠，农丽媚译 . -- 北京：中国旅游出版社，2020.6
 ISBN 978-7-5032-6492-4

Ⅰ.①欧… Ⅱ.①奥… ②邬… ③农… Ⅲ.①旅游业—经济史—欧洲②旅游业—经济史—美洲 Ⅳ.①F591.9

中国版本图书馆CIP数据核字(2020)第093800号

北京市版权局著作权合同登记号：图字：01-2020-3227

书　　名	欧美度假旅游历史
作　　者	（瑞典）奥洛瓦·洛夫格伦著　邬东璠，农丽媚译
出版发行	中国旅游出版社 （北京建国门内大街甲9号　邮编：100005） http://www.cttp.net.cn　E-mail:cttp@mct.gov.cn 营销中心电话：010-57377109，010-85166536
排　　版	北京旅教文化传播有限公司
经　　销	全国各地新华书店
印　　刷	三河市灵山芝兰印刷有限公司
版　　次	2020年6月第1版　2020年6月第1次印刷
开　　本	720毫米 × 970毫米　1/16
印　　张	14.5
字　　数	262千
定　　价	78.00元
ISBN	978-7-5032-6492-4

版权所有　翻印必究
如发现质量问题，请直接与营销中心联系调换